高海峰

xiaozhangbiji
gaohaifeng

/著

校长笔记

如果——罐头不如果汁营养丰富。

从容——我做作业，总是从容易的开始。

天真——今天真热，是游泳的好日子。

十分——妹妹这次只考了十分，真丢人。

难过——我家门前的大沟真难过。

他跻身全国首批骨干教师行列，40年来

剖析教育热点，把脉青春阵痛，一路斩誉无数

教育部原新闻发言人、语文出版社社长王旭明为本书倾情作序

人民日报出版社

图书在版编目（CIP）数据

校长笔记 / 高海峰著 . —北京：人民日报出版社，
2013.5（2021.1 重印）

ISBN 978-7-5115-1792-0

Ⅰ . ①校… Ⅱ . ①高… Ⅲ . ①中学语文课－教学研究－文集
②中国文学－当代文学－作品综合集③中学－学校管理－文集
Ⅳ . ① G633.302-53 ② I217.2 ③ G637-53

中国版本图书馆 CIP 数据核字（2013）第 092455 号

书　　名：	**校长笔记**
	XIAOZHANG BIJI
著　　者：	高海峰

出 版 人：刘华新
责任编辑：张炜煜　贾若莹
装帧设计：阮全勇

出版发行：人民日报出版社
社　　址：北京金台西路 2 号
邮政编码：100733
发行热线：（010）65369509 65369512 65363531 65363528
邮购热线：（010）65369530 65363527
编辑热线：（010）65369509 65369514
网　　址：www.peopledailypress.com
经　　销：新华书店
印　　刷：三河市嵩川印刷有限公司
法律顾问：北京科宇律师事务所 010-83622312

开　　本：710mm×1000mm　　　1/16
字　　数：280 千字
印　　张：23.25
版　　次：2013 年 7 月第 1 版
印　　次：2021 年 1 月第 3 次印刷

书　　号：ISBN 978-7-5115-1792-0
定　　价：56.00 元

序　言

　　按我的经验，替人作序是件很不轻松、需要对作者、作品和读者同时负责的事。序言的文字虽不一定很长，但应多为点睛之笔，应力求对作品的内容特别是精华部分有所涵盖，力求为读者当好向导。所以通常情况下我不大愿意做。担心自己杂事太多，没有足够的时间阅读作品、了解作者本人，无法在读者和作品之间提供一座沟通的桥梁。但这次是个例外。当我接到该书样稿，翻阅到那一个个极富吸引力的题目，读到那一篇篇来自教学一线原生态的实践探索和理性反思，那朴实却不失幽默、自然却发人深思的语言特色，以及字里行间流露出的那份急切和焦虑意识，我立即决定要写点文字，以便为像他这样虽身处底层却心忧大局的"麦田守望者"喝喝彩、给给力。

　　先说他对教育的那份执着。从19岁高中毕业选择当民师，到1977年参加高考选报师范，到后来几次调换学校，他对教育的迷恋却始终如一。其间他有好多次转行的机会，有几个岗位相当不错，但他都不为所动。且这份执着和迷恋一直像群星一样闪烁在他的作品中。他曾说："很多时候，我教育了他们，他们也教育、砥砺了我，我们在相互交流和碰撞中不断进行着蜕变和提升。眨眼已是三十多年，我一直努力着想从与学生的相处和学生的成功中揣摩、品味出'人梯'的内涵和奉献者的甘甜。一届又一届，学生永远是年轻的，我也奢望着和他们一样永远年轻。"如果说爱是生发无穷能量做好一件事的前提的话，从读他的作品到与他接触，我认准他是属于那种有着痴迷的教育情结的一员。

　　再说他的急切和焦虑意识。他从教37年分前后两段：1999年以前是一名普通教师，1999年后先担任了10年初中校长，又当了3年半高中校长，尤其难能可贵的是他对教育的现状一直有冷静的观察和清醒的认识。如《务请放匀爱

1

的砝码》意在扭转老师的施爱不公；《让每个学生都有灿烂的机会》重在强调老师应执教有方；《不能放弃的"这一个"》用盘圭永琢的故事规劝父母、医生、教师千万不要轻言放弃；《试着走近今天的孩子》呼吁家长、老师、社会各界要给孩子栽棵好树，让孩子乘点清凉；《莫让孩子成为"心理流浪儿"》特别指出了家庭冷暴力带给孩子的伤害等，而且都尽可能地提出了解决的建议。除了这些，他表达最多的是他的急切和焦虑。在《谁害病就得让谁吃药》一文结尾，作者这样急切地呼吁："孩子是家庭的，同时也是社会和国家的。孩子早晚要走入社会，扮演一定的角色。有功该奖，有过当罚，有多少能例外？哪怕全是为了爱孩子，也得让他们早一点学会担当，学会对自己的行为负责。父母不是山，孩子无法靠一辈子。远不如让他们及早尽快学会自立，换来属于他们自己的真正幸福！"在《让孩子自己经历成长》一文结尾，作者强调说："说到底，孩子的人生之路要自己走，生活的苦与乐、酸与甜只有经历了、体验了才叫'成长'。高尔基曾表达过如下观点：爱孩子，那是连母鸡都会做的事，重要的是教育他们。父母爷奶既然非常非常爱孩子，就应该好好当教练和裁判，千万别替他们当运动员；至于老师，只能是孩子成长的向导和陪练，更不能做那些越俎代庖、吃力不讨好，反倒贻害无穷的事。"

再一点就是他不仅勇于实践探索，而且极富前瞻意识。早在1986年，他就针对校园学生打架成风，策划设计让学生自己扮演法官、律师和嫌疑人，自己走访咨询开庭程序和相关法律法规，自己参与寻找案例、编写开庭所需文字材料，自己跑着借服装、布置庭审现场，然后一个教室一个教室地开庭，而有的参与者本身就是"打架大王"。然后趁热打铁，分班召开主题班会逐人查表现摆危害。通过这种学生喜闻乐见、倍感兴趣的形式自己教育自己，自己警醒自己，收效十分显著（见《民事小法庭》）。

1995年春，针对当时部分学生爱慕虚荣、攀比过生日、出入游戏厅等，他大胆提出让位于县城东侧的"五二"农场（后改称周口监狱）服刑犯人为学生现身说法，用他们的前车之鉴为学生敲响警钟。为此他先后三次带人与农场教育科领导协商，帮助选合适对象、撰写演讲稿、指导演讲，终于让第一场"现身说法"取得了极大的成功。第二年，他又积极促成农场教育科与学校结成"警民共建单位"，使这一活动制度化、常态化（详见《在活动中激发学生潜能》）。他的这一尝试很快变成对当地各级各类学校学生进行法制教育的极好形式，后又迅速演变成国家对各级领导干部和各类职场高管、白领进行"警示教育"的成功经验。

2001年，他发起从学生中选聘"校长助理"的活动。关于这一点，他在《一封"寻求帮助"的公开信》中这样说："但我同样知道，你们早晚要踏入社会，要在未来的社会中扮演一定的角色，挑起一项或多项重担。也就是说，你们今天所做的一切都是为明天适应和驾驭社会而积累和准备的。我同时也坚信大家都是能做一番事业或大事业的人。假如你们从今天起就有意识地从严要求自己，把此次机会当成平台，好好地磨炼自己、提高自己，我相信两三年过去，你们肯定会有很大的收获，甚至可以说已提前往成功的大门迈进了一只脚。"我们常说要创新，我认为海峰同志这些结合当地实际，就地取材，用活动把学生的积极性调动起来，通过参与把学生凝聚起来，让学生在参与中完成自我教育、享受成功体验的做法就是最好的创新，就是对学生发展最有效的引导，就是对教育事业的最大负责。类似这样的创意还有他指导发起的"多读书、读好书、好读书""寒假五个一""自我设计自己的快乐暑假""我的校园我做主"等。毫无疑问，这些活动不仅针对性强，便于操作，而且能极大地激活学生的兴趣，挖掘学生的潜能，让人不能不为之拍手叫好！

他无疑特别爱孩子，所以他笔下写的大都是孩子以及如何引导、帮助孩子。如《小男孩与大树》《孩子到底需要什么》《是鸟就要学歌唱》《莫为自己的长处所误》《试着走近今天的孩子》《莫让孩子成为"心理流浪儿"》《学会"推"着孩子向前》等等。从中我们不难看出他眼中观察的、心中思考的都是孩子们特别优秀的和特别不正常的地方以及形成的深层次原因。他同时还关注到离异家庭孩子的心理呵护，如《特别的爱给特别的你》《闪损的启示》；还特别强调对孩子犯的错不能用成人的标准和眼光评判，有的还可能是希望的火花，如《错误之"美"》《千万别告诉我你懂孩子》等。他所期待的就是让孩子学会担当，敢于负责，并能在温馨、快乐的氛围中生活。

与海峰同志接触，你会发现他很坦诚，他的坦诚还反映在他的那些自我反观、自我解剖的短文中。如《感谢等待》《感谢昨晚失眠》《想给妻子买件礼物》等。而且他的反省没有仅仅停留在自我层面，他是借解剖自己规劝那些和他犯有同样毛病的朋友，是不是也挺好的？

有道是处处留心皆学问。读海峰同志的文章你会发现他是把身边所历所

见的一切都当成了教育资源。他家养了只小狗叫"豆豆"，他所写的《"豆豆"的困惑》《"豆豆"的惩罚》《我与"豆豆"的较劲》无不是在与家长探讨家教的方法；回家帮妈妈打花杈，他从家中棉田因管理跟不上、花杈拱掉棉桃的现象联想到当下家境越好、孩子越需要从严管理，不然越容易滋生问题；校园花坛里巴根草的旺盛生长，校园湖畔晒死的蝌蚪，"知了"没完没了的鸣叫，清晨树林中鸟儿的大合唱，孩子们的造句，童年时扔鞋子后的挨冻被扎及参与勤工俭学的经历、和童伴的玩耍等等都变成了一个又一个小故事，并由此生发开来，给青少年朋友和家长提供独特的视角，让读者在兴趣盎然的阅读后慢慢感悟他的用意之深之切。这些年他付出了，也收获了，他所任职的初中、高中在当地都备受称赞，都是家长学生的首选之地，他个人也在学生心目中树立了和蔼可亲的长者形象。学生从开始称他"校长"到"大龄朋友"到"校长爸爸"，还有的亲切而调皮地称他为"这老头儿"。仅从这种称谓的变化就能感受到他长时间的真情投入和那必不可少的亲和力。

当校长之前海峰一直教语文，他所写的《分析课文要善于牵"牛鼻子"》《不算捷径的"捷径"》《语文教师与引导学生学会阅读》等，篇幅虽不很多，但都颇有独到之处。我相信他要一直教课，肯定是个很不错的语文老师。也许是得益于这种积淀，他的文笔朴实与幽默共生，读起来很自然、很平实，但又很耐人寻味，相信大家读读相声《酒鬼的表白》、小说《"放生"先生》会有同感。

但他毕竟只是一名工作在教学一线的教师、一名校长，他天天必须处理的工作、应付的杂事都决定了他的实践探索，他的建议规劝，还有他的反思升华不会没有局限，还有待于进一步向深处广处理性处推进。我所欣赏的是他虽处于忙忙乱乱的环境中，而大脑却一直保持着理性的思考，眼光却始终盯着未来的教育，这很不容易。我之所以一口气写这么多，不仅仅是为了替他作篇序，还希望有更多的一线教师、一线校长都能像海峰同志一样一边努力工作，一边积极思考，努力实现这种实践与理论的对接。如此则我们的孩子幸甚、我们的教育事业幸甚！

是为序。

（作者系教育部原新闻发言人，现为语文出版社社长）

2013年6月

目 contents 录

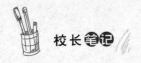
我与家长的交流

"大龄朋友"与"小龄朋友"的心灵碰撞

给"见不得人的心理"曝曝光

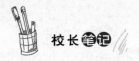

学校管理的思索与实践

语文与阅读教学之我见

"豆豆"带给我的启示

学着反观自己

给心灵放会儿假

屐痕点点

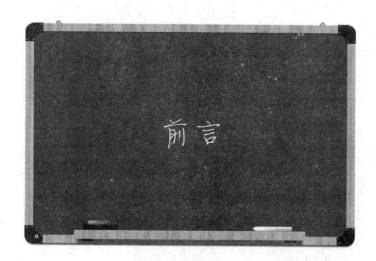

前言

我的讲台情结

我出生在农村，父母都不识字。到1993年8月我弟弟以优异的成绩被西安电子科技大学录取为止，我们兄弟姐妹七人都借助国家的高考政策和父母的苦苦支撑读了大学。这在当时的偏僻乡村确实引起了不小的轰动，据说三里五村好多家长教育孩子都拿我们做榜样。

高中毕业时，和家父特别要好的叔叔本想让我跟他学医，我自己也蛮高兴。碰巧我毕业的联中要选招民师，母亲说："去学校教书吧，你们兄弟姐妹几个上学都很不容易，别人家的孩子上学现在也很难。想想你们上学的经历你就知道该怎样教人家的孩子了。"这就是我母亲。不到关键时刻一般不说，话一出口总能说得入情入理，掷地有声。我听从了母亲的安排，从此与讲台结下了不解之缘。

从那时到现在（除去读师范两年），我已在三尺讲台拼打了34个春秋。其间我当了近20年初、高中毕业班班主任，教两班语文课，又当了10年初中校长，3年半高中校长。我个人努力的方向也从初始的"恶补"读书到抽空写点散文、杂文（可惜很多已找不到）到致力于语文教学方法的实践探索，后来发表在《河南教育》上的《分析课文要善于牵"牛鼻子"》《不是捷径的"捷径"》和发表在《语文知识》上的《"借代"新说》就是这一时段完成的。其中《分析课文要善于牵"牛鼻子"》还多次收入国家大型理论丛书。担任校长后，我把主要精力转移到探讨家庭教育、青少年养成教育和心理健康引导等方面。1995年我倡导发起的让正在服刑的监狱犯人给学生当反面教员，用他们的前车之鉴为学生上警示人生课，很快在全市、全省、全国推广，成了一种对各级各类学生乃至各级领导干部进行警示教育的极好形式。围绕如何对学生进行正确引导，我写了《再富也得"穷孩子"》《引导孩子，当好自己的人生"质检员"》《莫用甜水浇苦果》《三则故事的启示》等文章。其中第二篇收入国内大型理论丛书，第一篇收入国内国外大型理论丛书，同时还收到了好多让我去宣读论文的学会邀请函。

2009年调入西华三高后，我用一年多的加班加点促使学校工作进入了良性循环，之后把更多的时间和精力投入到指导教师如何教育学生、帮助家长如何减少家教误区、引导学生如何完成自我设计和自我教育上。为此我给老师写有《务请放匀爱的砝码》《让每个孩子都有灿烂的机会》《不能放弃的"这一个"》《试着走近今天的孩子》等；给家长写有《特别的爱给特别的你》《谁害病就得让谁吃药》《莫让孩子成为"心理流浪儿"》《教孩子学会拒绝》等；给学生写有《巴根草的启示》《莫为自己的长处所误》《学着让脚掌"长铁"》《小男孩与大树》《是鸟就要学歌唱》等一系列文章。我县宣传部门负责出版的《今日西华》还专门给我开辟了"教海拾贝"专栏。平时我对学生应该说很关心，我给他们写信署名都是"你们的'大龄朋友'"，但对学生的坏习气我决不姑息。去年春天，我在美丽的校园湖畔看到有学生用笤帚捞起一片蝌蚪在岸上晒死后，立即赶回办公室写下《惩罚罪恶的笤帚》一文，抄在校园黑板上，并把那把笤帚绑在黑板一角展览示众。之所以要把这件丑事在大庭广众之下曝光，是因为我认为这种"罚心"方法要远比"罚人"教育效果好得多，同时我还想借这件事唤起大家的博爱、宽容之心。我刚调入三高时学生认为我挺严厉，但很快便改变看法，好多学生给我写信、发短信都称我为"大龄朋友"，还有的亲切地称我为"校长爸爸"，激动得我比当年听到儿子第一声学喊爸爸还要幸福好多倍！

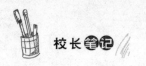

　　繁忙的工作之余，我还借身边的人和事，写点与教育有关的杂感和反观自己的散文，如"'豆豆'系列"和《感谢昨晚失眠》等，以期能更好地警醒、修正自己，当然如能对那些和我犯有同样毛病的朋友有点启示和借鉴更好；偶尔也写点聊作消遣的小说、相声，如《"放生"先生》《为好饮者正名》之类。希腊神话中有个立在大地上就力大无比、所向披靡的安泰，我觉得校园、学生就是我的大地。每天和老师、学生在一起，我觉得我有用不完的激情和学不完的东西，我的心也和孩子们一样年轻而富有朝气。为了让校园充满活力，我带领全校上下开展了一系列丰富多彩的校园活动。举凡冬季越野长跑、篮球比赛、唱歌、乒乓球、书法、演讲、拔河、经典阅读、登山、游泳等，我都积极参与，我在用我的一言一行、一举一动向他们阐释着我是多么喜欢和他们在一起。作家狮子老师在他的著作封面写道："别告诉我你懂孩子"，真正接触学生后才明白，原来我们的很多失误正是缘于我们对孩子内心世界和期望的误读。有不少人常常感叹感动今天的孩子不容易。大量的工作实践告诉我，那是因为他们没选准时间，没找到契机。我校去年、今年连续两次在高考前一天午后强光下举行的高三与高二、高一学生"爱心接力棒"传递仪式，都让在场的领导、师生、家长、记者一次次泪流满面就是例证。孩子们心中时时充满着爱和善，只要我们引导得当，孩子们的胸腔就会一次次地喷发出爱的火山。还有我校率先发起的从学生中选聘"校长助理"、组建"青年志愿者团队"等活动，学生的积极参与和出色表现都已演绎成学校的一道亮丽风景，所有来过这里的人都止不住啧啧称赞！

　　这就是我多年坚守的讲台情结。比起当初学医，医治人们的身体病痛，我认为，帮学生矫正行为上、习惯上、心理上的误区同样十分必要。从教后我有好多次机会可以转行到党政机关——那几年正赶上转行热，现在看来幸亏没去，因为校园远比那些地方更适合我，也更需要我。每天奔走忙碌在校园里，看着学生一届届来，一批批走，看到自己的努力和期望正在一步步变成现实，看到一个个原本很自卑的孩子越来越阳光，越来越自信，听到社会各界对三高的肯定，以及来自电话、短信、邮件等的称赞，我觉得这就是对我的最好奖励。也许生活就应该是这样。不见得每个人都能轰轰烈烈，惊天动地，但至少我们脚下的每一步都必须脚踏实地，最好能从事那些自己喜欢、社会需要、别人也特别需要的工作。三尺讲台虽小，却能浇灌、培育出世上最艳丽的花朵，能给无数家庭送去幸福，我自己也能从众多学生的成功中看到个人的价值。世上还有什么工作、什么事业比这更值得让人全身心投入呢？我选择了、付出了，也收获了、满足了，这就足够了！这种越系越紧、越站越喜欢的讲台情结已经足够幸福一辈子，我哪里还再敢奢求什么？

写给老师的建议

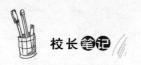
务请放匀爱的砝码

《马太福音》第二十章有这样一句话："凡有的，还要加给他，叫他有余。没有的，连他所有的也要夺过来。"人们把这种现象叫作"马太效应"。生活中这种现象并不少见，尤其是老师在教育和对待学生方面，"马太效应"更不幸被经常验证。大多表现为："好"生好对待，"差"生差对待。而且这里的"好"与"差"又全凭考分高低或老师的好恶来区别。只要考分高或老师喜欢，什么三好学生、班干部、优秀团员及表扬、鼓励都有份；一旦学习差或老师看不上，哪怕其他方面并不差或相当不错，也绝对引不起老师的注意。虽然，教师作为平常人难免有自觉不自觉地喜欢"好"学生的心理，但由此带来的负面影响却不可低估。

说到此，我不由痛心地想到我上小学时的一件事。当时我们班有一名同学，用现在的综合眼光看最多中等靠上，但由于班主任比较喜欢他，于是各种各样的表扬、奖励和出头露面的机会几乎都给了他，也不管他实际做得怎样。要知道小孩子的"众怒"并不好犯。一开始很多同学只是有意见，不久便议论纷纷，再不久便是公开孤立他，结伙出他的洋相或捉弄他：比如在他桌斗内放一只死麻雀、死耗子，在他凳面上钉个钉头儿、抹点糨糊等，反正是变着法儿把对班主任的不满发泄到他身上。他终于在班内没有一个伙伴可以说话，又不敢和女孩子说话——我们那时候都封建得挺真诚、挺可爱——所以他到教室几乎成了白日出穴的小鼠，到处躲躲闪闪仍惊恐不已。最后他不得不转了班，处境才多少好了一点。

其实他实在没有做冒犯班内同学的事，班内同学也大多不是坏孩子，仅仅因为那位班主任老师对他过分偏爱才酿成了那种局面。有些荣誉他本应得到的，但只要一经"民主"，他肯定榜上无名；不经"民主"，班内同学又不认。气得班主任不得不一次又一次地用权威压制大家，结果师生关系越来越僵，以至于班主任和那位原本很不错的同学都没少以泪洗面。成年后我渐渐明白，童年是最怕被孤立的，真不知他那几年是怎样煎熬过来的。事过多年，说起那段经历，那位同学仍觉得不堪回首，仔细想想也真有点替他惋惜。

教育是门艺术，教育的对象是一批又一批活生生的、求知欲、表现欲、成功欲都很旺盛、迫切的孩子，有不少还是个性很张扬、性格很特殊的孩子。不管是学习成绩好一点还是差一点，即使是成绩很差的孩子，没有一个不非常在意任课老师、特别是班主任老师怎样评价和对待他们的。更确切地说，孩子们成绩越差越渴望老师能多关注、多鼓励。可实际情况又是如何呢？一个一般意义的"好生"，几乎就是一个拥有荣誉和表扬的"富翁"；而一个一般意义上的"差生"，则差不多可以称得上一个挨训受批的"专业户"。按说"好学生"取得成绩不是不该表扬，"差生"犯错不是不能批评，问题是不能如前面那位班主任那样全凭个人好恶来对待学生。一些有识之士形容这种现象为"宠坏好学生，吵坏差学生，冷落坏中等生"，真可谓一语中的！一味地滥施表扬会让部分所谓的"好"学生错误地产生优越感，很难正视自己，忘了自己也是一个"平平常常的学生"，不去为可能遭受的挫折和磨难做应有的准备。其实别说他或她不是十分优秀，就是再优秀也不是十全十美，以后也很难一顺百顺。一旦他或她遭受失败打击而没有一点心理准备，那些整天捧着、宠着他们的老师岂不是亲手把他们推到了坑里？而一味地批评又容易让学生产生自卑心理，认定自己天生就既笨又差，干脆破罐子破摔，丝毫不去考虑对自己负责。说起老师的初衷都是好的，但结果却适得其反，老师自己还把自己气得够呛。其实这又能怪谁？"好"学生并非没缺点，只是好多老师多习惯于一俊遮百丑，所以不少缺点，甚至很明显或很可怕的缺点都被老师忽略不计了；"差"学生并非没长处，而是一些老师不善于发现或视而不见，所以表扬时又多被"等等"代替。"好"学生虽不缺表扬，但却缺少必要的提醒，缺少有人能经常指出其言行或性格中的弱点，缺少正视自己缺点和旁人优点的勇气；"差"学生最不缺批评，却缺少有人及时发现他们的闪光点和潜力，缺少真诚的关

9

爱、信任和鼓励，也更渴求老师多给点阳光让他们也能灿烂灿烂。既然老师的目标是希望"好""差"生都能成才，我以为最有效的办法是变经常对"好"生锦上添花为"差"生雪中送炭。有鉴于此，我非常欣赏前几年一位有识之士在文中提到的"当教师要有'三镜'意识"：对优秀生的缺点要有显微镜意识，对"差"生的优点要有放大镜意识，对中等生的优、缺点要有平面镜意识。仔细想想，的确很有道理。话又说回来，表扬和鼓励不需任何代价，且是多得取之不尽、用之不竭的奖品，对"差"生又不啻旱地禾苗盼雨露，我们当老师的为什么不能大方一点？既然批评、表扬、惩罚都是为学生好，那么当老师的真应该而且必须了解、吃透每个学生，因人施教，把爱的砝码放匀，不然又何以为人之师，当人向导，又怎样能让每个学生因我们的关爱而经常暖融融的呢？

让每个学生都有灿烂的机会

——谈老师驾驭课堂的艺术

几年前在杭州观摩上海建平中学程红兵老师的公开课，对其中的一个细节印象特别深。那次他讲的是材料作文，学生是会务组临时安排的某校高二班的。

程老师先要求学生结合自己所掌握的知识列举类似的事例。其中一个同学列举"大兴安岭失火最后还是用火灭火"最为有效，老师予了以肯定；另一个同学用"自己的刀削不了自己的把"为例加以说明。第三位同学举的是中国足球。他强调足球原本是中国发明的，《水浒传》一书中就多处提到高俅因踢了一脚好蹴鞠而得到重用，可见那时中国早已踢球成风。后来足球传了出去，很多国家的足球水平都上去了，我们的水平却下来了。现在我们既不挖掘原来的传统技术，也不研究自己的体能特点，找自己的优势，却非得今天学这国，明天学那国，结果是邯郸学步，咋学咋不像，不光是越踢越败，而且越败越惨。若认真论起来他们不过是学生，老师向学生学原本也没什么丢人的，可如果不结合自己的国情和身体素质就盲目照搬，岂不是愚蠢透顶，贻笑于大方之家吗？听着他有理有据地侃侃而谈，授课老师和在场的众人无不为之拍掌叫好，我也从心里为他的敏锐健谈而高兴不已。停了一会儿，当老师讲到其他问题又让学生发言时，那位学生又站了起来。按说现场做课最怕学生冷场，尤其这又是临时安排的学生，那位学生又那么能配合，让其回答肯定错不了。可程老师没有那么做，而是走到他面前，拍拍他的肩，带着欣赏和商量的语气说："刚才你已经表现得非常优秀了，请把这次机会让给其他同学吧。"实话说，

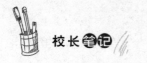

这一细节对我的触动非常大，我真为程老师处理这一问题的巧妙得体而由衷地钦佩。第一，他虽然没让那位同学发言，但他的肯定和协商能确保那位同学很高兴；第二，他的语言又在暗示和鼓励其他同学要争取抓住老师特意留给的机会，力争也能像刚才那位同学那样表现得优秀；第三点更重要，他不是为做课而做课，而是在利用一切机会，让自己的关心、教育、鼓励像阳光一样能照到每个学生，让每个学生都有表现的机会和灿烂的可能。如果说驾驭课堂是艺术的话，我以为这就是最好的情景再现；如果说课堂上老师的一举一动、一言一行都应体现对学生的教育、鼓励、循循善诱的话，我以为这一细节就是最好的例证和诠释。

我们常说老师不是演员，却胜似演员。尤其是当今社会，学生获取知识的途径既多，又直观形象逼真，演员尚可以借助背景、服装、化妆、道具和紧张起伏的剧情等增强舞台效果，我们的老师则只能千日一面地传授相对枯燥、难懂的知识，如果我们不能在内容的组织、语言的表达、氛围的营造及驾驭课堂的艺术上下一番功夫，就难保学生不会分散注意力。其实认真想想，从老师踏着铃声迈入教室的那一刻起，就处在少则几十双、多则上百双眼睛的注视之下，老师的每一次板书、作图、讲解、演示、提问、表扬，每一个眼神和肢体语言，每选用一种辅助手段，都不仅要有明确的目的性，而且还要像程老师那样有艺术性。因为我们面对的是几十个受过不同教育、有着不同兴趣、爱好、求知欲旺又活泼好奇的孩子，课堂上随时都会出现一些我们始料不及的情况，我们的反应不仅要及时敏锐，而且还要适时得体，并且这种要求还会随着社会的发展和孩子获取知识途径的增多、个性的张扬而越来越高。作为老师要想轻松自如地驾驭课堂，巧妙地应对各种突发问题，处理时又时时体现出教育的意图并收到明显的效果，就必须经常涉猎各种新知识、新方法，经常留心思考和研究学生的生理、心理特点，研究怎样才能成为他们的知心朋友，怎样才能成功地为他们进行心理导航，怎样才能在三尺讲台找到那种左右逢源的自如和行云流水般的自然。恐怕也只有如此，我们才有望成为真正意义上的、跟得上时代要求、学生比较满意和社会信得过的老师。

"漏水桶理论"的启示

作家成君忆在他的《水煮三国》一书中借刘备之口说了这样一段话:"一只木桶能够装多少水取决于最短的一块木板长度,而不是最长的那块——这个比喻似乎还可以继续引申一下,一只木桶能够装多少水不仅取决于每一块木板的长度,还取决于木板与木板之间的结合是否紧密。如果木板与木板之间存在缝隙或缝隙很大,同样无法装满水。同理,一个团队的战斗力,不仅取决于每一名成员的能力,也取决于成员与成员之间的相互协作、相互配合,这样才能真正形成一个强大的整体。"陶潜把刘备的这番宏论叫作"漏水桶理论",我认为这个比喻真是再恰当不过了。现实生活中这种"漏水"现象真可谓比比皆是:比如书记、乡长各吹各的号,各弹各的调;比如班子成员之间互不服气,互相拆台;比如同行是冤家和以邻为壑;比如外国人评价"中国人单个看都是龙,合到一起就会变成虫";比如日本侵略中国时十几个人可以统治我们一个县,可以烧杀抢掠无恶不作;比如篮球场上都光想逞个人英雄,不愿让旁人有露脸的机会;比如任课教师只强调本学科重要,丝毫不考虑学生的全面发展,致使"9-1=0"的谬误成为现实等。其中都不乏彼此间"结合"不严密或故意留缝隙、挖窟窿的因素。联合国教科文组织为什么把"学会合作"与"学会求知、学会做事、学会生存"并列当成未来人才的四大标准之一,原因就在于社会越发展,越需要大家精诚合作。这方面最直观、最典型的要数团体对抗比赛。任何团队要想取胜,除队员自身的技术条件过硬不说,最不能缺少的仍然是配合,是天衣无缝、心有灵犀的默契配合。这样的团队个人技术不见得个顶个地最好,照样可以克敌制胜;反之,个人技术相当好的团队也会抱恨败北。

这也可能正是十个非常出色的中国人为什么抵不过十个整体看并无惊人之处的外国人的缘故。现在时兴提倡强强联合，若能实现优势互补肯定是好事，会出现"1+1>3"的奇迹；然而强强联合若出现互相抵消或势不两立，则后果就别提有多可怕。从这个意义上说，衡量一个人不能光看他个人水平怎样，还要看他与人的合作意识和胸襟、肚量怎样；用人之道也不能光把能力差不多的人员放到一起，更重要的是要让人与人之间优势互补，强弱搭配，以避免工作和生活中反复出现"苍蝇光叮有缝的蛋，堡垒都是从内部先破"的悲剧。无论纯粹从个人角度着想，还是从单位利益出发，更不用说从国家安定、民族振兴的大局考虑，作为管理者都必须学学"箍桶"艺术，自然，身为班主任也应该好好补补这一课。

良药能否不苦口

"良药苦口利于病，忠言逆耳利于行"，是人们常常挂在口头上的话。意思是好药虽然很苦、很难吃但能治病；好的建议、批评虽然难听甚至刺耳，但有利于人们改错或少犯错。所以我们吃药不能光吃甜的，听话切忌光听好听的。

现在看来，当初说这话的人可谓用心良苦。其实他也清楚地知道人们不太乐意喝苦水，不大愿意听刺耳的话，但还是执意相劝，希望人们能虚怀若谷，广纳善言，治病为先，改错为上。认真想想也真是够难为他的了。

但这好意并非对所有人都有效。比如不懂事的幼儿患了病，若是喂点甜药水估计问题不大，但要喂苦药呢，要喂非常苦、非常难吃的药呢？一是肯定很难喂，二是硬灌下去也可能又吐出来，还会让孩子哭得死去活来。正是考虑到这些，药剂师给药片穿上了"糖衣"，让服药者在善意的欺骗中多了几分甜蜜，明显降低了用药的难度和服药的苦楚。

这道理用到学校教育和家庭教育方面同样很有效。有些老师或家长很少表扬孩子，却经常批评孩子；还有些整天都板着一张脸，似乎生来就是为了吓唬学生或孩子的。还有些老师或家长极不注意说话方式，一句话能把孩子伤得好几天都过不来劲儿，甚至被人当成了笑料。须知现在的孩子个性都很张扬，又正处于逆反心理很重的青少年时期，有些话，老师、家长好言好语劝说他们还未必听得进去，更何况你还总是端着架子板着脸，动不动就训他们、损他们呢？说到底我们说话的目的是为了让学生或孩子接受，我们要的是结果而不是形式，那我们何不学学那些给药片穿"糖衣"的药剂师呢？有个成语叫"朝三暮四"，说是一个驯猴者给猴子分橡子，开始是早上分三个，晚上分四个，猴子都不满意，一个个张牙舞爪地乱叫乱蹦；驯猴者就改为早晨分四个，晚上分三个，猴子一个个欢天喜地，高兴得手舞足蹈的——原来方法就是这么神奇——我们这些当老师或家长的为什么不能学学那个驯猴者，换换教育或说话的方式方法，少点批评、多点表扬和鼓励呢？有句话叫"表扬虽不是万能的，但离开了表扬是万万不能的"，仅此就足见表扬在孩子成长过程中是多么的重要和一日不可或缺。好孩子虽不一定是表扬出来的，但相当一些差孩子则完全是老师、家长长期批评、训斥、冷落出来的。你说我们该不该警惕？

过去有句古话叫"文死谏，武死战"，如果说"武死战"非常难得、非常可敬的话，那"文死谏"就很值得考虑考虑。按说再忠心也莫过于豁出性命，但如果豁上命还不足以劝醒那些"当权者"或"昏君"，那去死还有必要吗？现在有些人，特别是一些领导干部很看重自己的外在形象，内心深处最忌讳别人比他有水平、见识高，最不能容忍的就是别人对他的工作指手画脚。你若还不识时务地直言苦劝，不是自取其辱吗？既然"忠言"是为了让人接受，何不学学古时的触龙说赵太后，在说话的语气、方式、场合、对象等方面为对方多考虑一下，以期能让对方容易接受、快乐接受、有面子地接受、不失威严地接受？这样不光能达到规劝的目的，而且还能让对方心存感激，你说这算不算没有办法的办法？

鼓劲，要善于把握"火候"

——班主任工作艺术谈

笔者是一名"孩子王"。自掂起教鞭以来，前前后后当了20多年初、高中班主任，深知平时经常给学生聊聊天、鼓鼓劲、来点压力，或指导一下学习方法，或在学生骄躁时泼点冷水等都是非常必要的，收效也常常是十分理想的。也许正因为此，很多家长及亲朋好友见老师的要求也多是"给孩子多说着点"，真是用心良苦，其情殷殷。但正像任何事物都有个度一样——包括给学生鼓劲——一旦超越了它的极限，那就很可能走向反面，甚至出现非常糟糕的结果。最近我身边出现的两件事对我很有触动。痛定思痛，我意识到老师和家长的失误就出在鼓劲超过了"火候"，以致学生心理承受不了，结果很让人痛心。

一件是在春季运动会上。那天下午的比赛项目有女子3000米跑，当进行到五分之四时，我校初一的一名女生晕倒了。当时比赛正处于白热化阶段，我要负责很多事，因此只安排校医过去看一下，心里并没太在意——因为这在比赛中也确是常有的事——几分钟后，班主任报告说"学生一直过不来"，我们急忙借辆车把她送往医院。比赛告一段落，我和在场的其他领导赶去看望，谁知该生仍处于昏迷状态：两拳紧握，两腿不打弯，嘴里不住地喊着"坚持、加油、争光"一类的话，那情景感动得我和所有在场的医生、护士都直掉眼泪。为了配合医生治疗，我把班主任和家长叫到外边，弄清了学生由于为班级争光心太切，激动得晚上一会儿一醒，问奶奶天明了没有，甚至连早饭、午饭都没

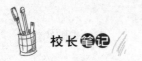

认真吃。再加上该班师生期望值过高，上场前你叮咛他嘱托的全是"一定要坚持""咬住牙也要争第一"之类的话，以致上场后一听喊"加油"就拼命往前跑，结果拼体力过早，于是就出现了那吓人的一幕，直到晚上11点多三瓶水输完才缓解过来。

次日，该班班主任到我办公室，很抱歉地说，因为他们班出了事，花了学校200多元钱。我看她一脸倦容（在医院护理学生），忙安慰了两句，让其先休息，至于花费不用放在心上。

事情就这样过去了。其实很显然，这个班主任的失误不在于花了学校多少钱。因为这个学生平时集体荣誉感很强，但参加3000米长跑还是第一次，身体素质也不是太好。按说像这样的学生赛前应多给她谈点注意事项，像注意循序渐进锻炼、晚上好好休息、适当增加点营养、开始不要过慌、冲刺要根据自己的体力确定早晚等，但这位年轻的班主任对此显然考虑不周，又一心想把班里名次排得靠前一些，于是赛前的鼓劲就失去了分寸，什么"务必""一定""力争"等都用上了；该生到家一说，家长也说"那是得好好跑，争取拿个奖状回来！"须知对一个十一二岁的初一学生来说，她本来就够紧张的了，哪里再经得起这样的"鼓劲"呢？况且3000米毕竟不是一咬牙就能跑完的，光凭硬拼怎么会不出问题呢？

另一件是在去年中招前夕。我校一名很有名气的高才生突然辍了学，班主任将这件事告诉了我，问其原因，说是晚上睡不着，白天看书记不住，老是担心考不上。最后发展成嘴里不住地嘟囔"考不上，考不……"，我认为是心理过于紧张所致，就对班主任说，让家长陪着他随便跑跑玩玩，近段时间绝口不提考试之事，考前这十多天让他彻底放松。我知道凭他的功底考前半个月一字不看也没半点问题。谁知他心理压力过重，任凭家长和医生、老师怎样费心劝导，最终没能让他真正放松，考试自然更不用提了。

想着一个很有前途的学生就这样"报废"，我心里沉甸甸的。事后分析发现，该生平时也是接受鼓劲（换言之就是压力）太多所致。我们这个学校是1993年刚建的，当年因校舍暂没建好，在社会上没有信誉，所以所招学生基础较差。可学校要想在县城站住脚，就必须从质量上和县城另外两所早已名声在外的中学一比上下。为此，全校师生都憋着一口想把学校办好的劲，教与学都抓得很紧，这种状况无疑是很喜人，社会各界也确实对学校的教风、学风给了较高的赞誉，但问题也就出在弦绷得太紧上。前面所说的那个学生来自农村，在家中，家长望子成龙甚切，鼓励他一定好好学，考出好成绩，为父母争口气；在学校，班主任也是三天两头一面谈，隔三岔五一小灶，学生满脑子灌输的尽是考考考，考出好成绩，结果适得其反，连人都给弄得傻呆呆的。家长整天提心吊胆，老师提起尽是遗憾，至于家中的经济损失更不在话下。怎能不让人为之痛心？

类似的事例，我想在其他学校恐怕也会有，只不过情形、程度轻重不同而已。由此可见，鼓劲是好方法，但也得分清对象，讲点分寸，即必须掌握好火候，不然就难保不出现上述那些不该出现的问题。究竟应如何来把握这一关键环节呢？笔者以为：一要看清对象，对于那些平时不大在乎，明明有潜力却就是怕下劲者，无疑应该经常敲打敲打、鼓点儿劲、来点儿压力甚或约法三章、激将之类的，这很必要；但对于那些本已很卖力或已经下了最大努力的学生则只会有害无益。二要把握火候，要善于听其言，观其行，揣摩其心理，知道什么时候用什么方法，劲儿鼓到哪才是恰到好处。这就要求我们当老师的要懂点教育学、心理学，并多点责任心。还拿前面那两位学生来说，当时他们需要的不是鼓劲，而是心理的放松，是方法的指导，是帮助树立足够的自信心。可那两位老师却从反面下了手，这就难怪要出意外。有感于上述教训，笔者写下了这些话，唯愿读到该文的老师、家长不犯或少犯类似的错误。

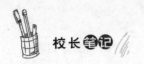

当班主任最易出现哪些失误

人说，一所好学校离不开一名好校长，一名好校长就是一所好学校。这话用到班级管理上同样很好，班主任的作用是和校长一样的。全国著名教育专家魏书生，再淘气的学生进了他的班级都能很快变好，可见班主任的工作方法对于一名学生和一个班级是多么关键。从这一点上说，我们的师范教育真应尽快开设"如何当好班主任"这门课程，进而培养大量的有事业心、责任感、懂班主任工作艺术的人来适应学校的工作需要。然而现实的情况却很不理想：现在小学、初中乃至高中，都有不少对班主任工作特点、方法、艺术了解甚少的人在担任，有些虽然做得很好，做得很出色，也大多是当班主任后边干边学的，这不能不说是师范教育的一个滞后现象。有感于班主任工作的至关重要和非常困难，笔者想结合自己的观察和摸索，从反面谈谈班主任工作最易出现哪些失误，以此作为大家的前车之鉴。

一、印象学生，报复学生

笔者小时候认识一名班主任，很负责，就是吃了印象学生的亏。在她看来，"好"学生即使有错照样是好学生，"差"学生哪怕再努力也不过是差学生。这自然容易招致对立，以致引发了许多本不该发生的事，她至今提起仍以泪洗面。现在想想，虽对她不乏同情，但也不得不承认小孩子的"众怒难犯"。这还只是印象学生，如果再心胸狭一点，对"差"生再时不时穿穿小鞋，弄个难堪，效果怕会更糟。

二、以"恶"治"恶"，正气难树

学生成绩、表现、教养肯定有好一些和差一些之分，有时也难免会有难管和棘手的学生。一些班主任于是让拳头硬的管好动手的，个大的管个小的，谁不好管让谁当班干。这方法刚开始似乎有点效果，但由此带来的只能是"差生"越来越有市场，正气越来越难占上风。这就好比想用一块脏抹布擦净器具或桌面一样，即使再下劲也只会越擦脏地方越多。这样的班级发展前景如何还用多说吗？

三、动不动就请家长

班主任在适当时候和家长通通情况，统一一下思想本来很必要，但有些班主任是动不动就请家长，或找家长告状。别说家长不见得都正好有空，即便有空有些家长也不一定都能帮得上忙，倘若回去再不由分说地抓着孩子揍一顿，那很可能会让师生关系更僵。难怪有学生戏言说"今晚学校开家长会，明天家中肯定有暴风雨"。还有的老师是拿家长当出气筒，动不动就连家长一块训，以至于闹出了夫妻二人抓阄决定谁去见班主任的笑谈。可见再好的方法用不好也只会弊多利少。

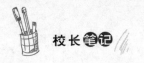

四、荣誉、表扬过分集中，宠坏"好"学生

荣誉、表扬皆为激励，干得好按说应人人有份，干不好谁都无资格享受。但事实远不是这样。有些班主任很容易以偏概全，一俊遮百丑，把所有的荣誉、表扬都集中在成绩好或其他方面较突出的学生身上，也不管这些学生综合素质怎么样，比如爱不爱劳动、关心不关心他人或班集体、能不能和别人友好相处、是否经得起磨炼和考验等。这不仅容易激起其他学生不满，而且容易导致这些被表扬的学生飘飘然，不仅过高地估计自己，而且很难客观对待他人，遭点挫折还常常怨天尤人，甚至一蹶不振。这种表扬即使用意再好但效果很糟，谁能接受呢？

五、批评、训斥多，吵坏"差"学生

老师的工作离不开批评。表现差，纪律观念淡薄，爱惹是生非的学生尤其需要批评。问题在于批评过了头，不仅见面就训，而且一训就训得一无是处。"差"生本来优点就少，而我们的一些班主任又往往视而不见。直至吵得这些学生自尊、自信全无，不得不把自己定格在"差"上。吵来吵去，最终吵得他们破罐子破摔。岂不比落井下石还要糟？

六、过分施加压力，导致人为紧张

班主任与学生谈心交流，如同干旱时浇水、阴雨天排涝、出现虫害时喷药，功夫全在及时和适量。给易浮躁、爱翘尾巴的学生上上劲、加加压十分必要。但凡事都得有度，还得看是对待哪些学生。有的学生本身就已经够努力的了，老师、家长还要一次又一次地督促其再撵几个名次，小孩子怎么能受得了？所以班主任的施压还真得注意点分寸，否则只能适得其反。

七、不知道帮学生缓解心理压力，释放不良情绪

受应试教育的影响，现在的学生人小负担并不小。来自学习上的压力和学校的约束，同学间的竞争，老师和家长的督促，交友的困惑以及他们面对诱惑时本能与理智的矛盾，让我们的孩子过早地背上了较重的心理负荷。尤其是毕业班学生，面对上重点和一般学校的选择，很多同学都不敢有半点放松。心态好的学生问题不大，碰上个别性格内向，或家中出现变故，或与异性交往出问题，或成绩下降，或和老师、学生闹矛盾等，都可能引发很多意想不到的问题。有经验的老师能从学生的细微变化中读出问题并妥善解决，但也有不少老师不善观察，自然更谈不上及时开导，有的还会雪上加霜，凭表面现象去吵上一阵，直到出了问题才恍然大悟，那样岂不是太晚了？笔者曾开导过一个高考前即将崩溃的女孩。从小学到高二她成绩一直遥遥领先，性格也很开朗，但她从小在外婆家养成一个习惯，晚上喜欢开夜车学习，早晨想多睡一会儿。按说这也不是啥大不了的事，想帮她改过来也不是不可以，只不过要有个过程。而她高三班主任说的则是："××，我就是那苦霜，专打你这露头青。仗着成绩好一点就想搞特殊，我偏不让你娇气！"次数多了，这个女孩渐渐变得怕进教室。回家两天好一点，一回学校就认为自己有病了，不行了。针对她的情况，我和另一同事考前每隔十来天与她交流一次，终于帮她走出了心理阴影，当年以高出50多分的优势考入北京一所名牌大学。从这一点上说，班主任真应该而且必须成为班内事务的留心人和学生心理上的知心人。

八、工作布置多，检查少，总结跟不上

劲儿可鼓不可泄。小孩子更应常督促，常鼓励，常加油。班内工作很琐碎，也很具体，每段有每段的重点。如每项工作告一段落后及时总结，对优秀的同学及时表扬鼓励，孩子们就会越干越劲。反之，如果只有布置，很少检查，再不及时总结，干好与干坏、干多与干少差不多，同学们就会越干越没劲。久而久之，班主任布置工作就没有号召力了，其实这也正是部分班主任带

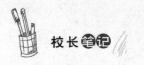

班总是有始无终的症结所在。

九、缺乏人文关怀和氛围营造

当过教师的都会注意这样的有趣现象：有的班主任极受学生爱戴，师生间的感情好得让人羡慕；而有的班主任则当得非常费劲，学生甚至敢捉弄老师。其实对于中小学生来说，除家长外接触最多的当数班主任。如果班主任知识上是良师，心理上是益友，方向上是导师，学生没有理由不尊重。但偏有些班主任，几天难见一个笑脸，生活上、心理上有点啥事，班主任根本不在意，学生想走近他们非常难，咋会主动配合？再就是班级氛围，稍稍留心便会发现一班一个独有的风格，这主要在于班主任。但凡班内的学习、纪律、劳动、公物、班会、集会、卫生、排座位等，都是向学生进行教育的极好形式。班主任应在每一个细节上注意营造育人氛围，让健康向上、团结合作、热心公益活动、守纪律有礼貌内化为班内同学的自觉行动和努力目标。

十、太严厉和太随意

班主任需要树立威信，但不能靠高压政策。师生关系太紧张，学生只怕不敬；师生关系太随意太没有距离，学生又难以信服接受。这都是做班主任工作最为忌讳的。

除此之外，班主任还容易出现奖罚无度、衡量标准单一、方法简单粗暴、本位主义、不懂得因势利导、不敢张扬学生个性等。这些失误都不同程度地影响和妨碍着我们的工作，经常有意地思考并注意这些问题，我们做起班主任工作便会事半功倍，得心应手。

错误之"美"

下面这组造句，无一例外地来自小孩子，大家不妨先来欣赏欣赏：

如果——罐头不如果汁营养丰富。

从容——我做作业，总是从容易的开始。

天真——今天真热，是游泳的好日子。

十分——妹妹这次只考了十分，真丢人。

难过——我家门前的大沟真难过。

读这样的句子，想到小孩子当时那一脸淘气和得意，你是不是感到有点哭笑不得，骂又不忍、打又不舍？

这就是今天的孩子。你说他们聪明也好，顽皮也罢，总之却不失机灵，不乏幽默，不无趣味。也许有老师会对其大加责怪，也许有老师会对其大加褒扬，可能还有老师会一笑了之。如果用成人世界的标准来衡量，毫无疑问，孩子们是在偷换概念，避重就轻，弃难从易。但孩子就是孩子，他们理解的"如果""从容""天真"可能就比我们简单，或许他们记忆里储存的"果汁营养好""天热了好游泳""分考少了没面子""门前大沟不好走"等与老师布置的造句正好吻合，于是顺手移了过来。这种"迁移"也许与老师布置造句时的本意相去甚远，但如果让小孩子来当裁判说不定得分还不低，甚至有可能是最高分，我们有必要非说他们是错的吗？一个词几十、几百甚或几千个学生用来造句，如果都造成"如果"我们能高兴起来吗？

新课改倡导学生人人参与。按我的理解，课堂应该成为学生天性得以释放、自我得以展示的最好地方。尤其是小孩子，他们能在做作业时把身边的

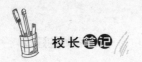

人、事联系在一起，把心里的想法、感受等表达出来，这是不是应该肯定？就算是歪打正着，但这"着"的地方现在长出了一株美丽的蘑菇伞，还是那种在常态、常温下很少见的，闪耀着孩子们灵性火花的蘑菇伞，你说是不是应该给点掌声？一个课堂有几十个孩子，几十个孩子又来自几十个不同的家庭，受了不同的熏陶和教育，答案百花齐放，异彩纷呈，这不正是我们所期望的，也是新课改背景下应有的"成果"吗？别人有"将功补过"之说，他们是"将功遮过"。就算他们的答案有错，这错是不是也透着美、透着可爱呢？

所以，假如我们爱孩子，就没有理由不爱他们的这类美丽的"错"。也许，很多发明和创造就是在这种"错误"中诞生的。我们既然为人之师，就应该有预见"各种可能开放的花蕾"的眼光，更应有针对性地浇水、施肥、保温或晒太阳，以期让各种各样的花儿在我们的呵护下都能竞相开放。只有这样，我们才能当之无愧，自信自豪！

不能放弃的"这一个"

　　盘圭永琢是一个很有名望的禅师（对和尚的尊称）。因为敬重他的学问和人品，很多禅僧纷纷慕名而来，他所住持的禅寺也出现了众僧同修、香客云集的兴盛局面。然而就在此时，寺内出现了丢失东西的现象，这让众禅僧很是吃惊恼怒。后来发现是刚来不久的小和尚所为。当时大家就想撵他出寺，盘圭禅师没有这样做。但这小和尚并没有因此收敛，又连续被抓到两次，盘圭禅师仍不同意撵他走。这实在让众禅僧费解：佛门圣地，慈悲为怀，岂容染有偷窃恶习的梁上君子玷污？众禅僧相约来找盘圭禅师，以集体起单（和尚离开的特称）要挟盘圭禅师同意撵走他。要知道，对学佛参禅的讲学者而言，集体起单是非常丢人的事，是禅寺住持最忌讳的。面对众禅僧的愤怒和自己可能面临的尴尬，盘圭禅师并没有改变主意。他很恳切地对大家说："与这位小兄弟相比，你们都是富有智慧的师兄。你们之所以能严守戒律，是因为你们明白怎样是对的，怎样是错的。因此，就算你们离开这里，任何寺院都会欢迎你们，你们在任何地方都能学佛参禅。而这位有恶习的小兄弟，连是非都不能分辨，如果我不教他，谁还肯教他呢？"

　　盘圭禅师停了停，毅然决然地说："即使你们全部离开，即使我从此颜面扫地，我也要把他留在这里，教导他成为一个慧心明目的禅者！"

　　这就是盘圭禅师！这就是盘圭禅师的选择！比起众禅僧，那个小和尚既不懂多少禅理，又有屡教不改的偷盗恶习，留下他不仅要耗费更多的心血，还有可能从此"颜面扫地"，但他仍"要将他留在这里，教导他成为一个慧心明目的禅者！"我想这可能就是我们常常称道的佛家胸怀。盘圭禅师没有说什么

豪言壮语，他是在用行动表明他要从教导有恶习的小兄弟开始他的"普度众生"。

这是多么的可贵和可敬啊！

那位"有恶习的小兄弟"无疑是幸运的，因为他碰到了无论怎样都不肯放弃他的盘圭禅师，让他有了洗心革面、痛改前非的机会，禅寺因此又多出了一个为世人祈福的禅师，也避免了因逐出一名有偷盗恶习的学僧而蒙羞。其他禅僧也从盘圭禅师的言行和境界里看到了自己的差距和不足，因此更加虔诚、虚心地向盘圭禅师学习。这又是一个多么让人为之庆幸的结果啊！

显然，盘圭禅师放弃这个"小兄弟"并不影响他成为一个有名望的禅师，他是真心想挽救这个"小兄弟"，所以才义无反顾地去做。按我的理解，他是把偶然遇上的"该救之人，该做之事"当成了天职，当成了必然，当成了不去尽全力做，就决不能原谅自己的天职。这是什么？是责任吗？不，是他自己给自己下的命令，准确地说应叫"死命令"，所以他才自觉、自愿、不顾一切地去做。时下，这份"把该做之事当成必做之事"的使命感、责任感、危机感，是多么难得和必需呀！

然而现实生活中发生的事却真真令人担忧。

比较起来，天下最爱孩子的莫过于父母，但因孩子的淘气、任性、另类等放弃对孩子的教育、任其自由发展的父母已不是个例，骨肉亲情似乎还远不及盘圭禅师的那份"责任"，你说这该怎样评价？轻易放弃病人的医生鲜有，但借机敛财者却屡见不鲜，看来救死扶伤的职业操守也未能挡住经济大潮的冲击，更不用说去和盘圭禅师相比；再看看教育界（包括我本人在内），教育学生本应该诲人不倦、不厌其烦，可有些时候不也照样因学生的不服管教、行为出格而让其离开吗？我多年工作在学校一线，自然知道个中的苦衷和无奈，很多时候也的确是不得已而为之，但若与盘圭禅师比起来，显然还是缺少他那种博大胸怀和那种当仁不让、舍我其谁的使命感。其实别管是"哪一个"，所谓的集体正是由无数个"这一个"和"那一个"组成的。盘圭禅师无论怎样都不放弃"有恶习的小兄弟"，父母自然更没理由放弃"不听话的孩子"；还有医生，还有教师，如果都学学盘圭禅师那种"做身边最难做之事，教身边最难教之人"的精神，社会上还会有那么多"恶人""歹人"吗？现在，这样那样的

"小和尚"既害人，又害己，更害社会，难道能都怪"小和尚"吗？

此事还可以换个角度想想，父母一生能有几个淘气的孩子，医生一生能遇上多少棘手的病人，教师一生能碰上多少挽回不过来的学生？如果遇上的该帮不去帮，没遇上的想帮又帮不了，天天只会在那里空谈，那我们的人生意义、个人价值又体现在何处呢？

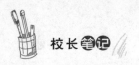

"爬"出健康

各位老师：

11月中旬，在北大教育学院，我有幸聆听了全国著名营养专家王宜教授所做的专题报告——我们身边的营养健康，很受启发。尤其王教授所讲的"狗熊爬法"对锻炼颈肩、促进大脑供血、减轻腰椎压力等很有帮助。因为职业的缘故，我个人多年前就患上了严重的颈肩综合征。哪两天坐的时间稍长，背部就疼痛得受不了。按照王教授所讲的，我近期一直坚持模仿锻炼，已开始明显受益。

此法锻炼起来很简单。一是不需要器材和设施，人自身就是器材；二是不限场地，客厅、卧室、院落、操场皆可，当然有草坪、地毯更好；三是人多人少皆可锻炼，一人照样可以锻炼得有滋有味；四是时间长短大空小空皆可；五是不用担心会受伤，因为四肢皆着地，时间长短、速度快慢全由自己掌控，随时可停，所以锻炼起来心里特踏实。而且还可让你有低下头来看世界、换个角度想问题的

返璞体验，是不是也很别致？

称其为"狗熊爬法"是为了通俗形象。训练的要领在"抬臀低首"，两臂、两腿斜直着自然着地，两手前伸，先左后右、先慢后快向前。刚开始，两腿可能会不自觉弯曲，有意克制一下即可调整。能控制到臀、头、四肢爬行时协调自如，且能像狗熊前行时那样随意左顾右盼，就应该是比较标准了。刚开始锻炼好多人不习惯，也爬不远，尤其是肥胖者肯定更感吃力，但只要经常坚持，就能慢慢适应。

要想弄懂这种训练对颈肩的好处，大家不妨往远古想想。当初人类也和其他动物一样四肢都用来走路，身体的重量由四肢共同分担。后来，经过进化，聪明的人类学会了直立行走，解放出了上肢。这样，人的腰椎和下肢显然就要承载全身的重量。短时间自然不会有问题，问题是天天月月年年都这样，且现在好多职业都要求长期伏案，电脑、互联网的普及更让很多人坐的时间成倍增长，所以原来就偏劳的腰椎出现骨质增生、椎间盘突出等一系列毛病就再正常不过了。

再说我们的上肢。当初远古人类让手脚分工应是为了让上肢更多更好地做事，比如抱东西，比如向高处攀爬，比如用武器攻击，比如和敌方对打等，而不是为了让上肢闲着。现在的问题恰好是过于清闲所导致的。比如过去那些繁重的头顶肩挑、手提怀抱等在座的有多少人还在天天做呢？其实别说天天做，好多人恐怕就很少做吧？俗话说，生命在于运动。说生命显然太笼统，运动必须体现在构成生命的各个部分。人体的各个功能同样遵循着"用进废退"的法则，就如同眼睛越看越明、耳朵越听越聪、肌肉越锻炼越发达一样，长时间不用就会慢慢退化。很多干过体力活的人都懂得力气不是攒出来的，而是天天锻炼出来的。按说现在条件好了，人的生理功能、生活质量也应该随着变好才对，但现在普遍的情形是有了自行车走路少了，有了电瓶车骑车少了；油脂、肉食摄入多了，体重上来了，脂肪肝、高血压、糖尿病都找上门了；有了电视、电脑坐的时间长了，颈、肩、腰都出问题了。以致好多人年纪轻轻看着美味佳肴担心越来越胖不敢吃，面对秀丽山川因为体胖气喘不敢爬。说到钱要天天积攒、体质要天天锻炼这道理谁都懂，但现在好多人虽然存款在不断增多，体质却经常透支。到头来，有的人是花钱保健康，有的人是花钱买健康，

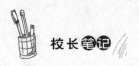

还有的人是赔上自己的健康替别人买车买房。真不明白物质文明给我们带来的是财富还是悲哀？

其实这法那法，坚持锻炼才是最好的方法，靠医生靠旁人全不如靠自己。自己是身体的主人，尤其是今天在座的都是既为人师，且又多是为人父母者，自己弯弯腰就能做的事却还找借口搪塞，岂不让我们的学生、孩子笑我们只会训人和空谈？为什么不能从自身做起为他们做好榜样？好多人总是等到身体出了大问题才会说"早知道"，才去恨病吃药，其实身体的病痛远不是那么好打发的，来时悄没声息，让你措手不及；来后天天作祟，让你疼痛难忍；走时百般纠缠，让你怎样驱赶都不走——这才是病，比癞皮狗还癞皮狗。其实，它一直在不远处潜伏、恭候、窥视，随时随地准备攻破你的身体防线，和你"交朋友"，和你交"长久朋友"。哪怕你有一万个不愿意，它却是既有"爱"心又有耐心。要不古今中外咋会有那么多医院、医生、医书？一旦健康保不住，那还有什么是我们能保住的呢？退一万步讲，即使是什么都能保得住，那对我们自己还有什么意义呢？

所以我想与大家相约：既要努力工作，又要经常锻炼，保持强健体魄，乐享生活馈赠。让三高因我们的努力而更辉煌，让家人因我们的健康而更放心。

从"流水不腐，户枢不蠹"说起

各位老师：

前几天，借助"'爬'出健康"的话题和大家谈了我练习"狗熊爬法"的收获和体会，今天想就着这个话题再和大家聊聊。

为什么流动的水不腐，为什么经常转动的门轴不会被虫蛀？原因都在"动"上。就我们这个群体而言，大家用双腿走路比用双肩担东西的机会要多得多，但在座的有几个是因走路多而导致双腿出问题的？我们的双肩倒是很少担东西，可是又有几个是颈、肩不出问题的？所以我认为我们身上的很多病很少是累出来的，而大多是"闲"出来、"歇"出来的。为了把这一问题弄得更明白一点，大家不妨想想，飞禽为什么一生都在冒险练飞翔，走兽为什么一生都在拼命练奔跑，猴子为什么一生都要练上蹿下跳？显然都是为了提高生存竞争力。而这种训练一旦中断，就意味着它们要退出竞争的舞台——这就是最典型的物竞天择，适者生存。人类远比它们聪明，也更有条件和机会锻炼，但我们却用我们的聪明帮自己找借口，因条件好而疏于锻炼，致使我们的身体功能日渐退化。我们还好意思自称是万物之灵长，自然之精华，真是可笑之至，可羞之至！其实在我们每天必须做的所有事情当中，最容易做到的就是自己管住自己，不需要借助于任何条件和外力；但人们最易犯的毛病——准确地说是最不能原谅的毛病——就是自己迁就自己。这也就难怪今天的人们为什么一个个都成了"患病专业户"和"病种大全"，说到底还不是我们自己把自己惯得太娇嫩了？

元旦过后大家锻炼的热情有了，交流训练体会的人也多了，这实在是

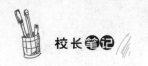

可喜的变化！但训练最怕、也最易犯的毛病是"三分钟热度"，如同人们常说的"麦秸火"一样，热度上来得快，也下去得急。昨晚领导组开会，谈到有的能爬十来米，有的能爬二三十米，还有的说一爬肩膀就疼。大家可以想想，我们平时散步一走好几里、十几里都很轻松，而用上肢只爬十几米、几十米就累得受不了，可见我们的上肢实在该好好"改造改造"了！所以我们的练习目标不应该是一次能爬多远，而应该是不管爬多远都仍然不累不喘。当然这只是个目标，要实现这一目标也确实得下点劲、吃点苦、受点累。但大家千万别忘了，这是我们给自己积攒健康，积攒幸福——就好比给自己攒钱积累财富一样——我们总不至于连给自己攒"财富"也懒得出力吧？

据说俄罗斯女孩参加工作攒的第一笔钱先用来买件好大衣，原因是俄罗斯女孩大多身材好，穿上一件好大衣更显风度。我认为，除了保持风度之外，更主要的可能还是要先保持身体的"温度"。因为西伯利亚的寒流离她们更近，那么冷的天，一旦没有了"温度"，恐怕"风度"也就不好保了。

据说信阳人每年的积蓄要先买几斤上好的雨前茶，原因是若家中来了客人拿不出点好茶叶就会显得很不体面。我觉得除了招待客人、保住体面之外，恐怕还因为信阳人本身都喜欢喝茶，更知道怎样喝好茶。若是信阳人都讨厌喝茶，却专门为客人准备上好的茶叶和精美的茶具，你会信吗？

由此我提议，三高教职工是不是应该首先用积攒的钱买些健身器材呢？比如为了练习爬行，能不能多买几副手套，再买一块地毯铺上，让我们的锻炼也奢侈一把。我知道"三高"教职工都是工作狂，都满心想把学校的工作做好，但前提是必须身康体健。有了好的身体，才能快干多干。再者说，除了工作，我们对家人、朋友负责也需要健康，我们要保持心情愉悦、享受生活馈赠、提高生活质量，还要身体健康。作为校长，我真诚地希望大家除了会工作、善工作，还要会锻炼，常锻炼；还要懂得生活，会享受生活。这样我们才能活得有尊严，才能真正让自己自豪起来。

从中医号脉说起

我始终以为，"中医"是我们的老祖先对中国乃至世界医学的独特贡献。尽管这些年我们的整体中医水平在下降，但那不是中医本身的错，真要准确无误地诊断病情，而且分毫不差地对症下药，我认为还只能是高明的中医。

按我的理解，世上这么多人，任何一个人吃的饭、喝的水、穿的衣服、遇到的人和事、当时的心情、所采取的措施以及事后的遗忘快慢，包括居住环境、呼吸的空气质量等，很难与任何一个人完全一样，因此对二人身体的影响也肯定不一样。从这个角度上讲，人与人所患的病也肯定千差万别；退一步讲，即使害同样的病，其轻重程度、耐药能力、服药后注意不注意调养，都直接影响用药的效果。所以从严格意义上来讲，西医看好病是赶巧碰上好的，而中医才真正是看好的。因为西医的药是面向某一类病人，而不是哪一个病人，究竟你的病情用这种药是应该多一分还是少一分，西医是无能力办到的。打个比方说，西医看病有点类似于我们上街买鞋，只能是让脚适应鞋，而不是让鞋适应脚。这显然有悖常理。但这些弊端在中医则可以很轻松地解决。高明的中医借助号脉，辅以望、闻、问，可以很有把握地弄清病情，进而把药下得恰到好处，而且标本兼治，防治结合，还不会有那么多的副作用。你说这是不是最好的方法？

由中医给病人号脉用药我想到了老师帮学生解决问题。有人说，好的老师是一个学生用50种不同的方法，而有的老师是对50个学生用同一种方法。试想，不同的学生来自不同的家庭，接受不同的家教，有着不同的性格，即使犯的是同样的错误，恐怕也不能用同样的方法。何况学生正处在青少年阶段，情

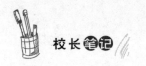

绪极易受外界环境支配。要想收到理想的教育效果，就必须像中医对待病人一样，以号脉为主，再望再闻再问，准确地吃透病情，再对症下药。其实从这个意义上讲，药本身无好赖之分，对症即是好药，反之即是赖药；老师教育学生也是一样，选用哪种方法、轻重程度等都要充分考虑学生的年龄、性别、性格及当时的情绪。只有这样，才可能教育一个，成功一个。时下，受市场经济大潮的影响，一些医生给轻病人开大剂量的药，一为显示自己的医术高明，二为提取更多的处方费，所以才有"庸医害人、黑医坑人"之说。老师批评学生也是这样，该重不重解决不了问题，等于养虎遗患；该轻反重显然会加重学生的负担，伤害学生的心理，说是误人子弟丝毫不为过。现在的青少年都很聪明、很活跃、很好奇，欠缺的是踏实、勤奋、虚心和自立意识，但这不是本质的问题。引导得当，他们完全可以发展成有用之才。但如果只看标不看本，或操之过急、一味批评，甚至求全责备，则只能适得其反，南辕北辙。所以身为老师，千万不能小觑我们与学生的一次谈话、一句表扬或批评，如果出发点就选错的话，又怎样能期盼会有好的结果呢？

医生、教师虽是两种不同的职业，但终极目的却殊途同归。所不同的是医生救治的是人们身体上的疾病，而教师矫正的是学生方法、行为、心理上的误区。说到底二者都是为了"救人"，你说我们能敢有半点草率吗？为什么人们把教师称为"人类灵魂的工程师"，我想这也应该是原因之一吧！

眼下，学生获取知识的渠道多，对老师的要求也高，期望值更高。学生与其父母之间存有代沟，与老师中间同样有。既然大家选择了教育，学生又是那样的天真可爱，嗷嗷待哺，我们自然就应该全身心地投入到学生中，永葆一颗爱心、童心，走近学生，倾听学生，了解学生，温暖学生，先做学生的朋友，再做学生的老师。这样学生高兴，家长高兴，我们自己也会在帮助学生的过程中得到锻炼，得到提高，得到升华，最终实现学生因我们的帮助而成功，我们因学生的成功而成功。

学着移棵烦恼树

各位老师：

　　身为一名教师，我们既是一个自然人，又是一个肩负教书育人、传道授业使命的不自由人。说起来，世上的人没有没烦恼的，更不用说生活在当下的我们，教学的压力，学生的难管，家长的苛求，时间的紧张，待遇的偏低，社会的应酬，老人的赡养，子女的教育就业成家买房，夫妻关系的调整，个人的职业倦怠，物价的上涨，各种不正之风的诱惑，别人的另类眼光，及就医办事的艰难等等，很多时候都让我们不胜其烦。谁都知道心中积存过多的不良情绪对自身极为有害，同时也容易伤及他人。说到我们，更应有意识地经常转移释放，因为我们面对的全是活力充沛，对老师对社会充满神秘向往的青少年，我们的一言一行、一举一动都可能对他们产生潜移默化、耳濡目染的影响。如果我们整天为这烦，为那累，动不动发点邪火，把自己的不良情绪迁移给学生，让学生云里雾里般找不到感觉，显然对自己的形象、对学生的心理健康、对我们预期的教育效果都是绝对不能容忍的。然而工作中还确有不少同志意识不到这一点，把在家中生的气和社会上受的委屈往办公室和教室带；回过头来，又把在单位窝的火往家中带。结果自己把自己变成了一个火药桶，老是过不完"更年期"，到哪哪不安生，以致家人和同事、学生见到他们都得小心翼翼躲远点，你说这有多可怕？

　　前几年看过一篇短文叫《门前栽棵烦恼树》，很受启发。文中的主人公也是个普普通通的小职员，生活和工作的烦恼一样不少。他自知这样烦来烦去很可怕，所以他在心里于家中的门前和办公室的门前各栽一棵烦恼树。每天

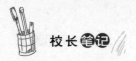

不管啥时回家或进办公室前，都要把自己所有的烦恼装入一个提袋内挂在门外树上，然后换上快乐的笑颜，乐哈哈地进家与亲人欢聚或与办公室的同事打招呼，用他的快乐影响感染他人。

毫无疑问，他是明智的，也是成功的。其实道理很简单，没有哪一个人愿意整天看你的愁眉苦脸，听你的唉声叹气，忍受你的摔东扔西，迁就你的冷热不定。其实生活既不会一直偏袒某一个，也不会故意跟哪个人过不去，只不过很多人都是只知道自己的苦，不晓得旁人的愁，不注意及时调整，又喜欢抱愁不放、人为地夸大罢了。

在座各位能接受高等教育，当上高中教师，智商都是相当高的。相比之下，前面所提到的那些都是"小儿科"，大家真不应该犯这些低级的错误。还是学学前面的那位智者吧，每人在心里栽棵能随时迁移的烦恼树，一遇烦恼就赶紧打包，打完包就立即挂上去。像躲避瘟疫一样躲避烦恼。这样首先是快乐了自己，受益了家人，其次还能感染同事影响学生。试想，如果我们的家庭、我们的办公室、我们和学生相处时一直被阳光快乐的氛围所笼罩，那还有什么苦累烦恼可言呢？

我始终坚信，生活中真正累死的人很少很少，而因不善调整心理郁结，不会释放不良情绪致病致死的则很多很多。所以哪怕纯粹为自己为亲人也得想方设法让自己放下烦恼，走向快乐。

冷漠背后折射了什么

这是一个沉重的话题，沉重得我下了几次决心都不想说，再说连自己都觉得近乎残忍。

5月22日夜，一个刚过了18岁生日的高中生亲自雇凶、亲自开门让人杀了从小疼爱他的父亲和姐姐。原计划还要杀掉他的母亲，只是因为当晚他母亲没在家才逃过一劫。可怜他姐姐听到父亲房中有异常动静时，首先想到的是怕他受伤害，把他反锁在屋内，而她自己则被至死还在护着的弟弟请来的凶手残杀。这还不算结束，在他和凶手签订的条约内还有"碎尸才给钱"一条，他甚至还扬言要"吃了他们"。不是血淋淋的事实，恐怕你无论如何也不会相信这是一个儿子对父母、一个弟弟对姐姐说的话、做的事，可为此他已经预谋了三四个月，虽连续被骗几次却决不回头。据负责审理该案的一位干警说，从抓捕到审问中间的七八个小时，他一直呼呼大睡，还是那位干警连喊几声才把他喊醒。另一位年龄稍长的干警说，审问进行了七个多小时，却没见他掉一滴泪。这究竟是一个什么样的孩子呢？他自己也口口声声说父母和姐姐都非常疼爱他，他也时常想起父母和姐姐，可这丝毫不影响他"杀亲计划"的持续进行。两位亲人被杀的惨状连整天勘查各种案发现场的刑警都深感震惊，而他却像无事人一样。究竟是什么原因让他变得如此冷漠，如此不知道畏惧，如此铁石心肠，如此没一点人味？父母和姐姐的疼爱怎么就换来了如此"报答"，必欲置他们于死地还不罢休？身为一名教师，我想我们不能也像其他人一样仅仅是痛斥几句，惋惜两声。我们应该循着他的成长轨迹挖一挖，他的冷漠背后到底折射了什么？他的心理变化应该给天下父母、老师和社会带来什么启示？父

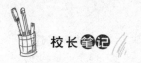
母和老师应该怎样施爱施教才能避免类似惨案重演？

第一，要让孩子体会到拥有亲人的爱是幸福，是温暖，而不是负担和束缚，进而懂得珍惜。他的父母无疑很爱他，穿的用的尽是名牌，花钱每周一两千不说，还特意让姐姐陪他去读高中。这种物质上的特大方和对其成长的特不放心，用"陪读"来监视，让他在特潇洒的同时又常常难以找到自立、自信。是呀，他已18岁，身高一米八多，篮球也打得不错，人也长得特帅，脾气也较随和，穿的也全是名牌，花钱又不受限制，这些本应是男孩子在同龄人面前特有面子的事，却被姐姐的陪读完全打破了，让他在同学面前尊严尽失。显然，父母的良苦用心让他感到了难以接受的压抑：道理再简单不过，有哪一个正渴望独立的青年人愿意让同龄人因自己的不成熟和难自立在背后说长道短、指指点点呢？而同时，不成熟的他又不会与父母沟通改变这些，于是他那旺盛的成长欲望和自立意识与家、与家中亲人、与家中亲人的爱和约束发生了严重对立，他想挣破，他想冲出就成了顺理成章的事。而在父母一方还认为牺牲姐姐的工作去陪他读书是对他无微不至的关心呢，你说这不纯粹是南辕北辙吗？

第二，要设法让父母的想法变成孩子的选择。纵观他的成长，基本上全都是按照父母的意愿亦步亦趋。其实，很多时候想让孩子这样那样都只不过是父母的一厢情愿。在这一点上，至少有两点需要参考：一是孩子的自身条件和基础，二是孩子的兴趣爱好。身为父母，如果只是一味想当然地为孩子设计这那，这样的想法不仅极易落空，而且更可怕的不是委屈孩子、耽误孩子，而是出现更极端的结果，比如像他这样既毁了家又毁了自己。然而生活中这样的父母并不少见。他们还总是埋怨自己吃力不讨好，好心没好报，你说这能光怨孩子吗？

第三，要经常与孩子进行心理沟通。了解这件事的读者都知道，他从2月份就开始在网上发帖，寻找杀亲帮凶，到5月份他正式实施，几个月中他被骗过几次，然而这一切他的父母都毫无察觉。他们舍得为孩子花那么多钱，并让女儿去陪读，怎么不花点时间与孩子坐下来聊聊谈谈呢？时间那么长，孩子心中藏那么多事，这次被骗再找理由要下次实施阴谋的钱，而身为父母却全被蒙在鼓里。俗话说，知子莫如父，最应了解孩子的人成了最不了解孩子的人。你说这有多可悲？

第四，要对孩子玩的游戏和方式有所了解并适当给予引导。除了喜欢篮球，他的好多时间都用于玩一种名为"网游"的游戏上。大家不妨想想，这些游戏都是些什么内容，对孩子会产生什么影响，长时间玩会有什么变化，当父母的还不去过问，那么又有谁更该了解、更该过问呢？如此一味顺着孩子，花多少钱都大力支持，到头来闹出这种惨剧，是不是真让人欲说无言？

第五，不能不说说孩子的花钱。案发前他仅仅是个高中生，每周零花钱都是一两千。照此算来，一个月就要上万，就这还不包括穿衣、交费等。试想，他上班后一月能挣多少钱？若到时家中的钱接济不上呢？再说即便家中有花不完的钱，但类似这种只知消费不顾一切的孩子又能给家人给社会回报些什么呢？难怪时下不少网友一提"富二代"都直摇头。一个不争的事实是，这样的家长绝不是仅此一例。近几年爆料的开名车撞了人还有恃无恐地高喊"我是×××的儿子"，还有那个从日本回来在机场连捅自己母亲六七刀的留学生不都是钱在作怪吗？有点钱却让孩子走到这步田地，父母的奋斗还有什么意义？

从古到今，因为父母的溺爱和娇纵导致孩子误入歧途、酿成悲剧的不一而足。尤其是近些年，孩子们面临的危险人群和不良诱惑可说是无处不在，无时不有。身为父母，别管家境如何，既然都非常爱孩子，都希望孩子成龙成凤，就应该而且必须与孩子设法沟通，就应该而且必须给孩子以应有的关怀和引导。孩子别管多少都输不起！我们的社会也输不起！别管孩子将来能不能成名成家，但培养一个从生理到心理都健健康康、能快乐生活的孩子永远都是第一位的。

"玉米为什么长胡须"

下午趁空看了会儿电视，节目主持人向小朋友问了一个连我们这些大人都不大好回答的问题——玉米为什么长胡须？谁知这些小家伙各有各的答案，十多个小朋友的答案竟没有一个是雷同的：

小玉米不听话，把它爸爸气得长胡须了。

玉米长胡须，说明它长老了，可以吃了。

玉米没钱买剃须刀，所以就长胡须了。

玉米也分男女，女的稍稍长一些，男的就长得多了。

玉米可能是国外来的，所以体毛多。

玉米不长头发，所以就长胡须了。

玉米长胡须，可能就是为了让大家猜测它为什么长胡须的。

玉米长胡须，是因为它体内有一种器官分泌东西让它长的。

…………

我不知道大家听着或读着这些答案、想着或看着那些四五岁的娃娃回答问题时那一脸的认真和得意会怎么想，反正我是被他们的大胆、新颖、奇异的想象或联想征服了。真亏他们能想象得出"玉米可能是外国进口的，所以体毛多"，我想说这话的孩子一定是把他在生活或影视中看到的外国人多是大胡子或体毛多而密的经验借用了过来，才猜想玉米也是从国外进口过来的。还有那个说"玉米不长头发，所以就长胡须了"的娃娃，你想想，她依据的是什么，该不是说玉米也在玩平衡，因为不让长头发，就要长胡须以示抗争？再看那位小朋友说什么"因为小玉米不听话，所以气得玉米爸爸长胡须了"，显然他是在模仿大人强调不听话不是好孩子，再说"玉米爸爸"也真真气得让人担心——都长满胡须了，多可怕呀！

还有那个小朋友，竟然想到"玉米也会分男女，女的稍稍长一些，男的就长得多了"。她边说还用小手在嘴边比画了一下。多细心的小家伙呀！更有趣的是她说玉米也分男女，显然为了回答问题，她动用了她所有的经验和知识，小脑筋不知转了几个弯？

"玉米长胡须，可能就是为了让大家猜猜它为什么长胡须的"。她把问题又踢回到了原点，似乎玉米当初就知道大家会对它长胡须要感兴趣、要猜原因，所以才故意长的。你瞧瞧，她轻轻松松地绕了回来。你不是想考我们吗？告诉你吧，我们包括玉米早就准备好了，看咱谁考谁？

最后那个竟然知道玉米本身就有一个专门长胡须的器官，所以自然就长了。按他的理解这就不叫问题，倒是主持人有点孤陋寡闻，因少见而多事，竟然问这种不是问题的问题，干脆还回幼稚园算了。

…………

这就是我们今天的娃娃，这就是他们对问题的思考和理解。我是个成年人，在教育领域辛苦了几十年，但他们的答案好多我都想象不到。怪不得好多专家慨叹我们好多人比起孩子真的是越学越笨了。他们不仅聪明，而且联想丰富奇特，每一个答案后面都透着小脑瓜的机灵。然而就是这些人见人爱的小机灵鬼，上了小学后灵气就变少了，而到了初中、高中好多孩子似乎越来越没有灵气，这不能不归功于我们的一些家长、老师对孩子的好奇、好问、善思考不仅鼓励不够，开发不够，引导不够，反而动不动就是呵斥，如"小孩子家瞎说什么，什么玉米也会分男女？""净胡说，玉米咋会生气！""还说什么没钱买剃须刀，给它钱它会买吗？"再不然就用一个现成的答案限制、固定孩子的思维——玉米长胡须嘛，就是因为啊，就是因为它原来就长有胡须。一个要多笨有多笨的答案，瞬间把娃娃的那些充满幻想、富有诗意，而且极富创造性的火花统统浇灭了。一个啥问题也没回答的答案，就这我们的不少老师还自我感觉良好，美其名曰"是对娃娃负责，是因为娃娃太笨，才不得不这样帮他们嚼饭吃"。天知道到底是我们的娃娃笨，还是我们的老师、家长脑子僵化、方法陈旧得可怕，再加上对娃娃们惊人的无知呢？而更让我担心的还是我们的不少

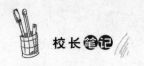

老师和家长理直气壮地走在离孩子的灵性、离教育的真谛越来越远的路上，不仅没有半点自觉自警自省，而且还整天沾沾自喜，津津乐道。其实，如果这仅仅是他们自己的事倒也罢了，可那些娃娃呢？那些极富灵性、充满希望、稍加引导就能成材成林的娃娃咋办？他们耽误不起，我们的社会、我们的时代也耽误不起！身为老师、家长千万不能再拉上一批又一批娃娃做殉道者了。

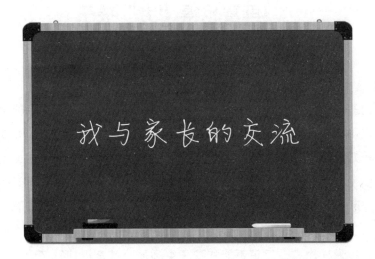

我与家长的交流

再富也得"穷"孩子

前些年，一些有识之士呼吁"再穷不能穷教育，再苦不能苦孩子"。不少地方也确实是在经济非常困难的情况下给学校建了当地最好的房屋做校舍，添了较好的教学设施。仅此就足以说明我们的各级政府和人民对教育的重视及对孩子的期望。但说到单个的家庭教育，说到家长对孩子的培养方法，我则十分欣赏"再富也得'穷'孩子"这一提法，我以为这话非常直接、深刻地指出了目前不少家长在教育孩子方面的一个共性误区：别管条件好不好，别管家长怎样作难，反正不能让孩子受委屈，甚至得让孩子吃的、穿的、用的、花的比别的孩子强，有点优越感，至少也得差不多。其实这样的做法很值得商榷。

高尔基说过这样的话：爱护自己的孩子，这是母鸡都会做的，但教育好孩子却是一门艺术。讲的就是教育的无法代替。当家长爱孩子本是天经地义，笔者也无意让今天的孩子都去体验当年的艰辛或再受一遍罪，但这和怎样教育他们并不矛盾。国外的不少千万、亿万富翁应该说很有钱，但照样让孩子边上学边去为人刷盘子洗碗，让孩子18岁后自食其力。我们能说他们是吝啬、是不爱孩子吗？其实那才叫作真爱，叫作会爱。触龙劝说赵太后时怎样说的？"父母爱孩子，当为之计深远"。说得多好啊！其实我们当父母的为孩子所做的一切，不仅要有利于他们今天的成长，更应有助于他们明天的发展，从严格意义上来说这才是为孩子好。但在工作中我们经常发现，不少学生用的、穿的都很新潮、很派头，花钱也大手大脚。但和其家长一接触则发现，他们的家境远不是我们想象的那样富有。且不说这些孩子吃、穿、用、花的有多奢侈，也不说他们学习得一塌糊涂，最可悲、可怕的是他们对家长的良苦用心没有丝毫理解，对自己的未来既没半点计划更无能力负责，或者说也没打算负责。你说家长辛辛苦苦养大这些孩子，别说对国家和社会没啥用，即便是对家庭而言还不纯粹是负担累赘？另一类纯粹是纨绔子弟，仗着家长有点势力或有点钱，花钱大手大脚，走路趾高气扬，别说对老师、同学缺乏起码的尊重，就连家长见他（她）也得退让三分，就这还经常摔碟子扔碗。你说这当家长的为他们操碎了心、跑断了腿冤不冤？你还能指望他们明天有什么作为或对家长多孝顺吗？笔者几年前在家中帮母亲打棉花杈时曾深有感触：那年地刚分开，妈妈上的粪多，雨水也勤，棉花长势很好。我们兄弟姐妹几个都在上学，妈妈一个人管不过来，结果好多棉桃都被花杈拱掉了。由此我就想到今天的孩子：条件好本是件好事，但如果教育、管理跟不上，不能让孩子懂得珍惜，其结果很可能就跟那只长株不结桃的棉花一样，或者更糟。这一切全都是因为家长只给孩子提供了优越的物质条件，却没让孩子学会珍惜，没让他们懂得应利用现有条件去为明天做准备。相反，优越的生活环境完全变成了孩子成长的绊脚石，这岂不是福窝里长出了毒蘑菇？

当然，笔者这里提到的"穷"，并不是一般意义上的穷困。现在生活水平普遍提高了，孩子应有的营养和基本生活条件还是必须满足的，要不然我们还去奋斗干啥？问题是要把握好度。衣服鞋袜是为了遮体避寒，难道非得让孩子穿名牌才算对得起他们？书包、笔、本是学习的工具，学习好不好跟这能有多少必然联系？零花钱够用就行，犯得上大把大把地给他们吗？问题的关键还不是花钱多少，而是要让孩子学会珍惜这一切，要让孩子明白这一切来之不易，要让孩子意识到他（她）那份责任谁也不能代替。爷奶的成功也好，父母的积蓄也罢，丝毫都不能证明他们自己有多少能耐，他们应该利用家长提供的条件完善充实自己，而不是躺在家长的积蓄簿上享清福。其实古今中外都不乏家中条件好个人成就更高的例子，就不用再提那些省吃俭用给孩子提供优越学习条件的家长，显然更应该让孩子懂得你们的良苦用心。条件再好不知道利用，白白糟蹋了好时光，在别人看来最多等同于一个寄生虫，又怎么会尊重他们？

"前三十年看父爱子，后三十年看子敬父。"这话虽然很通俗但却很实

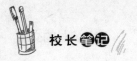

在。哪怕纯粹为自己、为家庭的幸福，我们也得让孩子"穷"一点，也得为孩子考虑得长远一点。相信到孩子懂事明理时，他们会懂得你们的爱有多深，也才会懂得用加倍的努力和孝顺报答你们。

自虐——一个令人担忧的危险信号

前几天，电视报道了南方某县5名男孩死在垃圾箱内的事，其中最大的13岁，最小的才9岁，实在令人揪心。据了解，这5名男孩都是经常逃学，又不想待在家里才结伴出来的，到外面后又实在没什么地方好去，结果全部在垃圾箱中窒息而亡。活生生的5个孩子，刚及总角之年，却出现了这种意外。就算家中条件再穷、再不好也总比垃圾箱强得多吧，但为何他们还是一次又一次地向外逃？对此有学者一针见血地指出：离家出走的孩子之所以宁愿在外面饥寒交迫，是因为家中那种冷暴力、那种严要求给他们带来的精神层面的打击远大于在外面遭受身体的痛苦。

无独有偶。本文所说的"自虐"与离家出走相比有过之而无不及。"虐"字的本义是"残暴狠毒"，用"虐"能组成"暴虐""酷虐""虐待""虐政"等等。所谓"虐待"，是指用残暴狠毒的手段待人。可见"虐"是多么可怕，又多么可恶！可现在的问题却是"自虐"，是用"残暴狠毒"的手段对待自己。试想，谁会自己虐待自己？谁会和自己开这种既痛苦又可怕的玩笑？但这却不幸是事实，短短两年时间我就遇到好几例：

其一是名男孩。因父母长年外出打工，他心中孤独苦闷无处诉说、无法排遣，我接触他时他已有"自虐"行为四年多，而且越来越频繁、越来越严重，已到不可自控的地步。

其二是名女生。家中姊妹三个都是女孩，爷奶嫌弃她们，爸爸也因老婆生不出男孩、要断后变得不喝就赌，她那年龄已近50岁的妈妈只好外出打工，不仅是家里唯一的经济来源，而且还经常挨打受气。每逢学校休息，她不回家

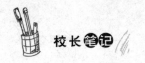

没处可去，可一回家不是挨打就是被骂，十七八岁的女孩一点尊严也没有，更别说关怀和温暖了。原本活泼开朗的她，后来生生被逼得木呆呆的，实在承受不住时就自己"惩罚"自己，严重时已经出现过几次"休克"，最长的一次抢救近四个小时。老师、同学说说、劝劝好一些，但一回家又变得更严重。因为爷奶、父亲一张嘴就是"有囊气死外面，一辈子别回来""看见你就烦"等等，你说放到谁身上能受得了？

其三是一名因躲避计划生育而被父母寄养在亲戚家的男孩，因为回来后生活条件和亲戚家条件相比反差太大，所以他无论怎样努力都适应不了。

其四是一名随母亲改嫁而到继父家生活的男生。因为继父家中的兄妹俩天天说是"他母亲的介入让他们离开了生母""无论怎样也不会让他在这个家中好过"，因而他自感见不得人，低人一等。大人在时稍好一些，大人一走那兄妹俩就变本加厉地折磨他。为了不让母亲生气难过，他选择了用"自虐"来发泄和转移自己心中的苦痛和烦恼。用他们自己的话说，也许肉体痛了，心痛就会轻一些。

我们平时手被扎一下都疼得不得了，可这些孩子却把伤害自己的身体当成了排遣心中苦痛的唯一"良方"。你说这些孩子多么可怜！有些家长习惯说"现在的孩子不愁吃、不愁穿，还不好好学"，其实他们真的了解孩子吗？知道孩子内心的需求和痛苦吗？父母是孩子最亲的人，他们又口口声声说"最爱孩子"，但现在却亲手把孩子逼得"离家出走"，甚至需要靠自虐来发泄、转移，你说这"亲"和"爱"有多么沉重，又是多么危险？！还有些家长说"外出打工是为了给孩子挣钱，是为了给孩子交学费或盖房"等，但以牺牲孩子的健康和快乐甚至是生命去换钱值得吗？孩子一旦失去了健康或走上了邪路又有多少钱能买回来呢？还有"自虐"，孩子都已经被逼到"不自虐就无法渡过那一关"的地步了，可有的家长还轻描淡写地说什么"小孩子闹着玩儿的""流点血不碍事"等等，难道非到孩子出了大事才算"有事"吗？

家，与其说是温暖的港湾，不如说是孩子心灵的驿站。孩子毕竟是孩子，他们自我调控能力差，又没有多少倾诉对象，家长就应该是最好的倾听者和心理疏导师。现在一个最普遍且最严峻的问题是，在家的父母也懒得听，听到的父母又不在意。还有的父母长年外出，连电话都难打通几次，更别提诉诉委屈撒撒娇了。这些孩子形式上有"家"，心理上"无家"，前几年有学者将其称为"心理流浪儿"，这不都应该"归功于"父母的"关爱"吗？难怪中国的孩子列举"最崇拜的人是谁"时，他们把这球星那歌星等都写完了还想不到父母。说实话，上述父母别说让孩子崇拜了，他不把你列为"最仇恨"的人就算是万幸了。我认为爱孩子就要明白孩子到底需要什么，为孩子好，就要让孩子自由自在地成长。钱重要，但钱也不代表一切，更不是万能的。如果以"为孩子好"为理由耽误或逼坏了孩子，你还有什么资格忝身父母之列？

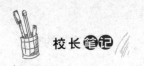

引导孩子，当好自己人生的"质检员"

　　时下，不少孩子对家长、老师的约束很反感，逆反心理很重，不少家长、老师也为此伤透脑筋，又无可奈何。其实，这中间涉及到一个谁来给孩子的言行举止当"裁判"和"质检员"的问题。出于负责和关心，家长和老师都习惯于当"裁判"和"质检员"，习惯于纠正孩子的"违规动作"，所以孩子自然就站到被"裁决"和被"检查"的位置，双方的对立就不可避免地产生了。孩子们或想方设法逃避裁决，或千方百计混过质检，再不然就是置之不理——反正我就这样，爱咋办就咋办，实在不行就同你"干仗"或"离家出走"。

　　于是就出现了这样的怪现象：越是最亲的人孩子越反感，越是好心好意约束招来孩子的误解甚或怨恨越多。其实这也难怪，想想我们自己处于孩子这个年龄段时是不是也很叛逆就一切都明白了。

　　谁都知道，孩子成长的过程中不可能没有挫折、没有坎坷，犯错、走弯路都在所难免，尤其是生活在今天这充满诱惑和陷阱的环境中的孩子，更容易出这样那样的问题。"裁决"和"质检"这一关因此必不可少，但这里面还有个谁来做的问题。无数事例表明，由"家长""老师"来做是吃力不讨好，效果也不太好；对孩子缺乏了解的旁人即便愿做也没法做。那么，能做孩子"裁判"和"质检员"的就只有孩子自己了。其实这也是最好的选择——至少我是这样认为的。至于孩子愿不愿当，会不会当，能不能当好，那要看我们引导得如何。

　　先说愿不愿当。我以为这一点不应该有任何问题。因为每个人的心灵深处，都希望自己的事能自己做主，不愿让别人指手画脚，说长道短——即便是亲近的人也是如此。一旦我们放手让孩子们自己给自己做"裁判"、当"质检员",他们高兴还来不及,哪有不情愿之理?

再说"会不会当"。从目前我了解到的情况看,只有小部分孩子可以,多数孩子则不行或不完全行。我认为这中间有一个家长、老师转换引导、帮助角度的问题。如果家长和老师从小就把用来管束孩子的时间和精力转变为培养孩子的"裁判"和"质检"意识,并告诉他们评判和检查的标准,向他们讲清楚哪些是该做的,有什么必要性;哪些不该做,做了有什么危害与后果,孩子们不见得就学不会。现在有些家庭和学校都做得很好,孩子们的"评判""质检"意识也很强。更难得的是,由孩子们自己做裁判,可有效避免成年人的瞻前顾后、模棱两可,家长、老师需要做的只是适时地提醒和参谋而已。

说到能不能做好,我以为这需要一个过程,需要家长、老师多点耐心和宽容。一开始孩子们可能做不全面,不持久,更甚者干脆恢复原样。这都不要紧,最重要的是保护孩子的这份"质检"意识,引导、鼓励、督促他们一步步地把"质检"内化为自觉行为和分内之事。一旦孩子们有了这份意识和责任感,其他问题就自然会迎刃而解。

其实,孩子们最终能不能完成自我约束和警醒,实现自我教育、自我监督、自我完善,首先是看我们是不是在坚持不懈地引导,其次是看我们相信不相信、放心不放心让孩子去自我"质检"。如果你从心里就不相信孩子,那你就不会下功夫去引导、培养他们。也许有人会说要让孩子学会自我"质检"可不是一天两天的事,这我完全承认,但孩子早晚都必须学会自我约束,学会自立自强。为了孩子或学生的一生着想,即便再费事我们是不是也应该做,且必须做?话又说回来,孩子们一旦学会了自我"质检"和"裁判",我们当家长和老师的还用得着整天为管不住他们而犯愁吗?校园也好,家庭也好,社会也好,还会有那么多"长不大"的孩子吗?

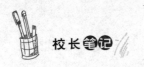

千万别告诉我你懂孩子

当我们——无论我们是父母、是老师，无论何时何地，无论他们做错了什么——想训他们、揍他们却忽视了他们还只是孩子时，毫无疑问的是：我们已错了！

——题记

如果有人问："你了解今天的孩子吗？"或许有人会说，小孩子普遍单纯天真好奇，顽皮可爱，一会儿胆小得要死，有时又胆大得要命；或许有人会说，小孩子就像一张白纸，既能写最优美的文字、作最美丽的图画，又能写得很乱、涂得很脏；或许有人会说，孩子就是一部怎样努力都难全部读懂、天天读天天都有新发现的书；或许有人还会说，孩子们就是我们的老师，好多时候我们都能从孩子那看似天真的举动中得到灵感和启示，发现一些我们整天习惯出错而浑然不知的错。他们因单纯对好坏东西都吸收快、烙印深，他们因无邪而没有成人世界的世俗圆滑；很多时候，他们既非常依赖我们又想挣脱我们，好多事情，他们自己做不成又拒绝我们的帮助。这些看法用到众多孩子身上无疑都是对的。但具体到某个孩子的某一件事，我还是倾向于因人因事具体分析他们当时所处环境和心理动机，然后才可能找到解开症结的钥匙。有些家长习惯拿别的孩子的长处刺激孩子，其实这不仅易引起孩子反感，而且十有八九弊多利少。所以"这一个"就只能是"这一个"，我们丝毫没必要非让擅长体操的与擅长举重的相比，也没必要拿爱好绘画的非去与酷爱演讲的相比，忽视了这一点或哪怕只是差之毫厘，也会谬之千里，甚至更糟。

比如爱因斯坦小时学母鸡孵化小鸡；

比如看了《济公》之后，一男孩让别的孩子吊在树上，自己也学着济公用破扇子扇；

比如一5岁女孩用小刀把两岁弟弟的"小鸡鸡"割了，原因是她爸爸不止一次地当着她的面拿着小刀吓唬弟弟"再哭再闹就割你的'小鸡鸡'"。碰巧那天爸爸外出后弟弟一直哭闹不止，她就照着"爸爸的方法"教训一下弟弟，你说咱该咋说？

比如一母亲问小儿子为什么老喜欢摆放火柴棍，小儿子说"学搭棚子呀，你把奶奶撵到村头住棚子，我也学着给你搭一个好让你去住"；

比如一8岁男孩把家里的几捆啤酒全部启盖倒掉了，原因是不倒啤酒就无法卖空瓶；

比如一初中女生在日记中多次流露要"杀死弟弟"的念头，原因是她感到弟弟一出生，爸妈不像原来那样疼爱她了；

比如有一段一小学二年级学生怎么说都不写作业，妈妈费了好大劲才弄明白原来老师不止一次当着全班同学的面说"××写的作业还不如鸡爪子挠的"，其他小伙伴也因此天天讥笑他；

比如一高一学生经常有自虐现象，原来他父母早在他上小学时就长年外出打工，他心中很孤独、很苦闷、很自卑；

比如一小孩子特别胆小，天一黑就不敢独处，不敢一人进屋，原因是他奶奶经常给他讲诸如"吊死鬼""淹死鬼"的故事；

比如几个四年级学生一再逃学离家外出，他们说外面虽然挨饿受冻蚊子叮咬，但总比天天在家忍受不是打就是骂或者冷言冷语强啊！

比如一小学生天天吃冰糕吃得拉肚子，买了本、笔用不完就随便送人，原来那都是班主任卖的，而且谁买得多她就表扬谁、就给谁发奖状；

比如一男孩说"长大了最想当爸爸"，因为当了爸爸可以动不动"揍孩子的屁股"；

比如一男生好打骂其他同学，因为在家中爸爸就经常打他和妈妈；还有一男生也爱打别人，因为他妈妈经常说，"咱家有钱有势咱不怕！"

类似的例子肯定还有很多很多。很多东西他们很想弄明白但没有正当途径，于是他们就会用自己的方式获取；很多时候大人只是觉得很好玩、是在开

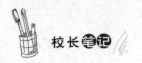

玩笑，但孩子们却以此为真，深信不疑；好多话大人说过就忘了，可他们却记得清清楚楚，遇着机会还会试验试验；还有些话，老师是因为不负责任，随便说说，但在学生心中却成了一个"结"甚至是"死结"，致使孩子们整天背着沉重的包袱，大家说我们能自我原谅、能心安理得吗？

若说当父母的不爱孩子那肯定说不过去，若说一些老师的初衷就是为了害学生可能也言之过重，但如前所述的诸多问题和教训呢？所以我认为，不能因为我们是父母，就名正言顺地以爱孩子为名，实际是误导孩子；不能因为我们是老师，就理直气壮地名为教育学生，实为伤害学生；不能因为我们是大人，就自以为是地强加我们的错误给孩子，还常常煞有介事地板着脸子、扬着板子。

正如好多小树长弯都是外力所致一样，好多好多孩子误入歧途、走向犯罪则基本上都是由我们成人主宰的这个社会环境耳濡目染、烟熏火烤的结果。别管家长能找多少理由，别管老师出于什么动机，别管形形色色的成年人打着什么幌子，但让我们的孩子从小就生活得包袱重压力大缺快乐没童年就是我们的最大失败。其实每个孩子刚出生家长都抱有厚望，也没注定哪个孩子生下来就必然犯罪，关键是我们怎样陪伴他们、引导他们、让他们看些什么、听些什么。孟母为什么会"三迁"，君子为什么要"远庖厨"，人们为什么会说"久在茅厕，不觉其臭"，说到底都是在强调环境的重要性。面对鲜花的芬芳、蜜糖的香甜和其他诱惑，我们这些啥道理都明白的成年人还乐颠颠地当俘虏呢，又如何能苛求刚刚三五岁、七八岁、十来岁的孩子必须这这那那呢？

因为他们单纯幼稚，所以我们只能用儿童的标准去要求衡量；因为他们分辨、自控能力差，同样我们必须弄清他们在什么情况下、出于什么动机才办了错事，必须惩戒时又决不能手软；因为他们好奇模仿，我们这些大人就要当得像大人，就要身体力行，言传身教；因为他们离不开爸妈，当家长的就应该为他们筑个温暖的爱巢；因为他们冷热不定、情绪多变，当老师的就应该经常关注、经常激励，让他们能像花儿一样在老师的"阳光"下天天灿烂。而要做好这些，我们就不光要有爱心，还要有耐心，有时间；不光要有好的动机，还要懂方法，讲艺术；不光要当好孩子们的向导，而且还必须首先当好孩子们的"玩伴"。其实别看过去我们都曾经是孩子，现在又天天管孩子，教孩子，真要追根溯源查一下，我们的很多错误，恰恰是因为不懂孩子、误读孩子造成的。所以著名学者董进宇把自己的一本书定名为《千万别告诉我你懂孩子》，可谓一语中的，一针见血。有些家长（也包括一些老师）最苦恼的是孩子根本不搭理自己，更别提什么倾心交流、当知心朋友了，这不分明是我们的最大悲哀吗？所以假如你真心爱孩子，真心关心孩子，为孩子好，就一定要试着走近孩子、倾听孩子。请相信，如果我们不能当好孩子们的"玩伴"，就很难当一名很受孩子欢迎的好"向导"。

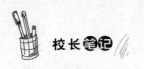

学会"推"着孩子向前

我有个朋友，膝下一儿一女。男孩居长，据说很优秀，应届毕业考了个好本科，为此朋友颇为自豪。具体情况我不太了解，所以不好评述。但他教育女儿，"推"着女儿向前的成功案例，却一直是萦绕在我脑际的一个命题，为此我已思考了20多年，答案似乎还是不太明朗。

那年中招后，他让我和他一道去找找县高中的领导，想让女儿破例入学。他女儿考了270来分，距当年"375"的最低录取线相差100分还多。我心想这样的成绩别说去不了，即使去了又能如何？然而朋友很坚决，我也只能不甚情愿地去了。效果还不错，他的女儿按时入学了，而我也没显出太多的高兴，因为我怕她跟不上再要求退学。

说起我这朋友，可真算是个"大侠"：家境好，负担小；个人工作挺轻松，收入还相当高。这让他有足够的时间和条件交朋结友喝闲酒，偶尔还和几个"文友"谈诗论词评小说，日子过得很是自在洒脱。但对女儿的教育他是半点也不含糊，自己经常和女儿聊天、谈心、鼓劲不说，还经常去找女儿的班主任和所有任课教师，硬是凭着一而再、再而三的韧劲让所有的老师都和他一样坚信：他女儿基础虽差点，但是绝对很聪明，绝对能赶上去！更难得的是他们合力从不同角度让他女儿也坚信了自己绝对能撵上去。在一高上了一学期多，该生各方面有了些进步，但距预期的目标还相差很远。他又提出让女儿转往当时势头正好的扶沟县高中。我因知道他是那种想到就一定要办到的性格，也没阻拦。刚去那一段同我预料的一样，虽然他没少跑、没少费心，但因底子差，又是中途转学，必然有一段适应期，所以别说进步，还从班内后五名退到了倒数第二名。但他丝毫不泄气，并且给班主任提出把女儿的各科分数适当加点，告诉她总名次已从倒数第五进步为倒数第八。客观地说，他女儿和女儿的同学都很努力，关键在于他女儿不知道自己的努力效果如何。一听说自己刚来一月已进步几个名次，劲头马上来了，到期末考试时她的确有了进步。朋友看了分数心内很满意，但他认为还应该再给女儿添点信心，于是又和班主任"密谋"将女儿的进步名次多说些，并且装着是刚去刚听到喜讯一样，一见女儿就满是惊喜地说："丫头呀，老爸真为你骄傲呀！短短两个月，你就能战胜那么多基础既好又十分努力的同学，进步这么快，你老师在我面前夸了你好一阵子呢！"

他这种"推"着女儿前进的做法收到了极好的效果，他的女儿整天信心满满，劲头十足，自学、提问题等都特别卖力、特别主动，到高二就已进入了学习动力和学习效率的良性循环，很少再依赖外力了。应届毕业那年，她以优异的成绩考入中央财经大学，并且享受省财政厅的定向分配指标。那时高校招生名额少，入学时成绩挺好的学生当年能考上就算侥幸，可她距最低线相差一百多分却能捷足先登，不能不说是一个奇迹！

由此我想到了一个"借给学生12分"的老师。他知道那个学生聪明且很爱面子，也知道那个学生那次是考前分心成绩下滑，于是就翻山越岭到那个学生家对学生说，这次我先"借给你12分"，保住你的名次略有上升，但有个条件，你下次考试得"还我两个12分"。那个学生正因名次下滑而苦恼，想到老师的细心和良苦用心，马上信誓旦旦地说，"我要还就还4个12分"。结果他真做到了，师生间还因此多了一份心理默契，并留下了一段"借分还分"的佳话。

二者可谓殊途同归。所不同的是前者为"暗中推"，后者是"明着借"，但目的都是为了激发、挖掘孩子的内在潜能，变"要他们学"为"他们要学"，这不就是最好的成长激励吗？如今的孩子真正笨的有几个？一个又一个天资聪慧的孩子误入歧途，而一个又一个不太聪明的孩子却赢得了夺目的光环不就是最好的例证吗？

从朋友教育女儿的成功我悟出以下三点：一是无论多忙都不能不管孩子。你忙老师也没闲着，那是你的孩子，你一忙就顾不上，老师忙了不也照样可以顾不上吗？二是无论孩子学习多差、多顽皮，都别丧失信心。家长的信任

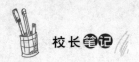

与否对孩子影响极大，你动不动就轻言放弃，孩子更会破罐子破摔，岂不让老师更为难？三是别总以为把孩子送出去、送个好学校就万事大吉。一个孩子的成功远不是送个好学校那么简单，无论谁管都无法代替家长。父母的支持、信任、鼓劲永远是孩子一个取之不尽、用之不竭的加油站，是孩子真正自信快乐并生长爱心的源泉。一旦"加油站"和"源头"出了问题，那才是最糟糕的！

特别的爱给特别的你

米妮的母亲在米妮很小的时候和丈夫离婚去了外地，留下米妮和爸爸生活。米妮不知道父母离婚的事，缠着爸爸要妈妈。米妮的爸爸就给米妮讲了下面这则"天使"的故事：

天使飞到一个地方，发现那里有人冷了，有人饿了，有人需要帮助了，她就会留下来工作。如果一切很好的话，不当差的天使就会放心地飞走，继续去寻找需要她帮助的人。世界上的爸爸妈妈都是天使，是专门飞来照顾孩子、陪孩子一同长大的。咱们家里，爸爸一个人就能照顾好米妮，所以，妈妈才放心地把你留给爸爸。你那个天使妈妈去了一个很远的地方，去照顾一些更需要照顾的孩子。

亲爱的朋友，我不知道你读了这则故事作何感想，我是非常非常替米妮庆幸。米妮的爸爸真是太了不起了！因为父母离异，米妮很小就失去了母爱，这原本是件很不幸的事，但听了爸爸讲的故事，米妮不仅不会再感到孤单、无助，反而会倍感温暖，从心底萌生足够的骄傲：是啊，她不仅有个天使爸爸，还有一个在很远的地方照顾更需要照顾的孩子的天使妈妈。米妮该是多么幸福，又是多么自豪啊！爸爸很棒，妈妈更棒，小小年龄的米妮为妈妈去很远的地方当天使做出了贡献和牺牲，同样很棒！还有谁听到过比这更美、更让人羡慕、感动的关于离婚的解释吗？又有什么能比这则故事更能让米妮感到温暖和幸福？

世上父母爱孩子的心本是相同的，但具体到如何表达可真是千差万别，效果自然也大相径庭。前天，我听一好友讲起他身边的一件事。事件的主人

63

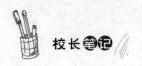

公也是一个父母离异的女孩，不同的是她是跟着妈妈生活。或许是这位妈妈一人带孩子太艰辛，或许是这位妻子不愿和丈夫离婚，或许还有其他原因，反正这位妈妈从小给女儿灌输的全是她父亲怎样坏、怎样狠毒、怎样冷血等之类的思想，以致这个女孩心里装的全是对爸爸的恨，对爸爸家人的恨。因为恨，她对爸爸的家人打骂是常事；因为恨，她听不进任何善意的劝说，甚至还会做出一些出格、违法的举动，而且颇有愈演愈烈、无法正常生活之势。

我相信这位母亲是爱女儿的，我也很同情她作为妻子的不幸，但我不能原谅她这种往孩子心里移植仇恨的做法。一个原本很可爱的孩子被她教唆得几近失常，这到底是爱孩子还是害孩子？心里埋有这么多恨的孩子生活如何能幸福、轻松？一个伴随着这么多仇恨长大的孩子如何能健康、豁达、乐观？还有，谁又能想象将来她能组建一个什么样的家庭、会用什么样的心态教育她的孩子？

东北一位小学校长曾经说过这样的话：大米缸里的虫之所以是白色的，是因为它吃的是米；树上的虫之所以是青绿色或黑色是因为它吃的是树叶。我认为这话说得虽朴实却很有哲理。由此我想，那个伴随着温暖、自豪、骄傲成长的米妮可能在睡梦中都会笑醒，而那个伴随着仇恨成长的小女孩呢，她会有米妮的甜梦吗？

时下社会浮躁，离婚率攀高直接导致单亲子女大量增多。别管离婚的原因是什么，别管成人心中有多少烦恼，但孩子都是无辜的。父母最应该注意的就是不能迁怒于孩子，更不能把自己对对方的恨往孩子心里填塞。要知道胸中揣着仇恨跟揣着定时炸弹一样危险。有谁希望自己的孩子天天站立在悬崖边呢？还是多学学米妮的爸爸吧。孩子从小幸福、乐观，对未来充满希望，不正是父母的最大期望吗？

米妮的爸爸毫无疑问是成功的。其实只要你愿意努力，我相信你同样会想出很多诸如米妮爸爸这样的让孩子和大家都很感动的办法。

顺便再说一句，除了学米妮爸爸善讲"天使"故事外，还应学学他的"天使"心态。如前所述，孩子心中藏恨很危险，那大人呢？心中藏恨是不是也很危险？反正已经离了，人家已经去别处当"天使"了，你为何不赶快自己解放自己也去当"天使"？万不该整天郁结于心，难以释怀，这不分明是自己小看自己，同时也更让对方有理由瞧不起自己吗？

　　"特别的爱给特别的你"，真的，把这句歌词用在这里非常恰当。不知你是否赞同？

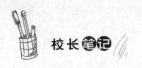

谁害病就得让谁吃药

因为工作的关系，我经常和家长接触，这让我有机会结识了很多有知识、有修养的家长，对我个人的思维方式和行为习惯很有帮助，让我少犯很多错误，为此我常常心存感激。

当然，我也遇到过不少令人头疼的家长，原因自然多种多样。不过，我接触最多也是最让我担心的还是"替孩子吃药"的家长。这些家长基本上都是孩子要啥给啥，啥活都不让干，只是一味地宠孩子。最可怕的是他们对待孩子犯错的态度。也不管孩子是小学生、初中生或是高中生，也不论孩子犯的是大错、小错，有意还是无意，家长都一味大包大揽，替孩子认错道歉，甚至下决心立保证，似乎他们就是孩子，他们认了错就等于解决了问题。其实谁都明白，爱孩子和替孩子认错、改错完全是两码事。正像谁害病就得让谁吃药、谁长瘤子就得给谁开刀一样，谁代替都不能治好病；父母能指导、帮助孩子改错，却无法代替孩子改错。其实孩子从上小学起，就有了一定的是非判断能力，错了就是错了，要让他（她）认识到自己的错误和由此造成的危害，不然又何谈改正？可有些家长最关心的是孩子的面子，每逢孩子犯错就三番五次找学校，甚至到处托人求情，让学校别处分孩子，别难为孩子；更有甚者还要挟学校，威胁老师，撒泼哭闹，尊严全失，却唯独不关心孩子为什么犯错，发展下去有什么危害，怎样帮孩子尽快改正等，你说这不全是帮倒忙吗？所以很多教育界同行都深有同感地说，怕的不是学生犯错，而是家长替孩子，尤其是当着孩子的面替孩子护错、揽错、认错。不少时候本来孩子已经认错，结果家长一来一撑腰，孩子反倒更难管了。有人把这种现象概括为"一个'问题学生'

后面，常常站着一个或多个'问题家长'"，想想是不是这样？我们不妨听听一些家长的原话，"别人吸烟都没被发现，你不会也不让老师逮着不就没事啦，窝囊废！""你们三个一起打的架，你不会不承认是你打的？""别管你们谁说啥，反正我就相信俺闺女不会做违纪的事，她自己承认了也不算！""你说俺孩子喝酒骂人，我没看见就不算。""我也不指望俺孩子学多少东西，只要你们帮助俺看着孩子混个高中毕业证就行"等等。不知道大家听了作何感想，反正我是很替这些孩子着急、担心。孩子们来到这个世界时并没带啥错，为啥后来就长出了一身坏毛病？家长作为孩子的第一任老师又做得如何呢？古时候评价一个人，最重最狠的话叫"没有家教"，强调的就是家长的责任。天下哪有父母不疼儿女的？关键是不能溺爱。倘若孩子第一次犯错，家长及时帮助纠正，很可能就不会有第二次；相反，家长替孩子揽了第一个错，孩子要么不知错，要么知错不改错，于是才犯了第二个、第三个。过去、现在都不乏因过分溺爱而酿成的惨剧，至于家长，自己一手酿制的苦酒除了自己含泪吞咽，还能有啥法？

孩子是家庭的，同时也是社会和国家的。孩子早晚要走入社会，扮演一定的角色。有功该奖，有过当罚，有多少能例外？哪怕全是为了爱孩子，也得让他们早一点学会担当，学会对自己的行为负责。父母不是山，孩子无法靠一辈子，不让他们及早尽快学会自立，就很难换来属于他们自己的真正幸福！

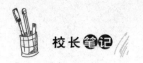

试着走近今天的孩子

常常听人这样抱怨：现在的人发病率既高，患病又杂且不容易治，很多时候连医生也无可奈何。其实这真要"归功"于我们的生存环境。试想，我们呼吸的空气、喝的水、吃的东西等，有哪一样不受污染呢？有些人自身也不注意，一味地由着自己的性子吃喝玩乐，能不生病吗？

常常听家长和老师这样抱怨：现在的孩子这样难管那样难管，让家长和老师伤透脑筋。但这能全怪孩子吗？哪个孩子生下来就带有一身毛病呢？但后来孩子渐渐变了，变得连父母都感到陌生，根源又出在哪里呢？

正如人们患病后，虽然遭麻烦的是医生，花钱受累的是家人，但饱受病痛折磨、吃药打针的还只能是病人自己一样，今天的那些"问题孩子"，虽然老师要操心，要反复做工作；虽然家长很生气，要跑前跑后找孩子，但孩子就轻松吗？孩子心中的压力就小吗？哪个孩子一生下来就自甘堕落？扪心自问，是谁主宰着今天这个现实世界？是谁开设了那么多游戏厅和黑网吧、出版了那么多垃圾印刷品？又是谁自己不读书不学习行为粗野、满嘴脏话却要求孩子如何文明礼貌，甚至为了追求自己的所谓幸福，致使相当一些年幼的孩子有人生却无人管？如此等等，我们都不得不承认是我们这些成年人，是一个又一个的我们，其中还包括一些受害孩子的家长为了赚钱、为了发财亲手制造了这一切。有道是"前人栽树，后人乘凉"，可我们给孩子栽的都是些"什么树"呢？孩子们在下面又能乘些"什么凉"呢？有些人也知道自己从事的行当对孩子危害甚大，所以尽量不让自己的孩子沾染；岂不知别的父母也是这样盘算的，所以才有了别人家的孩子去他的游戏厅，他的孩子去另外的游戏厅，最后是他们"互帮互助"毁掉双方孩子这样的闹剧。原来我们就是这样给孩子当着"榜样"，提供着"精神营养"。天长日久，孩子的耳朵听到脏话不再觉得刺耳，孩子纯洁的瞳仁渐渐被恨、怨、血腥浸透，孩子稚嫩的心灵深处埋下了粗野和发泄的种子。试问，这样的孩子还叫"孩子"吗？而参与培养"问题孩子"的各位，却在抱怨什么"今天的孩子身在福中不知福""太另类""不成器""难沟通""一代不如一代"等等。我们是否这样想过，"问题孩子"不就等同于病人吗？他们的问题越多，就意味着他们受伤害的次数越多，受到的危害越重，心里也就更苦闷、更孤独、更难找到回归的路。我们设身处地为他们想过吗？很多孩子表面上整天装得无所谓、不在乎，其实他们内心比谁都脆弱、都敏感、都在乎；他们看上去很冷漠、很生硬，有些甚至是油盐不浸，其实他们内心比谁都渴望与人倾心交流。都说今天的孩子难教育，在我看来，那是他们没能真正放下架子，没有用心去倾听孩子；都说感动今天的孩子不容易，我认为那是不了解孩子内心的真正需求，没有找到最好的沟通途径。通过与学生的大量接触，我发现很多"问题孩子"都是一个个纸糊的、貌似冷漠的"坚固碉堡"，一旦我们选准了突破点，攻破并俘虏孩子的心理应该非常轻松。而且，我们这是在挽救人，挽救我们自己造就的"问题孩子"，我们还好意思推脱吗？

身为医生，不能埋怨病人为啥患病，为啥患怪病，更不能因患怪病就放弃对病人的治疗；同样，为了挽回那些"问题孩子"，我认为每个人都应无条件地为"净化孩子成长的环境"做些努力。毕竟，未来属于孩子。只有让孩子有希望，我们一个个小家庭才有希望；也只有让一个个小家庭有了希望，我们的祖国"大家庭"才可能有美好的未来。舍此，我们还能有其他更好的选择吗？

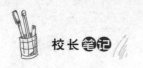

让孩子自己经历成长

那年我十来岁，一天傍晚我和堂弟一块走着闹着回家，扭打中我的两只鞋子都蹬掉了。堂弟恶作剧似的把我的鞋子扔到路边厕所里，我让他拾他不干，我也赌气不去拾，就扛上箩头回家了。

家里兄弟姐妹多，母亲忙完家里忙地里，我们穿的衣服鞋袜都是母亲熬夜缝的。旧的扔了，家里又没有第二双可穿，第二天我便成了"赤脚大仙"。起初走路还不要紧，但割草、搂柴须到处跑，所以我的脚动不动就被豆茬、蒺藜等扎得鲜血直流；后来下了霜，清晨去拾柴光脚踏在霜地上那种滋味我到现在都忘不了。再后来母亲连夜给做了双新鞋，我穿上后又跑又跳，既不用怕扎脚，又免去了霜冻之苦，高兴得比得了什么宝贝都爱惜难忘。后来我才逐渐明白，母亲当时不急着给我做鞋，也不全是因为忙，她是想让我通过受皮肉之苦长点记性。看来母亲是深谙教育之道啊！

由童年的这段趣事我想到了今天的孩子教育。一个不争的事实是，今天的孩子的经历太单一，而家长因为爱孩子又代替得太多，限制得太多，爱来爱去把孩子爱成了笼中小鸟和温室里的花朵。我认为这个问题不容小觑。

孩子的成长是个漫长的过程。现在的孩子别说经历坏事了，好事经历得也同样很少；别说经历大事了，小事也很少有参与的机会。你说这正常吗？其实别管好事坏事，多让孩子经历经历还是非常必要的。最起码好事能积累点经验，坏事可留点教训。可现在家长一说就是这不能碰那不能动，却忽略了爱玩是小孩子的天性。你这也不让玩儿，那也不让动，孩子的童年该是多么无趣、单调、干巴？他们又怎样能够快乐成长？我们总不能因为爱孩子就剥夺他们体验成长的机会吧。随着年龄的增长我越来越感到，童年的经历是人一生咀嚼不尽的橄榄。经历越丰富，越耐品味。好多成年人、老年人当天经历的事可能记不住，但说起童年的经历却都是一嘟噜一串儿的，尤其是对童年那些冒险和恶作剧的经历更是记忆深刻。那分明是值得反复回味的宝库啊！我们怎能让孩子的宝库里仅有学习、考试、上辅导班之类呢？你要是孩子你愿意吗？怪不得有孩子这样说：不谈学习我们是朋友，一谈学习我们是敌人。家长都把孩子逼到这份上了，还不该放放手吗？我们应做的是给孩子正当的指导，鼓励孩子大胆尝试。再拿我童年赌气不去拾鞋子来说，若不让我扎几次脚、受几天冻，我就不可能懂得珍惜，所以我认为我母亲非常了不起。其实惩罚同样是一种很有效的教育手段，尤其是对待类似当年我那样较顽皮的孩子。前几年有人呼吁"把惩戒权还给老师"，我认为不是没有道理，这与"棍棒下面出孝子"的古训有异曲同工之妙。家长也好，老师也罢，对孩子再亲再爱，都不能代替孩子自己体验生活，就像不亲口尝尝梨子就不知道梨子是什么味一样。现在好多家长喜欢大包大揽，以致不少孩子直到上了高中、大学，袜子没洗过一双，碗没刷过一个，缺钱就伸手，油瓶子倒了都不会去扶，甚至有的结了婚还得让老娘老爹跟着做饭，离开爹娘就只能到处混饭吃。其实这哪里是爱孩子，这岂不是亲手把他们往危险的泥坑推吗？老爹老娘能跟孩子一辈子吗？恐怕你只有让他洗洗袜子，他才会知道袜子臭；只有让他们从小就学着挣点钱，他们才可能明白钱难挣。也只有明白了这些他们才会知道爱惜、节省，才会理解劳动的艰辛，才会尊重他人的劳动。我认为这才是真正的爱孩子。《触龙说赵太后》中说："父母之爱子，则为之计深远。"为什么有些父母为孩子付出了很多、很辛苦，孩子却根本不领情，更不懂得心疼，原因就在于他们缺乏"经历"，错误地认为自己生来就该享受，爹娘付出是该付出。这样的孩子对爹娘都不打算报答，又哪里敢指望他们回报社会多少呢？

说到底，孩子的人生之路要自己走，生活的苦与乐、酸与甜只有经历了、体验了才叫"成长"。高尔基曾表达过如下观点：爱孩子，那是连母鸡都会做的事，重要的是教育他们。父母爷奶既然非常非常爱孩子，就应该当好教练和裁判，千万别替他们当运动员；至于老师，只能是孩子成长的向导和陪练，更不能做那些越俎代庖、出力不讨好，反倒贻害无穷的事。

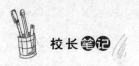

莫让孩子成为"心理流浪儿"

平时接触家长，常听见"现在的孩子吃穿不愁，钱不缺，啥活不干，就是不好好上学"之类的抱怨。按他们的理解，现在的孩子生活条件很好，应该感到幸福，自然也应该好好学习。这种推测显然不够全面，只不过是他们的一厢情愿而已。

诚然，幸福需要有一定的物质保证，但这并不意味着物质条件好就等于幸福。笔者曾留心观察不少家境好的孩子，有的心事重重，有的愁眉紧锁，个别甚至觉得活着没什么意思。成功教育专家董进宇把他们形容为"心理流浪儿"——请注意这个词的分量。其实中国的家长，在关爱孩子方面是投入最大、最辛苦的，可孩子们为啥不领情甚或非常反感呢？要弄清这其中的根源，我们不妨看看正常人的需要层次。美国心理学家马斯洛把人的需要分为"生理需要、安全需要、归属与爱的需要、尊重需要和自我实现的需要"五个层次。中小学生年龄虽然小，但同样不乏上述需求，而"吃好穿好不缺钱"说到底是只满足了最低层次的生理需要，其他更高层次的心理和精神需要则常常被忽略。笔者曾有意就"问题儿童"做过调查，发现大都与家庭本身存在各种各样的问题有密切联系。

其一，"爱巢"失落型。父母意外死亡或父母离异，对孩子心理的影响最大最重。家庭破裂后，孩子们不仅生活、学习会受影响，更严重的是缺乏安全感和归属与爱抚等，这些孩子一般都很难承受这种巨大落差，心理出现问题是意料中的事。

其二，过高要求型。这些家长往往很少考虑孩子的自身条件，只一味地向孩子要高分、要名次；又大多只重结果，不看过程；只关注学习，不关心其他。这些家长很少注意孩子的心理变化，对孩子与师生相处是否融洽、有无苦恼和压力需要家长缓解等压根就不知道。不谈是不谈，一谈肯定是学习，也不管孩子当时累不累、烦不烦。殊不知，这种关心只能让孩子对学习越来越反感——他们会认为都是该死的学习把本应属于他们的温暖、游戏、撒娇、玩耍等给挤跑了——咋会不怨恨学习？无怪乎孩子们会说不谈学习我们是朋友，一谈学习我们是敌人。你想在这种情形下他们能学好吗？

其三，无暇过问型。这些家长别管是身在官场，还是忙于经商或外出打工，抑或是忙于打牌、应酬等，共性问题是都没足够的时间与孩子沟通。其实童年最怕孤独，尤其是在遇到困难或受了委屈和欺负，正需要家长的安慰、鼓励而又找不见家长时，孩子的心情就会极度糟糕。有时家长只需抱抱拍拍、说两句安慰话，孩子的小脸就会多云转晴，可是好多家长却根本不在家或根本不在意。一次、两次、多次让孩子们心理遭伤害，自然会发生质变。很多家长是不出大错不理会，一出大事又一味地责怪孩子没出息、不争气，却从来不去反思孩子出问题的真正根源。情况正如董进宇博士所描述的那样，"中国的家长，在教育孩子的问题上，其潜在的思维模型是单向的，也即家长是正确的，孩子是错误的。所以不少家长不知不觉间就把自己放在了叫作'正确'的那把椅子上了"。扪心自问，家长真就是永远正确的吗？有时即使知道自己错了，又真心向孩子认过错吗？

其四，放任自流型。这些家长对孩子的学习与心理健康基本上采取顺其自然的态度，孩子很少能在家长那里得到正确的引导和精神鼓励，学好学坏全凭孩子的自觉和自悟。如今社会上对孩子的诱惑那么多，谁能担保孩子们都步步走在正路上？

上述情况虽然各异，但家长与孩子的关系都明显紧张却是共同的，即家长很少理解孩子，孩子也很难信任家长。虽然"家长与孩子在表面上生活在一个屋檐下，可是在孩子的心灵上，他已经成了一个流浪儿；他得不到成年人正确的指导，他会按他自己的判断和欲望来驱使自己的行为；由于他还是一个孩子，他的价值观、身体和技能都处在成长之中，还没有完善，无法按人类正确的法则来指导自己的行为，在这种情况下，他基本上是按动物的法则来行为，

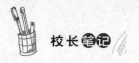

所以学坏就不可避免了"。(董进宇《培养真正的人》)

当今社会是知识型社会。孩子当然应该拥有知识，但如果以牺牲孩子的兴趣和欢乐为代价，那这代价也未免太大了。笔者认为，相对于知识而言，让孩子拥有健康的心态更为重要。而要拥有健康的心态，就必须让孩子生活得快乐一些，开朗一些。俗话说，种瓜得瓜，种豆得豆。让孩子从小生活在压抑、孤独、苦闷和争吵之中，不啻在孩子心灵深处埋下一颗颗定时炸弹，随时都会有引爆的可能。别说孩子学习不好，即使是学习很好很优秀也同样很可怕——近几年高等学府屡屡曝出这高才生、那硕士生、博士生的丑闻就是例证——因此，时刻关注孩子的心理变化，呵护孩子的心灵不受污染，确保孩子乐观、健康、对生活充满激情，进而让他们养成良好学习习惯和健全心理就显得特别重要。请相信，孩子们习惯好、心态好，即使学习差一点也照样可以有所作为，当然学习成绩好自然会发展得更加优秀。

我们的家长是那样地爱自己的孩子，最大的苦恼和障碍是与孩子沟通少，交流难，笔者以为应从调整自己、调整对孩子的教育方式做起。孩子从小没带任何错误和毛病来到我们身边，只要引导得当，完全有条件成为家长所期望的佼佼者，启动的钥匙就掌握在你们手中。事实将证明，家长改变态度和方法的同时，就是孩子进步的开始。

教孩子学会拒绝

　　提笔写下这个题目时，我心里一直在隐隐作痛。一个又一个的惨痛教训一而再，再而三地提醒我，让孩子学会拒绝真是太重要了。

　　我们中国人大都把面子看得非常重要，有些人甚至就是为面子活着。甭管什么事，甭管能不能做该不该做，经不住人家三句好话，哪怕是心中有一百个不高兴也会答应下来，还美其名曰"张口容易回口难"，其不知这种活法正应了"哑巴吃黄连，有苦说不出"那句俗话。

　　因为不会拒绝，我这些年真没少为别人跑腿受累，白掏劲白垫钱还得罪人受埋怨。且不说把自己搞得疲惫不堪，单位领导、同事还说我顾正事没有管闲事多，家里人也埋怨自己。仔细想想也真有点替自己抱屈，可又能去埋怨谁呢？甚至有人还就是看准了我的这一"长处"，明明自己能做的事，偏要假言假语地央我去，还煞有介事地说"此事非你去不中"。等到我费尽九牛二虎之力办妥，人家似乎也并不怎样领情，一句"其实我自己去也很容易"就把我打发了。你说这叫什么事！

　　我自己倒也罢了，最多也不过是吃亏受累再加受点气而已。我身边的人可就比我惨多啦。多年前我在青年场认识一女知青，长得说不上国色天香却也是亭亭玉立，身段、脸盘，个人气质都堪称场内一枝花。美丽本身并无错，错就错在她没有长出护花的"刺"来。当时和她一同下放的有个贼眉鼠眼、既赌又偷的男青年，因觊觎她之貌美，时不时地跟她套点近乎，甚或说些不知从哪学来的酸掉牙的骚情话。当时她已20岁，又读了初中，说她喜欢他恐怕连鬼也不相信，说她看不出他的非分之想她自己也不承认，可她就是没勇气拒绝他，

75

或直截了当地打消他的念头。好心的迁就换来的是"登徒子"的步步紧逼，哪里人多他就在哪故意做出与她谈恋爱的姿态，还时不时献点殷勤。当她发现不妙想抽身时，他却露出了庐山真面目：一会儿要在她面前割腕自杀，一会儿又把玩着手中的匕首说，"只要敢跟我不愿，我就先杀你们全家再杀你，我可是啥事都做得出来的"；一会儿又到处对人说"××已和我如何如何，你们谁若想和她谈或给她介绍朋友，我就和你们白刀子进红刀子出"。只可怜那位花一般的姑娘，死不了，活不成，几个月下来就被折磨得病态百出。不久我调离青年场，不知那女知青最终结局如何，但愿她后来能生活得好些。

另一位是名来自农村既聪明又勤奋的高中生，从高一到高二成绩一直在全年级遥遥领先，正常发展下去应届毕业考个好大学绝对没问题。周六晚上，他应邀参加了别人的一次生日聚会，认识了两三个外班的同学，第二天正上晚自习，那几个同学喊他一同外出。当时他也觉得不该去，因为爱面子，他最后还是去了，谁知这一去竟铸成了大错。当晚他稀里糊涂参与抢劫了一名大车司机，自己还分得了三元多钱。回到学校，他无论怎样也忘不掉那位司机被抢时的惊恐表情，白天学不进去，晚上不敢入睡，后来实在没办法只好退了学。第二年，他应征入伍，一年多后，他迎来了入党、军校录取双喜临门，但也就在同一天，他当年参与抢劫的案件告破，后被判了8年。一个多么有前途的孩子，仅仅因为爱面子不敢拒绝而葬送了一切，多么令人扼腕叹息！

上述二人的惨痛教训再次证明，学会拒绝是必需的。尤其是当今社会日益复杂，面对不良习气的诱惑，面对不该办不能办的请求，面对不属于自己的利益，面对危险人群的结交拉拢，学会拒绝更显得必要而迫切。孩子们正处于好奇心重、求知欲旺、分辨能力弱、自控能力差的危险阶段，又整天被什么"哥们儿义气""为朋友两肋插刀"等不良氛围熏染，更容易因不知道拒绝、不会拒绝而干出蠢事或走入歧途。为此，家长和老师必须把教会孩子该拒绝时应坚决拒绝当作必修课来做。说理也好，举例也罢，反正得让孩子明白不是所有的要求、请求都得答应、都可答应。要知道答应就是承诺，承诺就要负责任。要教会孩子学会分辨旁人所提的要求是利己、利人的，还是利社会的，答应后会是什么结果，自己有无能力办，办了对不对，然后再来决定是该答应还是该拒绝。明确拒绝在当时看来是难堪了一些，但却为以后减少了很多不必要的麻烦，可以避免很多蠢事、错事甚至是很危险的事，所以即使再难、再麻烦，家长、老师也只能这样做，舍此别无他途。

家 教

下面是两组家长与孩子和学校老师的对话，虽然只是些个例，但也从一定程度上反映了家长对孩子的教育取向。

第一组：

1. 动车上，洗手间外。一母亲对正在接洗手液的小女儿说："别用太多，太多浪费。"

2. 家长来校征求老师的意见，结束后对其儿子说："我今天高兴的不全是因为你进步了，主要是因为你努力了。凡事只要你肯努力去做，家长和老师都会为你创造条件、鼓掌加油。这样你高兴，我们大家也高兴。"

第二组：

1. 新生开学，一母亲送儿子到学校门口，再三叮嘱说："旁人打你你也打他，别管怎样，反正咱不能吃亏。实在不行先打了再说。"

2. 一女生欲退学，学校多次做工作无果，请来了家长。家长拉着女儿的手哀求说："孩子，只要你在高中混够三年，到时候爹自有办法让你上大学，中不中？"

3. 一家长听说儿子吸烟很生气，用手戳着儿子的头说："其他同学吸烟都没让学校发现，你不会也不让老师逮着？窝囊废！"

4. 因为学生在学校多次与同学发生矛盾并违反校纪，学校请来了其家长，希望配合做工作。不想其母当着几位老师的面对女儿说："孩子乖，不用怕，他们谁说啥我都不信，我就信你一个人，只要你说没错就没错，只要我说没事就没事。看谁能把你怎么样！"

5. 期末成绩公布后，一家长点着孩子的头说："你说你努力了，也进步了，怎么还是没考第一？啥话也别说，下次不考第一就别回来见我!"

6. 一家长接到班主任的电话没好气地说："我也不想管，我也管不了。你们想咋处理都行，反正我是不去!"

这就是我们目前面临的家教现状。教育界有这样一句话：一个"问题学生"后面常常站着一个或多个"问题家长"，我认为这话虽然尖锐，但却非常深刻，一语中的。好多时候，学校本来想请家长帮助做做孩子工作，谁知不请还好些，一请才发现家长的问题比学生还多。有些不仅无助于问题的解决，反倒给学校添了更多的麻烦。家长是孩子的第一任老师，又是最亲近、最应该对孩子负责之人。家长教育引导得当，孩子成长过程中可以少走很多弯路。比如前面第一组提到的两位家长，小事中折射出的是家长的大爱和教育艺术，我真从心里为那两个孩子高兴祝福。但教孩子打架，教孩子混高中，孩子走歪门邪道时纵容孩子，教孩子逃避学校约束，不光引导孩子不认错，并且有恃无恐地为孩子遮错撑腰，致使学校的正常施教无法开展等等，无疑是亲手把孩子往错误的泥潭推，而且只能越陷越深。

更麻烦的还有那位啥都不讲、只要成绩第一的家长，你说孩子要是下了最大劲仍考不了第一会是啥结果？最后一例干脆放弃不管，难道连自己的孩子也能说不管就可不管的吗？

如果说这些家长不爱孩子那是假话，如果你告诉他们这是在害孩子他们还不服，可事实却真是这样。法国启蒙思想家卢梭早就一针见血地指出："误用光阴比虚掷光阴损失更大，教育错了的儿童比未受教育的儿童离智慧更远。"大家想想是不是这样？

正是有感于一部分家长家教的不当或缺失，我想真诚地奉劝各位家长：你们既然非常爱孩子，就要真心帮孩子，就要正确引导孩子。能言传身教很好，即使不能也别误导孩子，更不该逼孩子、纵容孩子，甚至放手不管。社会的法则对谁都起作用，谁家的孩子都不可能有例外，也不可能永远幸运。你今天松手让孩子往邪路上多迈一步，将来孩子就不知道要多吃多少亏，甚至要付出无法预测的惨重代价。可能正像人们常说的那样，小时孩子犯错家长不舍得打，是等着长大后让别人狠劲打甚至往死里打。我想，这肯定是谁都不想看到的!

好心也要有好脸

——走出对子女爱的误区

今早4点12分起床，花近两个小时写下该文，希望能给一些家长提供点参考。

——题记

高尔基说："爱护自己的孩子，这是母鸡都会做的，但教育好孩子却是一门艺术。"人类是"万物之灵长"，自然会做得更好些。问题在于爱的方式，即怎样关心、爱护、引导、帮助孩子，让他们既明白父母的良苦用心，又倍感亲切、温暖，容易接受。

常见有些家长，对旁人都是和和气气，唯独对自己的孩子很少见笑脸。哪怕正和别人有说有笑，一看到孩子立即"晴转多云"。他们的理由是："对孩子就不能给好脸。""包子有肉不在褶上，只要咱心是好的，长大了他自会明白。"还有的说："棍棒底下出孝子，不打不成才。"他们都不愿把对孩子的那份深沉、厚重的爱在脸上流露出来。

这样的爱，从孩子的自尊心、自信心、活泼天性的保护和个性培养等方面肯定是害多益少。

先说对孩子学习主动性及自尊心、自信心的培养。实践证明，孩子的自尊心与成人无异。然而上述父母恰好忽视了这一点。父母对孩子一天到晚阴着脸，孩子体会不到家庭的温暖，久而久之就会对家庭产生厌烦情绪，这样的孩子将来也不会很好地关心、爱护别人，因为他们心灵深处没有培养出"爱的温情"。再者，父母过于严肃，孩子就会感到自己的人格得不到尊重，长期生活在这种环境中，要么孩子也不尊重别人，要么过分自卑，认为自己确实不如人。这显然非常不利于孩子自信心的培养。

爱玩是孩子的天性。他们爱玩是因为他们心中没有烦恼和忧愁，充满的是天真活泼的天性和灿烂的阳光。所以这时他们最具灵性，满脑子求知欲，见什么都想问，什么事都敢干，这个阶段最利于培养良好的习惯和激发创造的火花。如果这时做父母的整天板着脸，让孩子那颗活泼乐观的心经常碰壁，那就无异于扼杀孩子的天性，让孩子也得像成年人一样整天生活在烦乱和无奈中。这样对孩子是不是太残酷了一点？

再说个性培养。中小学时期是培养发展孩子独立个性的时期。父母的笑脸本身就是鼓励和赞许，这样孩子就敢于发表见解，孩子的想法、要求就乐意对父母说，孩子的爱好特长就有机会表现，孩子的自主意识就有利于形成。反之，看见父母板着脸，孩子想说的不知道该不该说，说了的也不知道对不对。时间一长，孩子回到家不是来个徐庶进曹营——一言不发，就是看见家长哪怕正说着也伸伸舌头作罢。试想这种压抑的环境怎样培养出敢想敢说敢闯、时刻充满激情和进取心的孩子？

父母本是孩子的第一任启蒙老师，家庭本应该是孩子时刻盼着回归的爱的港湾。作为父母，大多为孩子想得无微不至，唯恐做得不全，为什么不让孩子充分体验到这种爱呢？我们常说孩子像天使，是祖国的花朵，但如果孩子们经常感受不到父母的爱的鼓励，那么即使是天使也会暗自落泪，纵然是鲜花也会过早凋零，你说可不可怕？

其实，我们完全没有必要在孩子面前"玩深沉"。孩子淘气时、不成才时是应该吵，但把吵当成了家常饭，效果自然不会好。还是好心好脸同样给吧，这样孩子高兴，我们自然也高兴。家中充满温情，对谁都是好事。其实父母不板脸尚且不容易和孩子沟通，再故意板脸，岂不是将本就存在的"代沟"加深加宽，变成难以逾越的鸿沟吗？所以做父母的既然有好心，更应该给好脸。让孩子心中时刻充满阳光，他们就会笑得格外灿烂，学得格外轻松，成长得格外健康，那样当家长的连做梦都在笑吧？

孩子们到底需要什么

4月13日，《社会与法》栏目播出了唐山干警抓获两名入室行窃大盗的事。说起来骇人听闻，很短时间，他们连续作案300余起，偷盗金额达260多万元。按说破获这样的大案是件高兴事，可唐山干警心里却沉甸甸的——两名所谓的"大盗"都是刚满18岁的花季少年。18岁呀，本应是对人生充满憧憬的年龄，可他们却已成了入室偷盗成性，且丝毫不知害怕的"大盗"。由此可见他们是怎样的大胆。往前查查他们的成长经历，二人全是因家长过早外出的留守儿童。因为缺乏管教，二人的思想很早就出了问题。吃喝需要钱，上网需要钱，打工怕苦怕累，还嫌挣钱少，于是就从偷家长到专门入室偷盗。其中张耀的母亲抱着儿子哭得特别伤心，但再哭能哭回儿子的前途吗？说起家长长年外出打工肯定各有各的苦衷，但仅仅为了挣钱而葬送孩子的未来，代价是不是太大了？

《三字经》有言："养不教，父之过；教不严，师之惰。"他们早早辍学，老师想帮帮不了；而最应该对孩子负责的家长又长年难得见一面，有时电话也难打通；再看看我们的社会环境，到处充斥着诱惑孩子的游戏厅、网吧和不健康书籍。小孩子成长的每一步都面临诸多陷阱，家长、学校严防死守尚不能保证，又哪里敢让孩子整天流浪于危险的边缘却不管不顾呢？

现实逼迫我们不得不思考，孩子究竟需要什么，家长到底应该给孩子些什么？

大家不妨读读下面这几个小故事：

一小学生下午放学后躲到墙角不回家，等班主任老师忙完杂事去推自行车发现后胎没气时，突然跑出来涨红着脸说："老师，我知道附近有个修车的，我陪你去。"原来那个修车的是他父亲，那自行车气也是他故意放的，目的只是想引起老师的注意。

父亲问小女儿的梦想是什么，女儿说我想长得比妈妈还漂亮。父亲很惊讶女儿的回答，说我女儿本来就很漂亮呀。女儿含着泪说："不，我不漂亮，我要漂亮你就不会天天只拥抱妈妈，而不拥抱我了。"

8岁儿子把父亲给的买早点的钱偷偷攒下，饿着肚子去上学。父亲发现后很不理解。儿子说，我想攒够你一天打工挣的钱买你一天的时间，让你能在家陪陪我。

小学时我同学有一天不做作业。老师问其原因，他说"我没有铅笔"。再问，他说刚才交的那支铅笔是自己的，因为他也想像别的同学一样受老师表扬。

这就是我们的孩子。比起成年人，他们更需要关注和关心。可现在的家长又做得如何呢？一个常见的现象是乡下无钱的家长忙着外出打工挣钱；城里有钱的家长又忙着把孩子送往外地所谓的好学校。虽然方式不同，但结果都让孩子远离家长，连见面都成了奢侈。对孩子的物质需求，有钱没钱的家长一般都做得很好，不仅很好，有些家长甚至好得让孩子受不了，说是有求必应、要星星不摘月亮都不为过；但对孩子的心理需求则很少考虑，很少关注。这是多大的疏忽和不应该呀！家里养只小狗受了表扬还高兴得直摇尾巴呢，何况我们面对的还是淘气、撒娇正需要关心或往怀中搂搂抱抱、亲亲哄哄的娇儿幼女呢？实实在在地讲，孩子想的是什么、需要的是什么我们真的知道吗？为什么这些年出事的留守儿童越来越多，为什么往外送的孩子只有极少数能考好？不客气地讲，就是父母没尽到自己的那份责任。一次，一位领导问我孩子该不该外出复习，我说：把孩子往外送是人为地把你和孩子拥有的优势扔掉，把本不存在的困难再人为地创造出来。因为工作忙，因为距离远，你又没有足够的时间和可能在孩子需要时赶到。所以到头来只能是忙了你自己，委屈了孩子。孩子自制力好，在哪都能复习好；孩子自制力不行，在哪都不一定能考好。世上没有哪个人比你和他爸更关心孩子，也没有哪个人比孩子更知道在哪对他有利。所以还是让孩子自己选择为好。这位领导也认为我说得很有道理，但事后

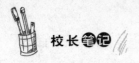
还是把孩子送到了省城学校，不仅考得很不理想，还差点让原本很优秀的孩子几近崩溃。你说悬不悬？

我相信天下家长没有不爱孩子的，而爱孩子千万不要让他们小小年纪就远离父母。"爱我你就亲亲我，爱我你就抱抱我"，我想这不会仅仅是歌词，还应该是孩子们的真实心声。不是学校条件好、家里有钱就能代替一切，相比之下，关注孩子的心理健康、满足孩子的心理需求才应该而且永远是第一位的。

"造字法"教我们怎样当家长和老师

在家中，我是孩子的父亲，在学校，我是一名老师。这双重角色在一定层面上有一共同点——怎样教育、引导、帮助孩子。我认为这也是众多老师和家长都会遇到，又深感头疼的问题。我为此也没少碰壁。后来我从古人"造字法"中受到启发，对此颇有点豁然开朗之感。

先说"爻"字。造这个字源于尚无文字时的结绳记事。打一个"×"表明有了一个问题，从两个"×"上下重叠由"爻"到"父"的变化，说明当父亲的已经把上面的问题解决掉了，但下面的问题还存在。也许有人会问，既然父亲解决了上面的问题，为什么不连下面的问题一并解决呢？原来这正是当父亲的高明之处——该留给孩子做的一定要留给孩子。仅此我们就不能不佩服我们的老祖先，他们不仅深谙教育的真谛，而且能用这么简单的造字符号暗示给我们这么深奥的道理。你想想这是多么了不起！你想想这又是哪国文字能比的！它不仅清楚地标明了当家长的责任——该你做的必须做，不然"父"就不是父，只能是"爻"，从造字者的原意看你

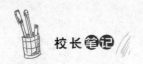

就等于失去了当父亲的资格；不过尽责还要有度，不能把该留给孩子做的自己包办，让孩子失去学习的机会，甚至变成低能儿，显然这也不应是父亲所当为。人常说一个特别勤快的妈妈常常会带出一个或一群笨闺女、懒闺女，其实问题正出在妈妈的勤快上。跟着这样的妈妈，女儿没机会做，自然就不会做，于是笨、懒也就不是什么新鲜事了。

由此我又想到了繁体字"學"字。这个字拆开看是由"子""冖""手""爻"四部分组成，意思是小孩子待在桌子下试着用双手把问题解开。"试着解"，我们不妨理解成实习、练习、模仿，这不就是学习吗？这也恰好印证了当父亲的不能包打天下、当母亲的不能特别"勤快"，不然小孩子还蹲在桌子下面干什么？

同样的例子还可以说说"智"。上面的"知"是知识，是已掌握的；下面的"日"表示时间，即"一天天"。两部分合起来即"天天练习、实践学到的知识、技能"，从眼看口说手动到心悟、到熟练为我所用才叫"智"，才能算作智慧。

从上述古人造字的良苦用心不难看出，无论是作为家长还是老师，该我们做的事、尽的责我们决不能推诿，不然明明问题堆成堆你却不管不问，那分明就是失职，那还有什么资格当家长或老师？但去做不等于越俎代庖，不等于以己之勤纵容、助长孩子的懒和笨，那同样会贻害无穷。很多家长从辛辛苦苦带儿子、女儿到后来不堪重负地带孙子、外孙，追根溯源就是当初没让孩子练、学，没让孩子学会自立。后来孩子也有了孩子，很多事都不会做也不想做，只好让老爹、老娘继续做。到这时老爹、老娘是能做得做，不能做也得做，而且是满肚子苦水无处说。由此我联想到新课改为什么特别强调让学生参与，特别注重让学生用眼观察、用口说话、用脑思考、用手实践的演练，这不正与古人的造字用意有异曲同工之妙吗？其实，在家中我们实在没有必要太娇惯孩子，在学校我们同样没必要把打扫打扫卫生、叠叠被子、浇浇花、拔拔草等学生完全能动手的事统统交给物业公司，不然把孩子都培养成横草不愿掂、竖草不能拿的低能儿和羸弱书生，岂不纯粹是好心办成了坏事，甜水浇出了苦果，福窝里长出了毒蘑菇？

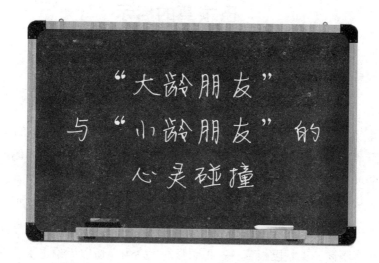

"大龄朋友"
与"小龄朋友"的
心灵碰撞

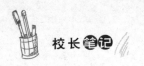

巴根草的启示

各位"小龄朋友"：

　　不知道大家留意没有，校园花坛里大家花费很大气力栽种的花草很少有能比野草长得旺盛的。而野草中最具生命力、占据阵地最多的当属巴根草（俗名叫结巴草），无论是花圃、路边、高岗、洼地，只要有点土，它就能蓬勃地生长。根扎得深而密，不仅能四处占领阵地，而且能随时巩固战果，牢牢地守住脚下的那片土，人踩车轧水淹都丝毫无碍其生长，要多执着有多执着，要多坚韧有多坚韧。正是巴根草有这种顽强的生命力，所以无论走到哪都能看到它的生机，锄头锄、铲子铲、农药喷，甚至用抓钩连根锛都很难让其断绝。它可真算得上"物竞天择，适者生存"的典范了！

　　由此我想到了你们，我的小龄朋友。有的同学天冷天热、刮风下雨、顺境逆境、成功失败，啥时见都是乐哈哈的；操场上能跑能跳，教室里能学善思；生熟冷热都能吃，室内野外皆可睡；失败愈多愈能萌生斗志，对手越强越能激起雄心。全不像有些同学，天一热会中暑，天一冷便感冒；春天怕风，秋天怕雨；爬爬楼梯就气喘，跑跑操就肚子疼；天一黑不敢走路，到生地睡不着觉；见条死蛇吓得直喊亲妈，遇个小坎就犹豫不前，如此等等，不一而足。试想一下，倘若让这些学生置身险境会是什么样子？想想汶川地震、日本海啸，想想山洪暴发、泥石流突降，再想想科学家探险，部队野营拉练，长江抗洪抢险，边疆雪灾救援，大家就该明白生存能力、适应能力有多么重要了。更不用说一旦战争爆发，大家要成为战士去用血肉之躯捍卫国土时可能面对的艰险和残酷了。类似这样一点点吃苦受累的思想准备都没有，半点适应能力都不具备，结果如何还用得着多说吗？

　　高中生基本上应该能够自立了，可有的同学大事小事还要父母包办，吃穿用玩都必须家长操心。即使这样仍然学习跟不上，纪律不用提，与同学又处不好，害得家长不得不三天两头往学校跑。更有甚者是家长跑断了腿、操碎了心仍不足以让这些孩子感动半点。你说这可怎么得了？那些花草因本身适应能力差，虽有大家精心呵护尚难存活，那么这些处处依赖父母的孩子呢？父母能呵护、包办你一辈子吗？你自己的尊严、脸面何存？难道你甘心当一辈子可悲、可怜的啃老族和寄生虫吗？还是学学巴根草吧，学学它有点土便可扎根，见点阳光便会灿烂，让别人不得不对它肃然起敬；不然你连立足之地都没有，活下来都很困难，还奢谈什么孝敬父母、报效国家、实现理想、成就抱负，且不要说别人信不信，你自己相信吗？

你们的"大龄朋友"于办公室

91

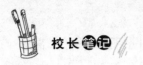

"知了"带给我们的启示

各位"小龄朋友":

"知了"学名蝉，个头如核桃大小，阳光下的生命只有短短的5个星期。但因生来极擅歌唱且格外卖力，所以知名度很不小。不过它的热情和卖力，不但没给它换来鲜花和掌声，反倒招致很多人厌恶和驱赶。要说这蝉也挺冤的，但却很少有人为它鸣不平。你说这事怪不怪？

说起蝉的一生也并非没有可圈点之处。

首先是它的辛苦。研究发现，蝉在地下黑暗中要辛苦准备4年，才能换取阳光下短短5个星期的歌唱，反差之大让人心生同情。

其次是它很聪明。为了从"地下工作者"变成"阳光下的歌唱家"，它利用身体里面的一种液体，把掘下的土和成泥浆，再用肥胖的身体把泥浆挤进干土的罅隙里，为自己修成一条可以爬上爬下的通道。同时还在隧道的顶上留有一指厚的薄盖，供它爬上去侦察地面情况。倘若外面有风雨，便赶紧溜回温暖的洞底；倘若感知外面气候温暖，即刻击破洞顶的盖板，爬到地面去完成蜕变。打个不恰当的比方，聪明的小家伙丝毫不比今天的隧道工程师有半点逊色，甚至更为周到严谨。

再者是它的执着。它用前爪和头一点点掘土，用黏液一次次搅拌泥浆，再用身体一次次去挤压，让穴道壁变坚硬，并不是很容易。它的穴道一般38—40厘米，从开始到竣工少则几周，多则几个月。可见蝉的毅力是多么顽强！

综上所述，蝉能有机会参加"夏日联欢"真的很不容易。它的可悲正在于它的精心准备和卖力表演换来的之所以是诅咒，而不是赞美或者同情，根本原因就在于它唱歌时丝毫不考虑别人的感受，更不考虑演出的效果。它是不管别人是不是在休息或工作，别人需不需要、烦不烦，只管鼓着胸腔没完没了地聒噪，你说别人咋会不烦呢？

由此我想到了生活中的同类现象：比如那些格外热心的推销员，再如唠叨不休的家长，还有那些有讲话瘾和表演欲极强的领导等。说起来，推销员是为谋利益，家长是为子女好，领导是只怕下级听不明白，但无一例外都是生硬地把自己的意愿强加给别人，全然不考虑别人的感受。就像树上的"知了"，明明周围人已烦得要死，它还拼命叫叫叫，结果如何还用再问吗？

有人说，取得别人好感的最佳途径是学会耐心倾听，可有不少人则是只会说不会听。更可怕的是有些人热衷唠叨的还都是些道听途说、捕风捉影的事，有些领导反复强调、执着坚持的还是错误的东西。说起来人类不知比"知了"要聪明多少倍，可这方面犯的错远比"知了"要多得多，岂不比"知了"更为可悲？

但愿各位小龄朋友由"知了"变"知道"，让自己蜕变成一个到哪都受欢迎的人。

你们的"大龄朋友"于盛夏夜

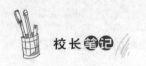
有话学会好好说

各位"小龄朋友"：

我之所以要用下面的话和你们交流，是因为工作中我除了会接触到一些彬彬有礼、话话恰到好处、十分得体的同学之外，还经常碰到一些不能好好说话，每说话必火药味十足、夹枪带棒、出言不逊的同学，甚至还有同学借助手机发些出格的短信。这些同学似乎并不考虑说得对不对、有无根据（有些压根就是道听途说），也不考虑给谁说，更不考虑听话者的感受和效果，只图一时之快，只为泄一己之愤。这种情况很是让我担心，不好好帮助这些同学改改这种毛病分明是我的失职，我不敢不认真对待。

第一，你要明白，发短信的目的是为了反映问题、解决问题。你把问题说清楚、想法谈明白就行了，完全没必要发火。

第二，要理解学校人多事多，你们所反映的问题不见得都能马上解决，解决也要有个过程。况且有些想法、要求有的不可能在短时间内办好，还有的本身就无法办。

第三，要明白你所反映的问题是不是属实，你是立足于整体，还是局部。只要清楚这一点就会懂得为何学校不能事事满足你。

第四，你的要求必须符合学校的实际，与法规、政策相一致。

第五，你的要求、想法可能很好，但不见得适合本校的情况，要明白理想和现实之间总有一定的距离。

明白了这些问题，我想你就应该知道怎样给老师或学校反映问题了。你只需心平气和地说清楚，没必要发火，甚至挖苦、谩骂，要知道我是你们的老师，我之所以向大家公开我的手机号码，有电话必接，有短信必回，就是为了随时了解并尽快解决问题，尽力给你们排忧解难，创造较好的学习、生活环境——当然这也是我分内之事，我也并不期求你们怎么感激我。但你们不该这样对待老师。我身为校长，如果对你们的合理要求不理不睬，你们言行过激一些我能理解，但如果我已经很尽力，或者你们的要求本身就是错的，还非让满足你们，我能去做吗？

如果你们仅仅是这样对待我也就罢了，我担心着急的显然不全在这里。你们今天这样对待我，难保明天不这样对待别人。你们今天对我不恭无礼我不会和你们真心计较，但换了别人——比如你们大学的导师、公司的经理、你们的连长营长——是不是都能宽容你呢？退一万步说，即使所有的人都原谅、宽容你，而你就忍心去伤害那些不该伤害或者有恩于你的人吗？如果别人好心地为你做了很多，而你却没有丝毫的感恩和报答，那是你应该做的吗？古语讲：人而无仪，不知其可。这里的"仪"就是礼，就是要知道天高地厚，就是要懂得尊长敬师，不然你就没资格称为"人"了。

醒醒吧，我的"小龄朋友"和孩子们。

你们的"大龄朋友"

2011年9月14日

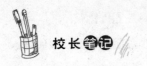

学着让脚掌"长铁"

提到大名鼎鼎的纯种蒙古马，提到价值万贯、人人称羡的汗血宝马，不禁让人想起古驿道上那一路烟尘，还会想起手举弯刀创下征服半个地球这一伟大奇迹的成吉思汗和他的蒙古兵团，也会想起抗战时期高唱着"大刀向鬼子们的头上砍去"让侵略者脑袋搬家的我八路军铁骑兵团。

然而，所有这一切，与其说都是缘于战马、名马，不如说都是缘于战马脚下的那片铁掌。离开了那片铁掌，这一切应该都无从谈起。古今中外，人们唱给这名马、那宝马那么多赞歌颂歌，其实最不该的就是忽略了宝马蹄下那一片至关重要、功大无比的铁掌。

其实，任何一种马蹄下并非原来就有铁掌，任何一匹马打铁掌时都应伴有钻心的疼痛。有道是"十指连心"，马掌虽不是十指，但同样长在马身上，而且刚打上铁掌还会有很长一段磨合期。可它一旦适应了铁掌，就不仅能跑能奔能飞，再远再坏的路都不在话下，甚至还能和险峻凌厉的岩石撞出火星，于是也就有了创造一切辉煌的资本。

由此我想到了今天的孩子成长中所必须经受的摔打和磨炼，有时甚至是很严峻、很残酷的考验；由此我想到了今天的孩子发展中所可能遇到的挫折和失败，可能有不少还会超出想象和承受能力。说起来人在小时候，皮肤都似乎比丝绸还要娇嫩，眼睛比露珠还要晶莹，心灵比钻石还要纯洁；都受不得半点冷遇，都不希望被别人有丝毫的轻视。所有父母、亲人又都希望孩子能一顺百顺，最好能平步青云。但现实远不是我们想象的那样——无论我们怎样祈祷祝愿。而且，我们所期盼的成功、荣耀等，似乎总要躲在非常遥远、险要万分的地方，总是要等我们拼尽全力、吃尽苦头、受够磨难、几近绝望、如同唐僧师徒需历尽九九八十一难时才有可能接近。其实所有勇者、强者也正是这样磨炼出来的，世上也从来没有轻轻松松的成功。正如任何一种良马不打上铁掌、不能接受砖石瓦砾的磨砺就成不了战马、名马一样，任何一个人若不炼就铁一般的意志和坚忍不拔的毅力，恐怕就只能匍匐在成功的脚下，等着品尝被轻蔑和唾弃的苦酒。

　　可现实的情况又如何呢？有不少家长唯恐让孩子受一点点委屈。高一点怕摔，快一点怕磕，近水怕淹，遇火怕烧；跑两步怕累，参加军训怕苦，冬怕冷夏怕热，不是王子、格格却远比对待王子、格格还要娇惯。这些家长、孩子永远停留在能一顺百顺、花好月圆的美好想象中，至于晚一天遇到困境怎么办，他们丝毫不关心。你说这可怎么得了？岂不知这种一厢情愿的想象往往会失望。为什么现在会有那么多"铁杆啃老族"？为什么社会上会有那么多以身试法、铤而走险之人？为什么生活中会有那么多破罐子破摔、随波逐流之人？如此等等，难道还不足以让众多为人父母者引以为戒吗？说到给牛扎鼻圈、给驴和骡套夹板、给马打铁掌，说起给小树掰杈、给脓疮动刀等好像很残忍，但这才是真关心，这才是真正负责。同理我也认为，人们常说的"棍棒底下出孝子""打是亲、骂是爱，不打不骂是祸害""不打不成器"等老话还是很有道理的。为了孩子踏入社会后少碰点壁，为了自己年老时不再因为当年对孩子的纵容迁就叹息，在孩子成长过程中适当严点、狠点，让孩子苦点、累点并非坏事。有人尖锐地说，孩子小时犯错父母不舍得打，那是等着长大后让别人下死劲打。说得多么深刻呀！还有处于成长期的孩子们，无论父母和其他亲人平时怎样亲你爱你娇惯你，但是，唯独你自己不能娇惯自己，而且你自己还必须清醒地意识到，你的脚掌下必须"长点铁"，必须做好迎接各种挑战、经受多重打击、身处何种环境都能从容应对的准备。否则你就不可能真正长大，你就不能成为一个真正意义上的"大写人"。

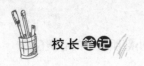

小男孩与大树

作家谢尔·希尔弗斯坦在他写给少儿阅读的名著《爱心树》中写了一棵大树与一个小男孩的故事。大树用生命爱这个小男孩，小男孩也爱这棵大树。他每天都会跑到树下，不为别的，因为树下有他的欢乐。他从小在树下长大，一会儿在树上爬上爬下，一会儿又用大树的嫩枝和绿叶编成王冠戴在头上，绕着大树嬉戏，无忧无虑，俨然一个快乐高傲的王子；一会儿采摘大树的果子吃，并调皮地把果核扔得满地都是；吃饱玩累后便躺在大树下酣睡。大树吃力地弯下它的枝干，聚拢它的枝叶，为小男孩遮风挡雨，不让小男孩受半点惊扰！

后来，小男孩长大了，有了更多的需求，便采摘大树的果实去卖，然后用这钱去买他喜欢的东西；再后来，长大后的小男孩要成家，就去砍大树的枝子建房造屋，至于大树疼不疼，小男孩没有考虑；再后来，成家后的小男孩想去外地远游，就锯下大树的树干造了艘大船，自顾自地走了，被锯了树干的树桩孤独不孤独，会不会伤心，哭没哭，小男孩依旧没想。

而且，小男孩任何时候向大树索取都是那样心安理得，理直气壮；大树面对小男孩的任何索取都是慷慨给予，不图丝毫回报，更没有半点怨言。

然而让人百思不得其解的是，小男孩每次出现都有这样那样的需求，且面带愁容；大树把自己的一切都给予了小男孩，却仍然很快乐。

这，可能就是大树的风格！这，可能就是给予者的胸怀！这，可能也正是天下众多父母的胸怀！

由此，我想到了奄奄一息的母豹拖着受伤后流出的肠子，拼尽全力爬回窝内，为的是再给幼仔喂一口奶；由此，我想到了深秋时一根仅有几片黄叶的枯藤上却还结着一个光鲜的瓜；由此，我想到了天下无数母亲为儿女一次又一次地承受压力和挑战极限；由此，我想到了我的学生丁雨佳写的"父亲努力把腰弯成弓，为的是把我射得远些"那感人至深的诗句。由此，我想对天下所有的儿女说，父母不是大树，即使是大树，也有被砍伤锯倒的时候，也会伤心流泪；我们不能变成那个"小男孩"，只知索取，不思报答！由此我想对天下所有的父母说，除了无偿给予外，还应该让那些"小男孩"懂得感恩，懂得替父母着想，懂得心疼父母。

由此，我还想给每一位朋友说，国家不是大树，我们不能老想着在自己遭灾、遇难时向国家要这救济那照顾，平时却从不想为国家这棵"大树"做哪怕一点点贡献，甚至还经常像那个小男孩一样砍树锯树，成为"小男孩"那样的人实在让人瞧不起！

真希望你我都变成一棵爱心树，慷慨给予并快乐着。

99

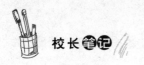

忘与不忘

《战国策·魏策》有这样两句话很值得揣摩："人之有德于我也，不可忘也；吾之有德于人也，不可不忘也。"我认为这是两句值得大家一生铭记的话。这不仅是做人的原则，更是一种常人少有的境界和修养。

这里，我想用三个人的故事表明我的理解。

第一个是个很有本事的人，也是个很能干事、很愿干事的人。就本事和干事这个层面而言还确有不少可圈可点之处。但他有一个致命的弱点：他若帮别人一点小忙能记十年二十年；同样，别人有一点对不住他，他照样十年、二十年不忘。时间一长，他所记住的全是别人怎样对不住他，自己怎样有恩于别人，因此他见这个人说那个人的不是，见那个人讲这个人的不好，反正都是别人怎样怎样对不住他。要说这个人也绝不是什么坏人歹人，但到头来却是他屡屡伤害别人，自然别人对他也不会有好感。其实他所犯的正是"不可忘"的全忘、"不可不忘"的全牢记的毛病。所以这些年他是单位换了一个又一个，到哪都待不长；朋友交了一批又一批，与谁都处不好。一个很有本事的人干了件十分愚蠢的事，多不应该呀！

第二个人是个性格耿直、爱憎分明的人。他崇尚的做人原则是有恩不报非君子，有仇不报不丈夫。按一般人看来这人挺难得，但也正是这一性格，让他在交了不少真朋友的同时，也与一些人产生了过节。因为想报答别人，他心中有很多结；因为想回击别人，他内心又有很多阴影。因为暂时无机会报恩、报仇，他整天烦躁不安，但报了仇又不能不提防别人反击，所以他活得很累很累。其实只要稍稍放宽心，有很多事完全没必要斤斤计较，更不值得报复；至于报恩，只要心中有爱，有机会报答时就报答恩人，没机会报答时还可以帮助其他需要帮助的人，因为人家也许早忘了，也许人家根本就没想让你报答，至于自己天天给自己挖坑下套吗？

第三个人是个做事尽心、不计得失之人。平时对能为之事、可帮之人，他都尽心尽力地做、全心全意地帮，从不考虑什么扬名获利。他不是有钱人，但也没冻着饿着，需要时别人也会慷慨相助；他不是慈善家，但能做的善事决不推辞。也有人看他老实，欺负过他；也有人嫌他窝囊，出他洋相，但他全不往心里去，照样乐呵呵地该干啥干啥，也没因别人欺负、出他洋相、嫁祸于他而损失多少。他把进退得失看得如行云流水般自然，时间一长连故意整过他的人都反过来求助于他。宋朝无门慧开禅师所作的四句颂很好地为他的境界做了诠释：春有百花秋有月，夏有凉风冬有雪。若无闲事挂心头，便是人间好时节。仔细想想，他这样的心胸不正如慧开禅师所说"春夏秋冬都是好时节"吗？

《新唐书·陆家先传》中有句话，大致意思是天下本无事，庸人自扰之。其实认真想来的确如此。如《战国策·魏策》所言，我们把"不可忘"的铭记于心，常怀感恩之心，就会努力做对亲人、恩人、他人和对社会有益之事；我们把"不可不忘"的全部忘掉，就不会老是想着别人怎样对不起自己。少些恩怨，少些计较，自己轻松，别人也轻松；自己愉快，别人也愉快，多好啊！

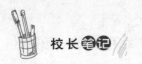

是鸟就要学歌唱

各位"小龄朋友"：

黎明时分，教育大道东段南侧树林，鸟儿正在合力排练一场盛大的音乐会。

我辨不清有多少鸟，反正四面八方都在唱；我不知道那是些什么鸟，反正一只比一只唱得卖力；我看不清它们所处的位置，反正高低错落到处都有。说是呼朋引伴，唱和互答；说是一曲更比一曲响，一曲更比一曲亮；说是近在耳畔，远在深山；说是这边雄浑，那边激越；说是有的老成持重、韵味悠长，有的初学乍练、奶腔奶调；说是一会儿急一会儿缓，一会儿高一会儿低；说是一会儿群鸟齐唱，一会儿一鸣惊人；说是……反正无论你怎样形容，都显得苍白、干巴，远不足以表述此情此景。我只感到整个树林就是一个庞大的排练场，它们排练的就是一组无法用语言形容的生命晨曲。

我很庆幸晨练时走了这段路，才能享受到这大自然的馈赠，我更感谢这一馈赠带给我的震撼和启迪。

我不由想到了你们——我的"小龄朋友"和孩子们。你们来到这个集体，有的带给大家的是友谊，是热情，是合作，是帮助，是鼓励，是温暖，是阳光，是历久弥新的甜蜜回忆；有的置身这个集体，却事不关己，高高挂起；待人冷淡，从不合作；心里狭窄，易生妒心；还有的来到这个集体，带来的是不安定，是搬弄是非，是打扮另类，是我行我素，是对同学的妨碍甚至伤害，是对老师的不尊重，是对学校纪律的不在乎甚至挑战，是对自己的放纵。如此看来，大家做得还远远赶不上那些鸟儿。试想，如果鸟儿太少，或爱来不来，迟到早退；或开小会，睡懒觉；或我行我素，想唱就唱，不考虑整体效果，那肯定缺乏气势，肯定不会有澎湃的激情和激越的高潮。按常理推，鸟儿也不会点名签到，也不会制定规章制度，也不会有奖励惩罚等，可它们该来就来，来了就尽心尽力唱。

而大家做得又怎样呢？

说起来大家都是智商很高、很聪明的人，是受过10多年教育的高中生，可大家的责任意识、大局意识、合作意识又如何呢？有些不仅自己不卖力，还不让别人积极，甚至故意出怪腔怪调来捣乱。结果只能是自己不与人合作，别人也不与他合作；还有的是使坏把别人推到了坑里，把自己也闪到了水里，先害人后害己，岂不更可悲？

其实人从懂事那天起，就成了社会大舞台的一名演员。生活没有彩排，每时每刻都是实况转播。既然怎样演都是演，怎样演都要付出努力，那么何不努努力演好一点、演成功一点、演精彩一点呢？这从小处说是对自己、对家人负责，往大处说是对祖国、对民族尽力。学校是我们的学校，难道我们不爱而让别人来爱？祖国是我们的祖国，我们不去努力建设难道让我们的敌对阶级来建设吗？不会负责、不敢负责、放纵任性、随波逐流，不正是敌对阵营的人梦寐以求出现的状态吗？你们愿意一步步主动地跳入他们设计的陷阱吗？那样除了亲者痛、仇者快，还会有更好的结局吗？

是鸟就要学歌唱，是男儿就必须敢担当。不是你想不想，也不是你愿不愿，而是必须和别无选择！是责无旁贷和义不容辞！是迫在眉睫和刻不容缓！不然，我们又有什么资格可以理直气壮地、自豪地竖起大拇指，称自己为真正意义上的、大写的中国人呢？

你们的"大龄朋友"

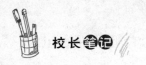

莫为自己的长处所误

著名"红学家"王昆仑在其名著《〈红楼梦〉人物论》中说到林黛玉时有这样的评价：林黛玉在大观园众姐妹里面脑子特好使、反应特快、嘴巴也特锋利，别人没想到的，她已想到；别人没说、说不出或不愿说的，她不仅能说，而且说得特形象尖刻，入木三分。她用一张锋利的嘴撕破了与旁人的关系，过后又不注意修补，所以她在大观园中的人际关系非常紧张。虽有贾母处处护着，最后还是在关键时刻——她与宝玉的婚事上吃了大亏，让人为之唏嘘慨叹了几百年。

脑子好使、反应快、嘴巴锋利，这些都是长处，可惜用到了议论他人长短上就不光不是优点，还让她得罪了不少人，所以害她者一定程度上就是她的长处。林黛玉是这样，现实生活中不少人同样陷入了这个误区：有些人很有才华却恃才傲物，有的人精通武功却以强凌弱；有的人耳聪目明却听人绯闻、窥人隐私；有的人伶牙俐齿却说长道短、搬弄是非；有的人精于电脑却做了黑客，有的人善于发明却研制出了害人的东西。试想，这种"长处"还叫长处吗？家长、学校、社会花费那么多人力、财力、物力培养大家的长处，到头来反成了害人害己更害社会的东西，这不是比那些没有长处的人造成的危害更为可怕吗？其实长处本身并无错，关键在于没将其用到正地方，要不咋会有"聪明反被聪明误"之说呢？《红楼梦》中的王熙凤可谓聪明至极，又有权有势，但最后不照样落了个"机关算尽太聪明，反误了卿卿性命"的可悲下场吗？反过来再看看那些有点长处就到处炫耀、锋芒毕露者，常常只是有点小聪明，从其表现就能看出其浅薄和无知。在这些方面，我们还真得好好向我们的动物老师学学，如猫经常练上树，猴经常练爬山，猩猩天天练攀缘，豹子天天练快跑，长颈鹿脖子长专吃高处嫩叶，小山羊蹄子猴尽尝险处鲜草。它们不仅竭力扬其长，而且都把长处发挥得淋漓尽致，并成了其独有的生存优势。我们的长处本来就不多，却还有钢不往正刃上使，不能为其用，反受其害。我们还好意思自称是什么万物之灵长，岂不明摆着是自欺欺人？痛定思痛，还是沉下心来学学那些真正有学问、有修养、有能力的大智若愚者吧，他们才是我们真正的榜样！

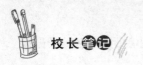

闵损的启示

从懂事起，我听过读过很多感人故事，其中尤以"闵损芦衣"让我震撼：

"周闵损，字子骞。早丧母，父娶后妻，生二子。母恶损，所生子衣棉絮，而衣损以芦花。父令损御车，体寒失，父察知之，欲逐后妻。损启父曰：'母在一子寒，母去三子单。'父善其言而止，母亦感悔，视损如己子。"

小闵损是不幸的。先是幼年丧母，遭受了人生"三大不幸"（幼年丧父母，中年丧妻亡夫，老年丧子女）之第一不幸，又受后母虐待，大冷的天还只能穿用芦花做的衣服，自然难以抵御严寒，更不用说顶风驾车。此时的闵损应该是身冷心更冷，他肯定怀念生母在时的温暖，羡慕后母的两个儿子有真正的棉衣取暖。但闵损又是有肚量、善体谅别人的。在其父察知后母虐待他，要赶走其后母时，是他用一句"母在一子寒，母去三子单"劝阻了父亲。这就是闵损，这就是闵损的胸怀！即使是在自己冻得难以承受时，他想得最多的不是什么出口恶气报复后母，也不是诅咒两个同父异母的弟弟，而是不希望两个同父异母的弟弟和自己一样忍受有父疼无母爱的孤单无助，不希望这个家再次破碎。真真太难为你了，闵损！此时此地，能说出这样的话，需要多么大的心胸呀！这样的爱又需要多少真诚和包容才能汇聚成啊！这样的话出自一个饱受苦难折磨的孩子之口，会让多少人为之脸红、自愧、无地自容？小闵损又是幸运的。他用他的爱、用他博大的包容心唤醒了后母，保住了即将再次破碎的家，也让自己享受到了久违的母爱。这又是多么难得、多么温馨的结局啊！

由此我想说三点：第一点说给那些重新组织家庭的人。其实接受一个人，不光要接受对方的优点，也同时要接受对方的缺点。不光接受对方的财富，还要接受对方的负担——因为这才是一个人的全部；既然爱对方，就不能仅仅爱那一个人，还要爱那个人的亲人，包括那个人的老人和孩子，甚至还有病残人，因为只有这样才能让对方全身心地、无牵挂地爱你。其实爱对方就要想法让对方幸福，而不是光想着让对方给自己多少幸福。可现实生活中常见的情况是，接受了对方的优点，却容不下对方的缺点；选择了对方，却想让对方和那些自己看不顺眼的家人一刀两断，更谈不上善待对方的老人和孩子；选择了对方，又在不断地折磨对方。于是刚刚成立的小家庭仍然是整天战火不断，有的甚至不得不再次解体。你说这是何苦？

第二点说给今天的孩子。时下多数家庭普遍孩子少，一般是一个或两个。因为孩子少，条件好，所以普遍对孩子都是过分偏爱，既宠又捧。这在父母来讲很自然，问题是不少孩子由此养成了任性、自私、唯我独尊、目中无人的坏习气。别管是在家在外，一切都得围着他们转，一切都得由着他或她的性子来，别说是同父异母，就连自己的亲兄弟姐妹也是说翻脸就翻脸，动手动刀都毫不稀罕。很难想象，要是有一天让全是这样的孩子聚在一起，那又会是个啥状况？

第三点说给那些儿女已成家的人。很常见也很可笑的是，他们可以原谅自己儿子、女儿很多很大的过，却不能容下儿媳、女婿一小点儿的错；他们可以承受儿子、女儿带给他们的天大委屈，却受不了儿媳、女婿带来的半点不顺心。常言道，儿媳要当女儿养，女婿能顶半个儿。可一接触实际就要计较，就要挑剔，于是见人必诉苦，无事找闲事，生生把好端端的日子折腾得硝烟不断。你说这能怪谁？

还是学学闵损的心胸吧。他虽然只是个孩子，但他不愧为榜样，更是一面难得的镜子。谁都希望家永远是全身心放松的温馨港湾，而要真正拥有，就必须像闵损那样宽容、大度，凡事能替对方想。我们不仅要知道家和万事兴，还必须警惕家破万事毁。每个人都得有个家，家都没了，还有啥呢？

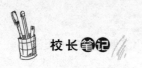

坏事难做与好事难成

说"好事多磨""好事难成"大家都比较熟悉，但说"坏事难做"可能就有点费解。"坏事"怎么还"难做"了？

其实坏事真的很难做。

其实坏事难做的原因在于人们的善根，在于人们的不愿做，不敢做。

比如你想抄近路践踏草坪或庄稼苗时，你肯定会有丝丝不安，你肯定会左右看看。其实这"不安"就是"不愿"，这"看看"就是"不敢"；"不愿"是缘于你"向善"的本性，"不敢"是怕受到公众的谴责。作为个体你心底深处"向善"的本性不想让你做，作为社会成员公众的舆论让你不敢做——这就是坏事难做的原因。

比如有人想偷东西，为什么总是怕被别人知道，更怕被抓住呢？古今中外，很少有人到处声张自己是贼、自己喜欢当贼——除非精神有障碍或出于某种政治目的；也没人喜欢听到"××是贼"的议论、指责，要不咋会有"人怕揭短"之说呢？

比如今日的抢劫者和古时的土匪，为什么抢了就会赶紧跑、拼命跑呢？说到底还是"不敢"。为什么那些夺人钱财、害人性命之人老是做噩梦，在梦中吓得无处躲藏、睡着时比醒时更害怕呢？说到底还是"向善"的本性和做人的底线在起作用。《徐九京升官记》中有句唱词叫"最后还逃不过良心关"，说的也是这个意思——除非他已天良丧尽、人性全无。其实没人生来就是为了当贼，也没人生来就是为了做尽坏事，为人类所不齿。几年前那么多网友启动"人肉搜索"声讨那个虐猫者，足以看出公众的"向善"情绪让人不敢为恶。

　　各位"小龄朋友"，既然"向善"的本性不希望我们做坏事，既然公众的舆论让我们不敢做坏事，那我们就应该多点自我克制和约束，扬心中之善，抑瞬时之恶，勿以恶小而为之，勿以善小而不为。这样对自己而言是培养美德，对他人来讲也是尽份责任；这样白天你可以生活得很充实、很阳光，晚上你可以睡得很踏实、很香甜。对比那些白天见不得穿制服、听不得警笛响，晚上一宿换几个地方，仍战战兢兢、噩梦连连、活着比死了还可怕的犯罪分子，岂不是两个世界两重天？

　　所以最好的办法是不做坏事。

　　说到"好事多磨""好事难成"，我以为很大程度上讲是好事。这一来可以激发我们的斗志，挖掘我们的潜能，检验我们的智慧，考验我们的毅力；二来可以让我们懂得珍惜，学会珍惜；三来可以让我们知道畏惧，让我们必须处处注意学习，时时不忘努力；还可以让我们有好的希望，好的奔头。不是吗？心中有那么好的憧憬，前方有那么多远大目标，社会有那么多需要和期待，还有那么多鲜花和掌声，我们还等啥？还有什么理由不去竭尽全力地争取属于自己的辉煌，实现应有的价值，提升人生的境界呢？

得到与付出

别以为这是个老掉牙的话题，其实老树发新枝同样很有活力。

巴勒斯坦有条约旦河，河水分别流入加黎利海和死海。尽管源头完全一样，但两海的结局却一个天上，一个地下。

前者内有清澈新鲜可供人饮用的水，不但各种鱼儿游戏其中，而且各地游人也常来游泳消暑。海四周围绕着绿色的田园，很多人把他们的私宅或别墅建在岸边，加黎利海也因此声名远播。

后者是名副其实的死海。水是咸的不说，一旦饮用还会致人生病。水里别说找不到任何活的生物，连岸边也不生长任何东西，更不用提有谁会居住或靠近岸边去闻那令人作呕的臭味。死海真正成了让人望而却步、臭名昭著的死亡之地。

究竟是什么原因使得源头完全一样的两个海出现如此天壤之别的结局呢？

区别仅在于前者不但接受，而且付（输）出；而后者则只知道接受，却从不付（输）出。

约旦河流入加黎利海的顶端，然后从其底部流走。它自己先享用了这水，然后又把这水输送给别处继续使用。

而约旦河水流入死海后，就永不再外流了。死海自私地留下了河水，于是活水变成了死水，海也成了臭名远扬的死海。

这就是乐于奉献与只想占有、不想付出的差别。其实生活中有很多类似的人和事。有时我们看来是在付出，是在帮别人，其实不经意间也在帮自己，甚至在改变或提升自己的境界，在帮助自己完成从蛹到蝶的蜕变，或者说是在帮助自己完成从平凡到伟大的飞跃。而只讲接受、得到，只顾一味地占有呢？暂时看来是得到了满足，但常常是得了芝麻、丢了西瓜，并且还是在害自己，在把自己推向孤立、封闭、谁见谁烦，甚至众叛亲离、万人不齿的境地。

　　同学们，你是愿意像加黎利海那样，还是希望像死海那样呢？

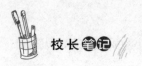

打花杈的启示

每每看到今天的孩子，每每与人谈到今天的孩子教育，我就不由想到多年前帮母亲打花杈的感悟。

那时刚分责任田，种棉花在当地收益较好，母亲也种了两亩。那年雨水充足，母亲上的底肥又足，因此棉花长势很好。但由于父亲身体不好，我们姊妹几个不是在教书，就是在上学，没人能帮母亲，所以我家的棉花明显缺管理。那天是周末，我回家帮母亲去打花杈（主干与枝干间长出的新芽，农村俗话叫油捻子），发现我家的棉桃都被花杈拱掉了。结果是棉棵长得很高大，花杈长得很长，唯独棉桃少得可怜。按说光线、水、肥都充足对棉花生长是好事，但由于没及时打杈，给了那邪恶的"油捻子"生长的机会，所以它迅速疯长。母亲辛苦几个月种下的希望眼看着凋零，气的在地头止不住唉声叹气

由此我想到了今天的孩子。要论各方面条件可以说比过去是好多了，有好多孩子生活得相当优越，但问题也恰好出在教育管理上。有些是父母确实忙没时间管，有些是父母图省事懒得管，有些是家长长年在外没条件管，有些是父母离异无人管等等。虽然原因不尽相同，但结果却异曲同工——听凭孩子任性发展。棉花没及时打杈，"油捻子"会疯长，这些任性发展的孩子也同样会疯：自私、任性、我行我素、唯我独尊、稍不如意便摔东砸西、出口伤人、动手打人等。他们似乎从来不去关心他人，也不知道尊重人；他们无能力负什么责，也从来不愿负什么责，就跟过去大街上的西瓜皮一样踢到哪儿算哪儿。从母亲十月怀胎受尽千般苦，到家人既疼又爱受尽万般累，最后却养出了这样的孩子，难道这就是大家希望看到的吗？

112

其实这正是家庭教育和学校教育一日不可或缺的必要所在！

其实每个孩子来到世上的时候，都没带一点点坏毛病。很多时候，都是父母家人宠爱得没边没沿，而又常常忽略正确的引导所致。家长总认为孩子还小，调皮点没啥，摔点东西不要紧，骂骂人挺可爱，任性点是有个性等，甚至还认为小孩都调皮，树大了自然会直。因此一个又一个毛病、一次又一次犯错就在家长眼皮底下重复得无论如何都难以修正，于是沉湎网吧、酗酒斗殴、离家流浪等一幕幕悲剧就在这些原本善良、聪明的孩子身上发生了。条件好本来是好事，孩子应该发展得更好、更优秀才对。但由于教育管理跟不上，条件好反倒成了坏事，反倒让一些孩子更容易误入歧途，以致福窝里长出了毒蘑菇，蜜糖水浇出了苦涩果。这是多么可悲的结局呀！所以，相比于一味宠惯孩子，相比于拼命为孩子挣钱买房，及时教育、引导他们才是第一位的，也是最重要的！孩子若能自立，父母不留一分一厘他们照样可以生活得很好；孩子若是立不住，父母为其留财富越多可能遭祸越大、越快。古人不是早就说"好男不吃分家饭，好女不穿嫁时衣"吗？所以我认为，天下父母若是真为孩子好，请务必要在教育管理上舍得花时间、下功夫！

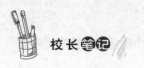

倒出鞋内的那粒沙子

有位哲人说过大意是这样的话，影响你到达远方目标的，不是前面的高山大河，而是鞋内的那粒沙子。我以为这话说得十分有道理。

同学们，我们人类很聪明，很多人也很善于运用这聪明，所以才有了那么多发明创造，才有了社会的飞速发展，才有了这遍地财富。但也有人把聪明用在了不该用的地方，所以才有那么多的人犯罪走邪路。还有很多人虽也很想用聪明做点事，但总有那么一些不健康的东西在作祟作怪，让人跑不快飞不起来。其实这正是妨碍你奔向远大目标的那粒"沙子"。

比如有的同学好嫉妒。别人家条件好，别人个子长得高，别人有这特长那天赋，别人发奋努力成绩优异，别人为人豪爽大方等等，都可能成为他们嫉妒的缘由。因为嫉妒，他们不能与人好好相处，更不用说什么取人之长、补己之短之类；因为嫉妒，他们恨自己恨家人恨老师，唯独不从自身找原因；因为嫉妒，他们无中生有，造谣中伤，伤别人更伤自己；因为嫉妒，他们自己给自己画地为牢，成了坐井观天的蛙和作茧自缚的蛹。

比如有的同学特自卑。总以为自己方方面面皆不如人，所以自己把自己弄成了白日出行的小鼠，该去的地方不敢去，该干的事情没心干，该讲的讲不好，该争的不敢争，以致很多机会擦肩而过，完全看不出年轻人身上那应有的敢打敢拼的朝气和活力。

比如有的人特自负。总以为自己什么都好，哪方面都棒，总喜欢以己之长比人之短，所以他们听不进任何意见建议，更别提逆耳忠言，甚至还会拒绝别人的好心相助，到头来自己带了一身伤还不明白箭从何来。

比如有人特别没有主见。老喜欢跟在别人后面跑，至于对不对、该不该从不去考虑。自己有眼不去观察，有耳不去倾听，有大脑不去辨别是非，甚至被别人卖了还帮人数钱。

比如有人说话没轻没重，没老没少，只图一时口快，全不考虑结果。常常因为一句话闹得一圈子不愉快，甚至因此惹是生非。

比如有人特虚荣。不管是过次生日，还是参加个活动等等，处处时时都想高人一等。有条件他们会炫耀，没条件甚至借、骗也要炫耀。他们整天在意、刻意追求的就是无论如何都要比别人强的面子，甚至撞了南墙都不肯回头。

比如有的人只会依赖别人。衣服脏了，东西坏了，闯下祸了，只会向父母、向别人求助，全不想着自己去做些努力。至于自己长有健全的四肢和聪慧的五官有什么用却很少去想，更谈不上勇于担当、敢于负责。

比如有的人特自私，凡事只想着自己，似乎所有人都得向着他；比如有的人特懒惰，非常简单的事都不想干；比如有的人吃不得半点苦，受不得丁点罪；比如有的同学不善于与人合作；比如有的人已过早染上烟瘾；比如有的人总是到虚拟的世界里寻求满足，逃避现实；比如有的人富有幻想却疏于行动；等等。举凡上述种种，都在或多或少、或直接或间接地影响着你、妨碍着你，只不过有的你意识到了，有的你还没意识到而已。世上的人没有完人，都有这样那样的不足。有缺点、有毛病、犯点错不可怕，可怕的是不知错在何处或知错不改。孟子曰："吾日三省吾身。"在中国乃至世界文化名人排行榜上，孟子是仅次于孔子的"亚圣"。他尚且强调天天反省自己，何况我们平常人呢？同学们大都是有远大理想、能够做一番事业的人，万不该让这样那样的毛病影响你前进的步伐。大家之所以要来学校，除了学习文化知识、考入理想的大学深造，还为了借助学校的良好氛围，完善自己的长处，修正自己的不足。你周围的人群越优秀、越卓越，越有利于你学习借鉴，越有助于你发现自己的局限和褊狭。这也正是我写此文的用意——提醒大家学会反观自己，找到潜藏在自己内心深处的那些"沙子"，时时督促自己尽快倒掉"它"。大家作为一个自然人，每个人都有其独特的优势和不足。有些人之所以能天天乐哈哈的，不是因为他没有烦恼，而是在于他善于遗忘和排遣；反之，有些人一天到晚苦大仇深，不是他的烦恼比别人多，而是在于他喜欢夸大和滞留。所以从很大程度上讲，一个人生活得轻不轻松、快不快乐，主要取决于他的生活态度。作为你们的"大龄朋友"，我真诚地希望你们心胸豁达一些，性格乐观一些；对人宽容一些，对己要求严一些；眼界放开一些，态度积极一些；为人谦和一些，遇事多想一些；做事主动一些，定位要高一些。大家很聪明，又接受了10多年的学校、家庭教育，这些都是很珍贵的财富，请你们务必要意识到并好好珍惜。其实你们从迈入三高大门的那一刻起，就已踏上了奔向远方目标的赛程。既然大家不想成为被人耻笑的落伍者，就应该时刻盯着远方的目标，经常倒出鞋内的"沙子"，振作精神，砥砺斗志，以确保自己的步伐能更轻更快，那你就很有把握能成为那先期到达远方目标笑得最灿烂的人群中的一员。

别让"李"因你而蒙羞

北京中山公园有兰亭八柱亭，始建于1907年，重建于1970年。亭上"景自天成""引派涵星"为乾隆皇帝御笔亲题。亭正中为一石碑，阳面刻《兰亭修禊图》和《题记》，阴面刻乾隆御制诗。环绕石碑的八根石柱刻的分别是唐代著名书法家虞世南、褚遂良、冯承素、柳公权临摹的《兰亭序》、明代董其昌仿柳公权《兰亭诗》和乾隆皇帝临摹的《兰亭集序》与《兰亭诗》。亭子顶端为一上大下小黄圆柱，上覆绿色琉璃瓦，分上下两层。上亭下碑，亭秀美碑厚重，确实为公园增色不少。

无论乾隆贵为天子也好，还是虞世南、褚遂良、董其昌也好，他们在中国书法史上都享有极高的地位，不然也不会两次特意建亭护碑藏柱。应是年代久远和后人反复拓印的缘故吧，碑身的图案与文字已大多不太清晰。就在我置身于石碑的阴面仔细辨认揣摩时，碑身千不该万不该有人又刻上了一个"李"字。看情况下面刻的还有，只是看不清晰。我猜想刻这个字的人应该姓李，或叫个什么李，不然不会这么刻。我不知道在这万人瞻仰、叹为观止的碑文中刻上这么一个"李"字是想借石碑出名还是另有其它用意，我同样不知道其他李姓人氏看了这个"李"字对他会有啥看法，反正我是觉得这人是挺大胆和勇敢的：别管字刻得如何，光他这动不动就敢与皇帝和历代名人刻在一处的猛劲就非常非常不容易。与其说他无知，真不如说他无知无畏更不知天高地厚。说实话，我是真心想劝劝他：怎么能在这里刻呢？怎么能把"李"丢人丢在这最不该丢的大雅之地呢？

不料在亭下又转了一会儿，我就有点替那个刻"李"的人抱点同情心

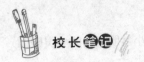

了。因为在那八根柱子上，我又发现了"李六安到此一游"，"李长海到此一游"，"2013年×月冯丽娟到此一游"，"张飞到此一游"。还有位"大仙"还刻上了自己的QQ号。相比之下，那个只刻了一个"李"字的还是比较节俭的。像那个冯丽娟，就只怕交代不清楚别人记不住她（看名字应是位女同胞），索性连年月日都刻上，可谓用心良苦。还有那位张飞，我想此"张飞"应不是彼"张飞"。三国时那位"张飞"虽是粗人武将，谅不至于粗武到这种地步。况那时这亭子还没建，他想犯粗也够不上；还有那位写上QQ号的，我估计他即使刻得再清楚，当年刻碑的唐、明、清几位大家也不会与他联系，因为即使年代最晚的贵为天子的乾隆也没有手机，更何况QQ和互联网，岂不白费了一番心血？

眼下，公园工作人员已在碑身和柱身四周围上了高达两米的玻璃，我猜想这一举措应是万不得已之举。不知道那姓李、姓冯、姓张和写QQ号的明不明白这是他们逼出的下下之策，我更不知道众多国际友人看到这些会对姓李、姓冯、姓张和我们的所有同胞持啥看法，我只知道有一点是肯定的：反正应该很不齿！

其实别管姓李、姓冯、姓张，但凡他或她是一个正常人，别人还是挺愿意尊重他们的，还是挺希望高看他们的，只是他或她得有起码的值得人尊重、能让人高看的理由啊。千万别变得像前面这几位那样，别人想不看不起他或她都做不到！无论如何都做不到！

说起来，"李"字本身并无错，冯姓、张姓也都是出过不少名人、伟人的很不错的姓，想当年这姓李的、姓张的、姓冯的背个小书包来来回回跑学校学会读写也都无错，但几个"无错"加到一起却成了一个大错特错，成了一个令人不齿的错，成了一个让他们贻笑大方的错，成了一个在国外可能要犯法坐牢的错！大家不妨想想，要是学会这些字仅仅是为了在风景区写写画画，出出丑，逗逗能，是不是非常可怜？真如此还不如一直待在幼稚园玩玩沙包、掷掷弹珠，一连多年都长不大呢，因为那样至少不会让"李"呀"张"呀"冯"呀的因此而蒙羞呀。

再说，但凡出来游玩大都是为了寻份开心，学点东西，受受熏陶，他们刻字的中山公园也绝对称得上花好景美环境幽文化氛围浓的理想去处。然而由于他们有眼难分美丑，有心难辨雅俗，有大脑不知道该让自己做什么，所以即便是置身这种大雅之地他们也只能绞尽脑汁、拼尽智慧制造点诸如"到此一游"之类的文化垃圾。说不定这"李××""张××"可能还是长得挺英俊、挺漂亮，穿着打扮挺入时挺洋气的帅哥或美女。然而无论他们长得如何，穿得怎样，看来都难以逃脱金玉其外、败絮其内的诅咒。此情不由让我想起一道色香味形和餐具全都美到极致的美味佳肴上却落了一只又肥又大的黑苍蝇，也难怪人们会笑他们除了煞风景，就是恶心人。所以为了不让他们再出此类丑，再丢这类人，我建议所有公园门口和旅游胜地门口均应在"游客须知"栏内明确写上"凡有擅长写'××到此一游'的此类爱好者恕不接待"。这样至少可以防止他们走到哪把丑丢到哪，并让"李""张"等因他们而被人笑掉大牙，而他们自己还自我感觉良好，俨然像中了大奖一样，对不？

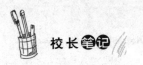

令人叫好的幼仔跳巢

　　中华秋沙鸭是一种特别独特的鸭。据专家考证，它在这个地球上生息繁衍已有一千多万年，迄今全世界仅存不到两千只，和大熊猫、滇金丝猴、华南虎等同属国宝，是比扬子鳄还要稀少的濒危物种。说它独特，是因为它不仅能在水中游，能在地上跑，而且能飞上高高的树，同时它捕鱼的本领、吃鱼的技巧也是绝对的高超。它们的巢一般都筑在离地面10多米至20米高、距河流较近的树洞内。担任孵化保护雏鸭任务的是雌鸭，每只雌鸭一次产卵8至12枚；雄鸭完成交配任务后就到另一片水域去，把事先选好的僻静鱼多的水域留给雌鸭和它们的幼仔。孵化期大约持续35天，幼仔出壳30个小时就能从10多米的树洞内跳到地面或水中去觅食。若是哪只胆小怕摔不敢跳，那就只有等着饿死一条路。

　　由此我又想到今年暑假我在沙河游泳时看到的另一奇观。那是生长在沙河流域的一种鸟，形体比麻雀大不了多少。平时喜好栖息在横跨沙河的电线上，观察水面上有无可捕的鱼儿。一旦选定目标，即刻飞离电线，在鱼儿的上空10米有余的地方像直升机一样盘旋，调整好角度后便一头垂直扎向水里，片刻后又从水中淋淋漓漓飞出，一条小鱼即成了它的美味佳肴。很显然，幼鸟从接受喂养到第一次学着扎向水里去抓鱼，也必须经历战胜心理恐惧这一过程。不敢往下扎肯定不行，扎得太深可能会飞不出来成了鱼儿的美食，扎得太偏又抓不到鱼，所以幼鸟要大胆练、反复练，不渡过这一关就很难在沙河上从容而自在地生活。

　　这可能就是它们必须面对的现实和必须接受的挑战。无论是秋沙鸭幼仔

120

的跳巢，还是上述水鸟的练抓鱼，危险甚至是致命危险都明摆着。我家庭院中每年春天和麦收前后都有黄口幼雀因飞不动或觅不来食而夭折就应是最好的旁证。就拿秋沙鸭幼仔跳巢来说，巢穴离地面10多米，雏鸭又刚出蛋壳一天多，一旦跳落的姿势不对，或落的不是地方，那还有好吗？然而巢穴内没有一点可吃的东西，这可能也正是身为母亲的雌鸭深知自己无论怎样操劳受累也养不大这一群幼仔，早晚都要让它们跳下去，所以故意用饥饿逼它们，因而世界上才有了这能飞上树筑穴的中华秋沙鸭和能扎到水中抓鱼的鸟等。其实如果你留心观察，自然界这种用逼迫手段锻炼幼仔的例子还有很多很多。就这个层面上讲，真应该称它们为没受过训练的模范教练。我相信如果你看到这些场面，你也会止不住为之拍掌叫好。

相比于上述例子，我们这自称万物之灵长的人类在教子方面就逊色得多。不少父母生怕累着孩子、吓着孩子、热着孩子、冻着孩子等，所以总习惯于这也代替，那也包办，结果等孩子又有了孩子时，这些已为人父母的大孩子不仅不会带孩子，不会教孩子，而且他们自己还不会照顾自己。如近期热播的电视剧《老有所依》中的森森和咪子就只会啃老人和依赖别人。寓言中的翠鸟因担心幼鸟摔死一次又一次将鸟巢往下挪，最终连鸟巢都被野猫叼走的教训我们人类早就知道，可就是很少引以为戒，所以时下"啃老族"很多很普遍。父母年轻力壮时伺候孩子，年老后本来该孩子伺候时还要弯腰瘸地伺候孩子和孩子的孩子的故事时时处处都在反复上演。不少孩子也习惯了父母的这种庇护和娇惯，该自己学的一样没学，该自己做的丁点不会，该懂的道理半点不通，但不该学、不该做、不该懂的却全是门门清，平时衣来伸手、饭来张口不说，更有甚者脾气还大得很，动不动就摔碟子扔碗，张口说脏话、动手打父母者也不时见诸媒体，还有更骇人听闻的竟至雇凶杀父母、亲手杀父母。溺爱不仅仅毁了孩子，而且还连带着害了父母毁了家。教育子女本来是父母要做、必做的第一件事，孝敬父母本来是做子女应具备的最起码条件，可在这些家庭中，这些东西全都颠倒了，全都混淆了，全都不见了。正是有感于此，我才极为无奈地劝诫天下父母，无论怎样爱孩子，唯独不能惯孩子；而且，在孩子的成长过程中有意让他们经些摔打、受些磨难，对孩子而言真是天大的好事，是让孩子成长的必不可缺的一环。对于孩子而言，无论父母亲人怎样爱你宠你娇你，唯独

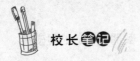

你自己不仅不能宠自己，还应适当对自己狠一点，甚至残忍一点。因为好钢都是炼出来的，好刀都是磨出来的；因为一辈子当个寄生虫实在不光彩，只有自己能自立、自信，才能有足够的理由骄傲自豪！

一条丑金鱼的启示

各位"小龄朋友":

　　前晚因家中停水,与家人一道去一小店就餐。店主人在进店正厅靠墙处放一矩形鱼缸,内有金鱼若干,也算一景。饭前,我抱着小孙女特意去鱼缸前,逗引得小孙女咿咿呀呀地直叫,很是高兴。回餐桌一会儿,同事小童说那缸内有一条丑鱼,一直躲在里面不往外游。我说不能吧,我怎么没发现?于是特意返回,顺着小童的手指方向看后才明白。原来这鱼缸两端各有一半圆形立柱,那条头、颈都长得很丑很丑的金鱼只在左侧的半圆柱后面上下游,绝对不往外多游一点,不是特别用心从右侧看还真发现不了它。鱼缸的正中部分有两尊透明的雕塑,其余12条金鱼小嘴一张一合,鱼尾一摇一摆,或上或下,或左或右,若游若舞,极为自然轻盈,惹得不少小孩子围着它追逐嬉闹,连饭都不好好吃。而我更在意的显然是那条丑鱼。它到底为什么只在那里躲着呢?是它自知貌丑羞于见人,还是那12条金鱼嫌它丑不让它见人,抑还是它怕因自己的奇丑而破坏了众人对金鱼的美好印象呢?我想了两天却无从知道,只知道它带给我的是不小的震撼和阵阵刺痛。

　　若说它羞于见人,则十分可叹;若是那些金鱼欺负它、不让它与观赏者见面显然分外可怜;若是它怕自己貌丑、因而破坏了人们对金鱼的美好印象则既可敬又可叹。它真真留给了我一个百思不得其解的谜。

　　由此我想到了你们——我的小龄朋友和孩子们。正如那个金鱼群体一样,你们当中绝大多数不仅健健康康,而且有不少男生都长得高大帅气、英俊潇洒,不少女生也都是亭亭玉立,顾盼生辉,这使得你们有足够的自信、自豪

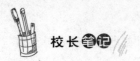

在闪光灯前、在摄像机前、在大庭广众前展示你们的洒脱和美丽。我也从心里为你们高兴。但无法避讳的是，也有一些学生患有先天或后天生理缺陷，比如脸上生胎记、口吃、斜视、腿跛、个矮、驼背等。其实没有哪个人希望有这样那样的缺陷，有缺陷也不是他们的错，然而却被一些学生当成嘲笑、歧视对象的也不是一个两个，更有甚者还有同学拿别人的生理缺陷起绰号传来传去，让那些有缺陷的同学雪上加霜，无地自容。那条丑鱼没有多复杂的心理情感，却还躲躲藏藏，那么那些有这样那样缺陷的同学是不是应远比那条金鱼敏感得多、在意得多？鲁迅笔下的阿Q早年因头上生癞疮留下疤而忌讳别人说光说亮。设身处地替那些有缺陷的同学想想，可能大家就会明白哪些该做，哪些不该做。其实，男生长得英俊、女生长得美丽是福分，也是资源，但不应成为骄傲尤其不能成为嘲笑、看不起别人的资本。若非要因此今天笑这个人的短处，明天出那个人的洋相，那就变成了比前者更严重、更厉害的"心残"。而且前者患有残疾是被动的，后者变成"心残"是主动的、自找的。这样对人肯定是伤害，对自己也只会是有百害而无一益。从另一个角度讲，四肢健全、耳聪目明者也不见得都能成功，甚至成为"废品"者也不乏其人；身残志不残、创下不朽业绩者也多得不胜枚举。所以前者当力戒狂傲，后者也不必自卑。而应多从古今中外的榜样身上汲取动力和能量，战胜自卑，尽快走出自我封闭的误区，以勇开路，以勤补拙，咬定青山，百折不挠，用自己的志坚内秀和内心强大赢得大家的称赞和仰视，并借以证明自强者不相信眼泪，更拒绝怜悯和同情。

你们的"大龄朋友"

憎爱之思

"爱而知其恶，憎而知其善"出自儒家经典《礼记·曲礼》篇，大致意思是欣赏、喜欢一个人要了解他的缺点和短处，厌恶、仇视一个人要知道他的优点和长处。我认为这是一句内涵颇丰、极富哲理的劝人话，很值得今人好好揣摩、借鉴。

先说"爱而知其恶"。这里的"爱"，可以理解成欣赏、喜欢、接纳等；这里的"恶"，可以是缺点、短处，也可以是毛病或致命伤。别管所爱的人是朋友、同学、老乡、同事，或者孩子、恋人、爱人，也别管是欣赏、喜欢或者特别喜欢，了解"其恶"都是十分必要的，一是可以确定他值不值得爱，自己准不准备爱，二是可以有意或更好地提醒、帮助、规避等。现实生活中人们最习惯的做法是"一俊遮百丑"。因为有了点成绩或长处，因为是自己喜欢的人，说到长处常常是侃侃而谈，如数家珍，怎样夸赞似乎都不觉过分；对于"其恶"，有的知道装不知，有的从心理上就不想知道，还有的完全凭自己的想象去爱。其实这正好犯了"爱者止见其善"（出自《新唐书列传·以人为鉴》）的毛病。毫无疑问，这种"爱法"是十分有害的。对此，唐代著名政治家魏徵一针见血地指出："爱而不知其恶，则为恶者实繁。"可能这也正是为什么总是出现"灯下黑"、为什么那些父母眼中的"好孩子"、领导心目中的"佼佼者"背地里往往都是"恶"得很厉害、很猖狂的角色的原因。

这类毛病又属热恋中的男女最容易犯。俗话说热恋中的男女智商最低，最容易被冲昏头脑。其实这里的"低"和"昏"都是"爱而不知其恶"所致，以至于父母的提醒甚或干预、朋友的忠告等全都听不进去，似乎他们所爱的就

是天仙或王子，不到自己吹大的泡泡破灭不清醒，还有的明明破了还不愿醒，你说这有多可悲？

再说"憎而知其善"。无论你是厌恶、仇视，抑还是仇恨至极、不共戴天，但时刻保持清醒的头脑，随时了解对方的长处、优势都是一日不可或缺的。准确地说越厌恶、越仇视对方越必须了解得透彻。道理明摆着，不了解就无从防范，不了解也难与之抗衡，更谈不上战则能胜。毛主席他老人家早就告诫我们"知己知彼，百战不殆"，就是这个道理。再者，敢于向对手学习也是一种勇气和大气。若根本就不了解所憎对象，又何谈借鉴、学习呢？其实轻松控制对手的最佳途径就是变对手的长处为吾所用，而前提则仍然是必须"知道"。俗话说初生牛犊不怕虎，其实不是虎不可怕，而是牛犊不知道老虎的厉害，所以自然界中受伤害最多的还是那些"初生牛犊"。对此，魏徵同时还说"若憎而不知其善，则为善者必惧"。试想，因为你的"憎而不知"，连"为善者"都会心灰意冷，岂不更为可怕、更为有害？所以无论从哪个角度上讲"知"都是必由之路。

现实生活中人们易犯的毛病是"印象人"，是凭自己的好恶取舍人、评价人。很显然，这种"印象"法、"憎"法，若是为人父母者则伤及子女，若是平常人则伤及身边人，若是领导则更是贻害无穷。而有些当领导最擅长的就是发泄、报复自己的一己之私，他"不知"还怕别人知，而且被憎者越"善"他防备越严，打压越厉害，恨不能将其打入十八层地狱尚不解气，似乎不如此就不足以显示其权威。你说这类领导多可憎、多可恶？

中国社会科学院近代史研究所研究员、近代史学术委员会委员杨天石在研究历史人物时一贯坚持这样一条原则"爱之不增其善，憎之不益其恶"，很有借鉴意义。是人都有情感，是人都有长短，我们需要的不仅是平和、开放的心态，真诚地欣赏别人的长处，真诚地容忍别人可以有不足，还应摒弃个人的好恶，把欣赏这个人的长处与欣赏这个人、把憎恶这个人的毛病与憎恶这个人区别开来，既知其所长所善，学人所长所善，又尽力扬其所长所善；既知其所短所恶，避其所短所恶，又设法帮其变短为长、变恶为善，最大限度地实现人际和谐，则对人对己都肯定大有益处。

学会跑圈

名位"小龄朋友"：

我是你们的大龄朋友。每当我稍有闲暇时，都会不自觉地想起我在和你们同龄时所面临的压力，所有的迷惘和徘徊，所滋长的苦闷和无助，所产生的青春冲动和狂躁等等。我相信你们和当时幼稚的我一样，也会有这些烦恼，也可能比当时的我更多更重更无力排遣。因为你们今天面临的诱惑、陷阱要多得多，你们所承受的学习、交友，父母不在身边，父母离异致使家中爱巢不再的心里孤独，以及明天的就业生存压力等等都要大得多，激烈得多，甚至可说是残酷得多。所以你们可能比我那时更容易产生不良情绪，更需要及时调整释放，不然就会让你前行的征程更苦更累更难以承受，甚至将你们拖倒拖垮。典型的例子莫如近段你们或你们当中的一些人爱发无名火、狂躁，恨不能光想碰上啥毁啥，同学关系紧张甚至动不动大打出手，自卑、抑郁、自虐，师生关系僵硬，不愿和父母交流，不想回家，总想和几个同龄人跑出去疯一阵，做啥啥无心，在哪哪儿烦等等。有极个别的已不得不中止了学习，离开了这个火热的集体。作为你们的大龄朋友，我很为离开者痛心，也很为大家担心。我心里急呀！

前几天，我去西校区参加高三学生的励志报告会，非常欣赏一位女同学在发言时所说的一句话：正因为我们一无所有，所以才应该努力奋斗。是呀，正因为你们现在既一无所有又极端富有——拥有大好的青春年华和旺盛的精力与执着的上进心——所以你们才应该而且必须努力向前、向前。因为就在你稍稍发愣的瞬间，你们的众多同龄朋友已捷足先登。我相信你们中没有哪一个自

127

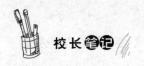

甘落后，情愿被淘汰出局，所以真应该赶快想法扭转。对不对？

说到这里，我想和你们讲一个从小到老每逢生气总要绕着自己的房子和土地跑三圈的人的故事。这个人生活在古老的西藏，名叫爱地巴。每当他自己生气或和别人起争执时，总要以很快的速度跑回家去，绕着自己的房子和土地跑三圈，然后坐在田边喘气反思。

爱地巴工作非常勤奋努力，他的房子越来越大，土地越来越广。但不管多大多广，只要他生气，他照样会绕着房子和土地跑。直到有一天，爱地巴已经很老了，他家的土地房屋也实在太多太大了，他跑不动就慢慢绕着走。他的孙子和很多人一样非常好奇，再三恳求他，他才说出了这个珍藏了几十年的秘密。他说，年轻时我边跑边想：你的房子这么小，你的土地这么少，你哪有时间去自己怄气或与人斗气？年老时我边跑边想，你的房子这么多，你的土地这么广，又何必与自己或和他人点滴计较，自己和自己过不去、自讨苦吃呢？

我的小龄朋友，我不知道你们读了这则故事时是不是也和我一样深受触动。我认为爱地巴最难得的是那份自觉自醒自警和自励意识。是呀，生活到啥时都不会一直顺风顺水。老话讲，世上不如意事总有二三，说的就是这个理。其实不是光你自己有烦恼，有苦闷，说不定别人一样不比你少甚或更多，不同的只不过是对待的方法不一样罢了。有些小龄朋友总是爱人为地放大自己的困难和烦恼，似乎全世界就数他倒霉，就数他不幸，似乎世界的末日天天都在他家。其实远不是。还是多学学爱地巴吧，一遇烦恼事就强迫自己绕着操场跑几圈，实在不能跑时就强迫自己在心里跑，直到把自己跑得越来越健康，烦恼越来越少。也许就在你转身处，迎接你的又是一个金灿灿的明天。

各位小龄朋友，拥有青春真好，我从心里羡慕你们。望你们从爱地巴身上借鉴到赶走烦恼、留住快乐、保持进取心的源泉。

你们的"大龄朋友"

珍惜拥有

20多年前，我在高中教书时改过一篇学生作文《拥有美好》。习作大致意思是为了让她熟悉适应专业加试的路线和环境，继父提前一天便陪她去了省城。到了地方，继父除了让她去感受一下加试场地氛围外，还带她逛了七八家商场，买了些她需要和喜欢的小东西。在一家商场，她无意中随口说了句那个包真好看便离去了。加试那天，继父一大早便陪她候在考场外，等她进了考场便匆匆离去。加试结束已近中午，她出了考场却没能看到继父的身影，心中的火和委屈一股脑涌上心头，眼泪不觉间已淌了下来——"说得再好，还是不如生父"。然而就在她又气又怨时，远远地，她看见继父一边气喘吁吁地蹒跚跑着，一边满脸歉意地赔着笑说："我想着不碍事，没承想回来时老堵车，我紧赶慢赶，还是来晚了。没生爸爸的气吧，考得怎样？"她正想冲继父发火，却看见继父从挎包中掏出了昨天她随口夸过的那个包，"你？""我想着你考试得两三个小时，我又没事，就想去给你把包买回来，我也觉得你背着一定好看。谁知道我记不清是哪一家商场了，只好沿着昨天的路一家一家地找，又担心你出场不见我着急，你看……"听了继父的话，她的眼前浮现出继父拖着50来岁且患有高血压的肥胖身子，进这个商场，出那个柜台，连找带问，下这趟车，过那个马路，疲惫而焦急地穿行在人流中的身影，她的眼泪不自觉地流开了。继父以为她仍感委屈又赔着笑说："都怪爸没能耐，才……""爸，您别说了，是女儿错怪您了。"这时她不由想起自打她随母亲进入这个家，十来年中继父为她所付出的一切和所赔的小心。而她却总因他是个继父，所以时不时地对继父使性子，甩脸子，弄得母亲在中间很是为难。写到这里，小作者坦诚

129

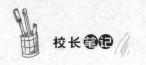

地检讨了她当时那份身在福中却不知珍惜，无端滥用，还故意生事的偏见与不懂事，表达了对继父那份发自内心的愧悔和感激。文章用语细腻逼真，感情抒发自然畅快，很是感人。

时隔多年，我今天重提这篇习作，是想借此和一些与她有类似经历的学生聊聊如何面对这一问题。别管出于什么原因，一个不争的事实是离婚已非什么新鲜事。随之而来的是孩子的情感和心理归宿。毫无疑问，让一个孩子接受一个不认识、不了解的人当爸爸或妈妈是件难堪的事，但如果舍此无更好的办法，如果父亲或母亲必须走这一步，那么当儿女的就要学着让自己接受并适应。正如前文所提到的，并非所有的继父继母都不真诚，都是歹毒者，所以大家没必要带着偏见去生活，那显然很容易产生不应有的隔阂。话又说回来，即便碰上了狠心的继父继母，你还要学学古时的闵损争取用真心去改变。当时，闵损的继母待他就很不好。寒冬腊月天，让她的亲生儿子穿新棉套的袄，让闵损穿用芦花套的袄，以致他赶车外出时手冻得握不住鞭。父亲发现后想赶走继母，闵损却说"母在一子寒，母去三子单"，劝父亲留下继母。正是闵损的宽宏大量感动并改变了继母，闵损一家才从此过上了其乐融融的生活。

平时与一些同学接触，一说起父母重组家庭总是满口不满或狠话，或仅仅把自己摆在被动接受的位置，何不学学闵损也去主动争取并改变呢？说到底，新家也是家，继父继母也是亲人，比如前面那位女同学。能不能尽其所能，让自己高兴，让新家也充满笑声呢？

珍惜拥有吧，只有珍惜才能把拥有的变为自己的真正财富。

与小龄朋友相约

各位"小龄朋友":

我们的祖先从远古一路排山倒海裹雷挟电走来。

一个个特定的时代,一个个特定的环境,造就了一批又一批灿若北斗叱咤风云的哲人巨人伟人。正是他们的聪慧勇猛坚韧探索,在一定程度上影响、推进、改变了社会发展的轨迹和进程,从而才令人类几千年的文明史如此灿烂。

列宁说:"忘记过去就意味着背叛。"英国哲学家培根认为:"读史使人明智。"我们的开国领袖毛泽东强调:"历史的经验值得注意。"先哲们一遍又一遍的叮咛无不在告诫我们:铭记历史教训是何等重要。

各位"小龄朋友",你们都是很富理想、志向,明天要担当很多大事的莘莘学子,借这面长墙再现几千年的历史,自然难免挂一漏万,但学校试图以此为媒介让你们喜欢历史、学习历史,自觉向先哲学担当,学智慧,学意志,学品质,学精神,少走或不走弯路的用意你们肯定很明白。毫无疑问,谁经常以历史为镜子,谁善于向先哲汲取动力,砥砺自己,进而接近并站到先哲肩上,谁就有希望成就造福人类、万众仰慕的辉煌。作为你们的大龄朋友,我期待并相信你们会用加倍的努力和咬定青山不放松的执着把自己锻造成这样的人!我相信三高校园有这样的土壤和氛围!

谨以此与我的众多小龄朋友相约。

（此文系作者为校园历史长廊所写的前言）

你们的"大龄朋友"

131

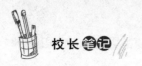

与小龄朋友共勉

各位小龄朋友：

当你穿越历史，一遍遍感受那些学问的涛声、思想的浪花和精神的海风，你是否深深沉醉过；当你徜徉书海，一次次咀嚼那些缤纷的往事、隽永的语言和闪光的名字，你是否久久地惊叹过！

从老子到孔孟韩非子，从屈原到李杜苏东坡，从关汉卿到吴承恩曹雪芹，从孙中山到李大钊毛泽东；从上古神话到"诗三百"，从诸子百家到汉乐府，从唐诗到宋词，从元杂剧到明清小说等等，真是不潜心研读就不能从心底萌生作为一名炎黄子孙的骄傲，不静心思考就不会明白该怎样做才不愧为龙的传人。

不得不承认，在外来文化和市场大潮的冲击下，一些人的价值观严重扭曲，还有一些所谓的"文化人"靠篡改糟蹋经典文化捞钱扬名，丝毫不顾及社会效果。尤其对青少年的负面影响，真真让国人为之汗颜脸红。

唯其如此，我们才需要时时自警自省，需要反思回归。我校极力倡导"文化立校"，就是想让你们的根牢牢扎在民族文化的血脉之上；就是想让你们的情操得以陶冶，心胸足够强大；就是想让你们自觉砥砺自己，时刻牢记使命，勇立潮头，敢作敢当，成为民族的脊梁。

谨以此与众多小龄朋友共勉。

（此文系作者为校园文化长廊所写的前言）

你们的大龄朋友

2015年3月26日

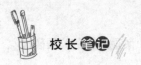

从作曲家作曲说起

我非常非常喜欢音乐，进而非常非常羡慕作曲家。

就那几个平平常常的音符，就那几个好多人从小都会都懂的阿拉伯数字，一旦到了高明的作曲家笔下，瞬间就能流淌出不是天籁、胜似天籁的人间仙乐，让人百听不厌，如醉如痴，以至于三月不知肉味。比如《梁祝》，比如《春江花月夜》，比如《谁不说俺家乡好》，比如《难忘今宵》，比如《莫斯科郊外的晚上》，比如《小夜曲》，比如……而所有这些我国的古典音乐也好，当代的歌曲也好，外国的音乐歌曲也罢，无一例外全都是用"1、2、3、4、5、6、7、i"等谱成的。我真想象不出就这么几个善变的小家伙竟能排列组合成这奇妙的阵势：时而小桥流水云卷云舒，时而塞外边关金戈铁马，时而疾风骤雨黑云压城，时而花开雪落寂然无声，时而……欣赏赞叹之余，我们不能不佩服作曲家善于知人善任调兵遣将，让这些毫不起眼的音符能释放出足以催生促长、响遏行云的奇异效果。

由此我想到今天不少同学为之头疼的作文和作家的传世名著。说起来，那么多作家写来写去，差不多用的都不过是那3000~3500个常用汉字。但截然不同的是，在不少同学笔下生硬呆板味同嚼蜡的文字，一旦到了作家笔下则可变成足以驱饥挡寒的美文。很多同学不谙其中之道，认为写作文玄之又玄，难之又难，其实远不是那么回事。一旦读得多了、写得勤了你就会发现，所谓句子无新意是词没用活，所谓句子不生动是不善于运用修辞手法，所谓句子不通顺是把词用错了地方，所谓句子表达不准确欠严密是不知道加上限制和补充。

比如"红杏枝头春意闹""何人吹玉箫，惹我心思乱"，这里的"闹"和"惹"就很新很活，就很值得读者反复揣摩品味。

比如"那一天我一头撞在尴尬里，羞红的面容，等待着一阵污言秽语的洗礼"（王保清《路遇》），显然，这里的"尴尬"也是临时客串的词类活用。原来作者那天急着骑车上班，一下把个姑娘连人带车撞倒在路边，那场面令这个一见生人未说话先脸红、死要面子的眼镜文人扶也不是，不扶也不是，推着车傻愣愣地站那等着姑娘可能的羞辱和谩骂。姑娘站起后说了一声"没什么"便离去了，所以作者才写了这首充满感激和赞扬的新诗。

比如"父亲努力把腰弯成弓，为的是把我射得远些"（丁雨佳《父爱》）。这句诗之所以好就在于他上句用了比喻中的暗喻"弯成弓"，下句"射得远些"承上句采用了修辞中的"拈连"手法，从而把父母为儿女累得弯腰瘸腿、仍默默无言的人间大爱写得让读者如见其人，如历其境，让人不能不动容。

比如"他每次吃饭，总是生吞活剥"，这里的"生吞活剥"就用得不是地方，应改成"狼吞虎咽"；再如"草原上狼吃羊，差不多等于囫囵吞枣"，显然，这里的"囫囵吞枣"也很不恰当，应改成"生吞活剥"，才符合狼吃羊的情景，才能突出狼的凶残。

比如"那几天日本兵来搜查，吓坏了他"一句，"搜查"前去掉"来"加上"在这一带挨家挨户，角角落落大"，把"吓坏了他"变成"吓得他天天晚上做噩梦"，显然就变得准确、严密、清楚、逼真得多了，给人的印象也就深了。

总之，我以为把话说明白，把句子写通顺，把词用活，把语言打扮得花枝招展、生动形象并非难事，关键是平时我们要善于在比较中阅读揣摩玩味。比如前面提到的"闹"和"惹"，猛一下，可能很多同学读不出哪儿好，这时你不妨试着用其他词语诸如"浓""强""高""逗""让"等替换替换就不难发现，上句用"浓"虽有形但无声，用"强""高"则既无形又无声，用"吵"虽有声却无形；下句"惹"若换成"逗""引""让""叫"等等都远不如"惹"能表现得如此情意绵绵，让人一阵阵心猿意马却又欲说无言。毫无疑问，经常有意地进行这种比较，你会慢慢悟出作家的用意所在，进而体会到

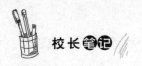

什么叫"推敲",体会到作家为什么会"吟安一个字,捻断数茎须"。

再如"'出来吧!你们',好像带着很大的气"(孙犁《荷花淀》)。我每每读到这里,总要为作家揣摩人物心理的精到和表达效果的无微不至而叹服。"出来吧!"显然非常生气,到"你们"气已消了大半,接着作者又加了句"好像带着很大的气"的点评,真是再恰当不过地还原了当时人物的心理:原来这几个女子是在残酷的战火间隙偷跑出来去看丈夫,途中又恰好遇到鬼子的汽艇追赶,若不是游击队在荷花淀里设有埋伏,那等待她们的真不知是啥结局。反过来正因为鬼子汽艇急于追赶,误入游击队的伏击圈,小分队才有机会痛痛快快地打了个水上歼灭战。几个妇女这次来是论功该赏,论过须罚,论这份藕断丝连的情意又让丈夫们心里暖融融的。丈夫们疼也不是,打又不忍,骂也不好,所以就用了"出来吧"加以责怪,再用"你们"表示她们内心的胆怯和不舍得,最后作者还不无嘲笑地善意调侃道"好像带着很大的气",其实分明是先气后不气,嘴里气心里高兴。小说中的人情美、人性美也正是在这些细微处表现出来的。试想,丈夫们参战走了,妇女们心里惦念又不好说出口,找了个借口冒着危险追几个庄来看丈夫,丈夫们肯定心里乐滋滋的。所以这时丈夫们若是真生气岂不大煞风景?读者只有读懂了这些,才会发现这几个妇女很可爱,这些丈夫同样很可爱。自然,能在描写宏观战争场面的间隙不忘写出人物和人情人性美的作者更让人由衷地为之叫好。若换成"你们出来吧!""出来吧你们。"或"出来吧,你们!"等,虽然还是那几个字和几个标点,表达效果就不知要差多少倍,你说是不是?

所以语言这东西不光很好学,而且学起来十分有趣,十分好玩。一旦同学们钻进去尝到甜头,自然会乐不可支。到时相信你也可轻轻松松写成一篇篇云蒸霞蔚般的锦绣文章,希望大家一试。

根扎何处

前几天，一名学生发短信问我学"国学"应该学些什么、怎样学、从何处下手，我认为这是个很好的问题。我校倡导"文化立校"，就是想借助"国学"博大精深、源远流长的丰厚土壤，解决怎样培养人、培养什么样的人的问题，就是要让全校师生的血脉和民族，和祖国的血脉一起律动。

为了弄清楚应该从"国学"经典中吸取什么，下面我想结合校园文化长廊和宣传屏所选名言片段，谈谈个人的见解，希望能对大家有所帮助。

一须孝顺。古语讲"百善孝为先"，仔细想想，的确是这样，的确应该这样。人都说父母的爱最无私，父母的心胸最宽广，都是突出父母为子女付出得太多太多；相反，儿女为父母做得却太少太少。因此，《弟子规》告诫天下做儿女的要对父母做到：父母呼，应勿缓。父母命，行勿懒。父母教，须敬听。父母责，须顺承。冬则温，夏则清……也许同学们会说这要求也

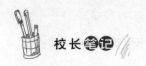

太严了，这礼节也太烦琐了。但大家别忘了，这是让你爱你自己的父母，这是让你对你自己最亲的人尽一份心。如果你连对自己的父母都不愿孝顺，那还能指望你为素不相识的路人、为这个社会做点什么呢？其实这也正是任何人都有资格看不起不孝之人的原因。

二要重修德。"德者事业之基。"（《菜根谭》）"人之有德于我也，不可忘也；吾有德于人也，不可不忘也。"（《战国策·魏四》）这里的"事业之基"、"忘"与"不忘"强调的都是修德的必要。素有智慧化身的一代名相诸葛亮在《诫子书》一文中也强调"夫君子之行，静以修身，俭以养德"。而今天却是少时不修德，老时要用德，岂不荒唐至极？

三应有爱心。儒家倡导的所谓"仁"即是仁慈、善良，即有爱心。关于这一点，《孟子·梁惠文王上》一文说得非常好，"老吾老，以及人之老；幼吾幼，以及人之幼"，说的就是要爱己及人。周朝时有个闵损遭后母虐待，寒冬腊月天穿着芦花缝制的衣裳驾车，冻得握不住鞭子。他的父亲心疼他要撵走他的后母，可闵损却说出了一句连后母都深深感悔，并为之改变的话："母在一子寒，母去三子单。"说实话，每每读到这句话，我都被闵损处处为别人着想的心胸感动得周身暖融融的。年幼的闵损在自己冻得受不住时仍然想的是两个同父异母的弟弟，这是多么难得的品质啊！

四须重义。古语的"义"既有扶危济困、乐于助人之意，又有先公后私、国家为上、大局为上之意。为了劝醒世人，《荀子·荣辱》一章用"荣"与"辱"来对比阐述，"先义后利者荣，先利后义者辱"；《孟子·鱼我所欲也》用"生命"和"义"来比较着强调："生，亦我所欲也；义，亦我所欲也。二者不可兼得，舍生而取义者也。"宁愿舍去生命也要取"义"，足见古人把"义"看得有多么重。这可能也正是古往今来很多仁人志士和无数革命先烈拼死效仿的原因。

五要守信。信者，人言也。古语有"言必守信、一诺千金"之说，其实都是说的要讲信用。这方面的典型当数周朝的季札和汉朝的刘平。先说季札。原来，他奉命出使鲁国路过徐国时，看出徐国国君很喜欢自己的佩剑，但因为使命在身，无法相赠，所以完成使命后特意返回，不想此时徐国国君已死，季札便把佩剑挂在徐君坟前的树上，并且说，此前我已心许徐君，怎么能因徐君死去而违背自己的心愿呢？由此不难看出季札把信用看得多么重！再说刘平。他是扶母避乱讨饭时被贼人逮去的。为了能把讨得的饭让母亲充饥，他向贼人许诺送饭后马上回来任凭处置，说得连贼人都动了恻隐之心。刘平侍奉母亲吃完，禀告母亲说："与贼期，义不可欺。"于是马上返回找贼人来送死。这就是刘平！即使是对贼人，即使是送死，他也要守信赴约。也许今天有人会笑他迂腐，可也正是他的守信举动让贼人皆"大惊""不忍食子"。大家想想，一个人能让连活人都敢吃的贼人都为之感动，还有什么感动不了？

六须先公后私，有大局意识。大家一定会想到廉颇和蔺相如的故事。的确，论职位蔺相如本在廉颇之上，但面对廉颇的多次故意寻衅找碴，蔺相如每每以患病避开。显然，蔺相如不是不要面子、不顾尊严，也不是惧怕廉颇，而是首先顾及国家的危难和利益，所以才有了后来廉颇的"肉袒负荆，造门请罪"，才有了二人的"刎颈之交"。反之，如果蔺相如也同廉颇那样斤斤计较一己之私，和廉针锋相对，反目成仇，那不正是在一旁虎视眈眈的秦国所梦寐以求的吗？从古至今，因过分计较个人的进退得失而导致毁事业、坏江山的不胜枚举，是不是应该成为大家的前车之鉴？

七应虚心。至圣先师孔老夫子在《论语·述而》中告诫大家："三人行，必有我师焉；择其善者而从之，其不善者而改之。"《礼记·中庸》也说："博学子，审问之，慎思之，明辨之，笃行之。"《论语·为政》一章更强调："知之为知之，不知为不知，是知也。"等等，都在勉励我们应该虚心，必须虚心。古往今来，虚心求学的人可谓多如繁星。如"薛谭学讴""司马光好学"等，都应该成为我们的楷模。

八要珍惜机会，惜时如金。这方面的例子同学们知道得很多，文化长廊也选了"欧阳修苦学"、"王冕僧寺夜读"和明朝钱鹤滩的《明日歌》等，但我最受感动的还是《邴原泣学》中邴原回答老师询问时所说的话："孤者易伤，贫者易感。夫书者，凡得学者，有亲也。一则愿其不孤，二则羡其得学，心中感伤，故泣耳。"多懂事的邴原啊，小小年纪就懂得了家有亲人，又有书读的难得和幸运，所以感伤而泣。眼下，在我们的校园，我真不知道有多少同学全不把父母的疼爱和大好的学习机会当回事，生在蜜糖罐中却整天无所事事，怨天尤人，甚至把父母的百般疼爱当成负担、烦恼，把学校和学习当成束缚自己

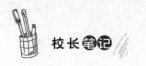

的牢笼，恨不能全由着自己的性子想干啥就干啥，这和邴原相比又相差多少，你想过吗？

九要尽责。《三字经》有言："犬守夜，鸡司晨。苟不学，曷为人？"从《三字经》问世到今天，不知影响、感化了多少人。这里，作者以"犬""鸡"之履责起兴，告诫我们身为"万物之灵长"中的一员，来到世上不能仅仅当一名过客，还应该扮演一定的社会角色，还要为家人、为朋友、为社会尽好自己的一份责任。不然，岂不真的"曷为人"了吗？

十当奉献。还是《三字经》告诫我们："蚕吐丝，蜂酿蜜。人不学，不如物。"比较起蚕和蜂，我们人类向这个世界索取的东西可谓太多、太奢侈了。蚕仅仅吃点桑叶或大麻叶，蜂仅仅靠辛苦采来的一点花粉或蜂糖维持生命，但它们向人类奉献的却是精美的蚕丝和香甜的蜂蜜。而有些学生呢？从小到大，一直是坐吃等穿，就这还从不满足，饭不可口不吃，衣服非名牌不穿，花钱大手大脚。但说到奉献，不仅现在谈不上，将来似乎也没做任何准备，活脱脱成了一个人见人厌的寄生虫。这又何止是"不如物"呢？

十一要学会与人合作。《曾子制言上》中说："蓬生麻中，不扶自直，白沙在涅，与之皆黑；是故人之相与也，譬如舟车然，相济达也，己先则援之，彼先则推之；是故，人非人不济，马非马不走，土非土不高，水非水不流。"这里，作者先后以麻中之蓬、涅中白沙、舟、车、马、土、水相类比，反复阐述的都是外部环境与相互合作的重要。正如"马非马不走""土非土不高""水非水不流"一样，世人若不能借助彼此间的密切配合、相互支撑也很难渡过一个个难关，成就一项项事业。说到这里，我想特别强调的是古人在那种极端闭塞、落后的情况下尚且懂得外部环境与合作的重要，更何况大家所处的时代，地球已快变成一个"大村庄"、世界都即将实现一体化了，同学们是不是更应该以开放的心态去融入集体、融入社会呢？

十二当严于律己，宽以待人。十三应敏于言，善于行。十四忌背后说人长短。为此我们当牢记"责人之心责己，恕己之心恕人"；"动口不如亲为，求人不如求己"；"说长说短，宁说人长莫说短；施恩施怨，宁施人恩莫施怨"（《增广贤文》）。

十五要勤学好问。相信你读读荀子的《劝学》和刘开的《问说》，自会很有收益。

十六应把自己的志向与祖国的兴衰联系起来。这方面大家不妨读读梁启超的《少年中国说》、周恩来"为中华之崛起而读书"、毛泽东《改西乡隆盛诗赠父亲》和"世界是你们的，也是我们的，但是归根结底是你们的……"等等。显然，只有所有的青少年都自觉地把自己的志向和追求与祖国的强盛、民族的兴衰连在一起，我们的祖国才可能更有希望，我们的民族才可能更为富强。

当然还要学"礼"、学"智"，学很多很多，远不是一篇小文能概括的。上面说的都是"学什么"。至于"怎样学，从何处下手"，我的理解一是抽空学，有选择地学。大家现在是高中生，要学好几门功课，要面临升学，不可能用大量时间系统学，只能在周末、假期和学习的间隙有选择地学。二是当有心人向社会学。眼下，"国学"已走入或正在走入社会各个层面，机关团体、公共场所都不乏经典片段，处处留心皆可学。三是持之以恒用心学。"国学"中的经典都是历代伟人、哲人、圣人、大师多年甚至毕生智慧的结晶，又都经过几百年、上千年的时间验证，所以很多东西都不是一时一事能想得清、弄得明的，所以要有恒心，要用心反复揣摩体会。四要用于指导自己的言行。"国学"的宗旨在教化、引导人们怎样做人，我们学"国学"也应该体现在行动上，内化在日常生活中。总之我希望三高学子的根基能牢牢地扎在中华民族五千年文明智慧的血统之上，思想观念时刻挺立在飞速发展的时代前沿，外聪内秀，智圆行方；刚柔并济，敢做敢当。我希望从这里走出的个个都能成为呱呱叫的时代骄子！

给"见不得人的心理"曝曝光

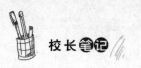

"罚人"还是"罚心"

上午11点左右，我来到校园湖边，竟然在美丽如画的湖畔发现了一大片被学生用笤帚捞到岸边晒死的蝌蚪。这让我非常生气！这种行为与湖区之美景，与高中生之身份，与三高之校风、校训和育人目标显然格格不入，我真的不能容忍。但具体该怎样处理这件事我陷入了沉思。不管肯定不行，那样我绝对不会原谅自己；按习惯的做法兴师动众去调查呢，别说查不出来，即使查出来给个处分效果又如何呢，学生心理又会受多大触动？思忖再三，我认为与其费力"罚人"，还不如抓住此事"罚心"。这里的学生毕竟都是高中生，都顾及荣誉和脸面，我如抓住此事深深剖析是什么心理支配他们去捞蝌蚪、去做出这种不文明、让众人为之蒙羞的丑事，相信他们会受到震动。于是我捡起那把"罪恶的笤帚"，赶回办公室，挥笔写成《惩罚罪恶的笤帚》一文，让人抄在校园最醒目的黑板上，并把那把"罪恶的笤帚"吊在黑板一角展览示众。此举立刻引来了一批又一批学生围观，大家读着说着，不到半个小时全校都在议论此事，我相信包括参与捞蝌蚪的同学在内的所有同学都受到了教育，因为从此以后再没发生过类似事件。

后来为了引导学生爱护公物、举止文明，我又针对学生毁坏教学楼上"119"图案，踢坏、砸坏应急灯，撕掉男厕所门帘，偷盗别人钱物分别写了《伤痛的"119"》《拥抱"文明"——写给三高男同学》《"文明镜"前莫出丑》《希望你每晚都能从梦中笑醒》等，张贴在教室、"119"图案边和男厕所门边，并组织大家召开主题班会进行讨论，效果都是前所未有的好。

惩罚罪恶的笤帚

各位"小龄朋友"：

　　昨天，在校园湖畔，就是这把笤帚，就是这把罪恶的笤帚，从湖里捞起好多小蝌蚪，在湖畔晒死。蝌蚪是什么？是弱小而美丽的生灵，蝌蚪小时给观赏者带来生机和快乐，长大变成青蛙或蟾蜍吃蚊子、除害虫，帮人们干好事。你们是谁？是受过10多年教育的高中生，是应该有知识、有修养、懂得关爱小生命和知恩图报之人，怎么能忍心去捕捞这些弱小者，让这把无辜的笤帚因而蒙羞、被吊在这里展览示众呢？怎么能让三高几千名学生因你个人的残忍而成为被外人批评的对象呢？很显然，外来者只要看见那一幕，肯定说"三高学生"无教养，那三高众多学生岂不是都要跟着你遭殃？我无意追查是哪只手拿的这把笤帚，更不想查出这只手的主人是谁，我怕众人不原谅你，我怕众人声讨你，我怕众人的唾液会淹没你！知道前几年网上启动"人肉搜索"声讨"虐猫事件"吗？你比那个虐猫者是好些，还是更差？同学们，校园是啥地方？校园是书香之地，是文明之地，

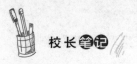

这里的学生本应是个个儒雅谦让、人人彬彬有礼，这才能对得起家长与老师对你的培养，这才能配得上湖畔之美丽。我想来想去为你找不到理由，你怎忍心以你高中生之身份，在美丽的校园湖畔惨杀这些可爱的小生灵呢？类似这类不文明的行为还有把湖畔中通外直的修竹生生折断、把刚钻出地面的竹芽掰断等等。醒醒吧，我的"小龄朋友"！醒醒吧，我的孩子！这种行为太不文明，太丑陋，太缺乏公德。不赶快与此告别，将来可能会对你贻害无穷。

同学们，望我们一起行动，努力营造洁静高雅、鱼跃蛙鸣，花香草香书香墨香、人美语言美行为更美、人物景浑然一体、生机无限的和谐校园。到那时，我们才可以自豪地称自己为三高的真正主人！

你们的"大龄朋友"

拥抱"文明"

——写给三高男同学

各位小龄男子汉：

之所以写这篇小文贴在这里，是因为这道门帘——这道三高男同学文明的标志——屡屡被撕毁弄坏。这很让大家为你们脸红，为你们害羞，为你们尴尬……也让三高女同学小觑、轻视，甚至是鄙视三高的男同学。身为你们的"大龄朋友"，我不能不和你们聊聊这事。

假定，楼上不设厕所，大家上下楼去入厕肯定时间很紧；假定，这里没有门帘，大家来往经过肯定觉得很不雅观。毕竟大家是受过10多年教育培养的高中生，是环境优美、校风好、学风正的三高学子中的一员，怎么能做出这种不文明之举呢？是人得讲人的脸面，是高中生得有高中生的综合素养，是三高学子的一员就要给这个集体增光添彩才对，怎么能因你、你们几个人让大家脸红、害羞、尴尬，被外来者指指点点、说长道短呢？这看起来是小事，其实反映出来的就是你、你们内心深处的不文明和无教养，甚至说你、你们思想意识有点小问题也不冤枉。俗话说，人要脸，树要皮；《诗经》云："相鼠有皮，人而无仪；人而无仪，不死何为？"讲的都是要注重起码的文明体面，万不能人为堕落，那又与动物何异？一个行为习惯好、举止彬彬有礼的人到哪都受称赞；反之，一个行为粗野、言行放纵之人谁见谁都会厌恶。大家都是自信能做一番大事业之人，万不该让这类恶习潜伏在自己身上。须知鞋里的沙子虽小却能葬送远方的大目标。难道三高的小龄男子汉还不痛下决心，尽快与此类

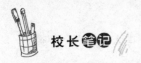

不文明之举说"告别"、道"再见"吗？从三高走出的男孩子不仅应该是有理想有抱负，还应该成为彬彬有礼的绅士，还应该从里到外处处显示着自信和阳刚；顺便说一句，从这里毕业的女孩子除了知书达理外，还应该端庄大方，外秀内聪，言谈举止间处处洋溢着东方女性的魅力。同学们，我的"小龄朋友"们，难道你不希望是这其中一员吗？

你们的"大龄朋友"

伤痛的"119"

各位"小龄朋友"：

　　对这幅照片想必三高东校区的师生并不陌生。类似这样的让"119"提示图案伤痛的照片在三高新校区教学楼上还能找到几处。本来这些图案是三高

教学楼的一个亮点，一道风景，也是我们的一个原创，既美观，更方便实用，让人看了踏实、温馨。但现在已不行了，它成了三高新教学楼的一大败笔和耻辱，一个让外人看了会嘲笑三高学生无修养、素质差的标志和见证，一个让外人看了会否定三高的纪律和管理的特例，一个让三高师生因之脸红、汗颜的丑闻。我想这不会是外校学生的杰作，而应该，也只会是三高个别学生对学校、对全校师生、对三高校容校貌的一大"贡献"。我不知道当时你划破它时是逞能，是出于发泄、报复，抑或是为了试刀锋或展示力量，我不知道你当时用的是刀子还是饭勺，也不知道你当时用的是左手还是右手，抑或是双手并用。如果你用的是刀，那这把刀子也会因成你的帮凶而遭非议；如果你用的是饭勺，那这把饭勺也会因此而

149

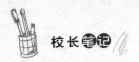

染毒变脏，再继续用它吃饭我担心你也会中毒；如果你用的是右手，那你的左手将因此逃过一劫，该是多么庆幸！如果你不幸用的是左手，那你的右手说不定正想着与左手划清界限。最可怕的是双手并用，那你得用多少清水、打多少次香皂才能洗清别人看你时那满脸的不屑？我当然也不清楚你划了之后得到了什么，但毫无疑问这是损公损众又不利己的无聊、浅薄、缺德行为。你们是高中生啊，你们是受过教育之人啊，你们是应该懂得美丑荣辱，知道哪些该做，哪些不该做，怎么能将自己降格为社会上的混混一般为所欲为呢？如果你是为展示力量，那更会让你的父母无地自容。父母生下你，把你养得身强力壮，是让你有所作为、为家人争光的，不是让你滥施武力，看啥不顺眼就毁的。如果是那样，那不纯粹是个四肢发达、头脑简单的"傻大个"吗？要知道这种心理上的残疾远比肢体上的残疾更为可怕！肢体上残了只不过少为社会创造点财富，心理上残了却要对社会造成极大的破坏。千万可不能因为有了你在场，公物要被毁，花草要遭殃，人人不得安生，难道这就是你生存的价值吗？难道这就是你要的结果吗？难道这就是你追求展示的个性吗？难道就为了图一时之快、逞这种窝囊能吗？醒醒吧，学生！醒醒吧，孩子！这样的事做一次就应该后悔一辈子，更不该执迷不悟，那真会让你变得到哪哪不要，谁见谁厌恶，你说那有多可怕！

类似这样损公不利己的行为还有往雪白的墙壁上跺脚印、毁坏桌凳和用电设施等，都很让人看不起。希望有这类毛病的学生从心中猛醒，知丑知羞知耻知愧知后悔，尽快与这类不良行为彻底告别。多做善事益事，尽快用自己的努力洗去心理上的污点，成为一个让自己自豪、对社会有用、受大家欢迎的人！

你们的"大龄朋友"

2011年11月16日晚

手和脚的对话

（童话）

（以下简称王、张、李）

入夜，王、张、李三君的手和脚趁着主人酣睡凑到了一起。一见面，王君的手就长长叹了一口气，极无奈地说："我的这位主人啊就是管不住自己，上次让我拿烟拿火玩手机，连续两次被发现，他自己挨训受处分，我也被众人说得一无是处。在家反省一周多，好容易才回到了学校，那天他又让我去掰湖畔的竹子，结果我被拉了个长长的口子，血流了很多，他自己也疼得龇牙咧嘴。前天更差劲，非逼着我去打他的同学。明明都认识又没啥冤呀仇的，咋能下得去手？可他不，让我狠劲去打，谁知一拳把那个同学的头打了个大包，我这两根手指也差点没骨折。损人又害己，何苦呢？"张没容王说完便抢过了话茬："我的这位主人也好不到哪里去。刚入班那会儿其他同学都羡慕他身材好，两臂长，我知道那是夸我的。可他倒好，不是让我跳起来往墙上踩和别人比看谁踩得高，就是让我踩桌子板凳。前天更好，让我飞起来踩外班的同学。一脚下去把那个同学踩成骨折，为此，他爸已花了好几千元，他自己还要等着受处分。一想到这我就恨不能自己踩自己两脚。现在别说让人羡慕了，已混到谁见谁烦、谁见谁躲的地步了。"站在一旁的李听着听着，咧开嘴哭了起来。王、张忙问："你咋哭开了？"李泣不成声地说："比起你们的主人，我的主人更让人看不起。他就不能看见喜欢的东西，看见就想让我给他拿过来，别管是公家的还是他人的。真丢人呀！明明不是自己的东西咋能乱伸手呢？可他却说什么'不拿白不拿，拿了是白拿'，一来二去我就成了同学们人人痛恨、人

151

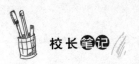
人防范的'第三只手'。你说我咋摊上这么个主？"王、张听完，异口同声地感叹道："看来我们的主人都属于危险人群中的一员哪！""我现在天天想的就是怎样给他'闹罢工'"王捏着拳头说。"罢工？我是做梦都想离开他换换'主'"张接口道。李则满脸羞惭地说："我已没脸再待下去，实在不行我就自己把手弄残废，让他想拿也拿不成。"

哎……

各位"小龄朋友"：

上面这则童话中的王、张、李三君，就是你们当中或身边的某一位，也可能就是你自己。不管你、你们意识到没有，反正你们身边的同学都是因为有了你们而感到了不安；反正你们的父母整天都为你们悬着一颗心，捏着一把汗；反正我很为你们感到脸红，并为你们的未来深深的担忧。四肢健全、身强力壮本来都是优势，都是资源，都是财富，都很让自己自豪，很让别人羡慕，现在却成了打人的帮凶和被人诅咒的对象，你说这多可悲！父母辛辛苦苦把你们养大，你们倒好，不仅不能让父母得到些安慰，分享些荣誉和快乐，还让父母不管走到哪心都得时时揪着悬着。想想，这该是多大的不孝啊！同学们整天吃、住、玩、学习都在一起，本应该亲如兄弟姐妹，你帮我我敬你，哪里来那么多仇和恨呢？上了10多年的学，本应很有头脑和理智，知道哪些该做，哪些必须坚决克制，可你们却连起码的对错标准都没有，头脑一热啥事都做，丝毫不顾及后果，这与街上那些啥也不懂、不三不四的混混、二流子又有啥区别呢？怎么能把自己降格到那种可怜的程度？其实我相信你们也要面子，也希望得到别人的认可和尊重，但你们如此没有一点教养，行为如此粗野放纵，其他同学又怎能会看得起呢？一个人来到世上谁都不希望身体有什么残缺，可这几位身体虽健全，但思想却出了大问题，岂不比身体有残疾者更可悲可怜可叹？

醒醒吧，同学！醒醒吧，孩子！回头吧，我的"小龄朋友"！

你们的"大龄朋友"

应急灯的"哭诉"

（童话）

各位亲爱的朋友：

我叫应急灯，从人们当初给我起这个名字即可知道我的功用。对了，我就是专门为应对各种突发情况——诸如停电、断电、火灾、人为破坏等——来给人类朋友送方便的。其实我诞生的时间并不长，但因为我的特殊功能却很受使用者的欢迎，大家都说我真是他们的好朋友，都说平时静静躲在一边的我在突然停电、楼道很黑的情况下让他们仍然能从容离开，丝毫不用担心害怕，真能帮他们解决大问题，所以都对我称赞有加。

然而，然而，然而我来到你们这的遭遇真真令我十分伤心。不到一个月，我的同伴被你们当中的少数同学用脚踢坏、用钝器砸坏的已将近20个，还有的虽还能照明，然早已遍体鳞伤，惨不忍睹。我不明白，自称多么聪明、多么文明的你们怎么会对我们这些忠实可靠的朋友采取如此不人道的手段，你们到底咋啦？

说实话，我很想哭。我想哭我来到这里受到的这些不平等待遇。你们的校领导花那么多钱，费那么多劲把我们装在这里，不是出于对你们安全的担心吗？你们再想想，我平时躲在墙壁内不声不响，不会对你们学习睡眠有半点影响，遇到停电断电我给你们照明，帮你们逃生，难道我不该受到你们保护爱惜吗？你们怎么能这样对待像我这样的"忠实朋友"？我想哭你们有眼看不清好坏，有鼻子闻不出香臭，有大脑分不清对错。你们的行为是典型的吃饱饭打厨师，喝着井水砸挖井人，是十足的以怨报德，更不用说什么懂得感恩、报恩等

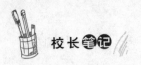

等。我想哭那支配你们用脚踢我们、用东西砸我们时的丑恶心理。如果你们意识不到这一点并迅速彻底摒弃，我相信你们走到哪都会不受欢迎，都会被人瞧不起。

其实我记得很清楚，踢我们砸我们的都是谁都长啥样，但我不愿说，我怕一旦知道是哪些同学让三高几千名学生背黑锅、遭议论，被人指指点点说短道长，大家会一人一句羞得你无地自容，会一人一手指捣得你无处容身，会一人一拳打得你站不住脚，会一人一脚踩得你无处逃遁，会一人一口唾沫淹得你透不过气来，会一人一个白眼让你感到脊梁骨直蹿凉气。会让你到啥时都不敢想这一段经历，会让你的父母也因你的放纵粗野而在众人面前抬不起头、直不起腰，会……

不过我还是愿意站到你的角度想想问题：也许你是因为学习有压力、考试没考好，也许你是因为与同学、老师闹了矛盾，排解不开，也许你是青春期萌动，无处发泄，也许你仅仅是想释放释放青春能量，显示一下男子汉威力……但不管因为啥理由，你都不应该做出如此损人损众伤朋友更害自己的举动。你的行为实在太浅薄，太轻狂，太粗野，太原始，太让人替你寒心脸红！

快点惊醒吧！

你最忠实的朋友 应急灯

2015年2月6日

"文明镜"前莫出丑

（童话）

西华三高各位男同学：

我是咱三高教学楼男生厕所门口的遮帘，文雅一点可叫我"文明之镜"。要说我从商店来这里时也是一身洁白，美观大方。一开始说把我分到这里"站岗"，我还有点不情愿。你笑啥？爱美之心人皆有之，我也想分到一个风光体面的岗位，这有啥错？但上级既然这样分了，我也就心安理得地来"上班"了。你们千万不要仅仅把我看成是一块普普通通的布，挂在这里我就相当于一面"文明之镜"，有我在此"站岗"和没有我的存在就成了粗野和文明的分界与象征。我自己也为能担任这一使命而倍感骄傲。

可恨你们当中的一些人，这个走到这拽我一下，那个路过时撕我一下，要知道我只是靠上面的两三颗钉子支撑，怎么能经得住你们这样折腾呢？结果常常是用不了三五天，我不是被撕烂，就是被弄脏或被弄掉。还有一次，我刚刚"上岗"不到半小时就被那个自恃很有武力的男同学一把拽掉了。

多可惜呀！手脚健全本来是好事，本来可做很多大事正事，可这位有手有脚的却用在了这地方，用手脚毁掉文明标志，是不是还不如手脚残废好一些？再者说，你们把我拽掉，厕所一览无余，女同学从这里走来走去，你们自己好意思吗？脸不红吗？说起来，盛夏天即使不穿衣服也感到很热，但你们为啥都要穿衣服？因为你们是文明之人，是文明之人就要有文明的言语和举动。你们都是受过10多年教育的高中生，总不能像电视广告所讽刺的那些人再回到

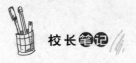

史前行为吧?

　　所以你们撕烂我损毁我这件事虽然很小,但却很丑很粗野很不文明很伤大雅,实为有志男儿所不齿。

　　你是否意识到并从此痛改前非了?

——"文明之镜"的忠告

希望你每晚都能从梦中笑醒

研究证明，睡眠有帮助消除疲劳、恢复体力精力、养血养颜等功效，特别是香甜的睡眠更是如此。俗话说，能吃能睡就是福，由此足见睡与吃同等重要。虽然从小到老人人都需要睡眠，天天都希望睡好，最好能做个美梦，但并非每个人每个晚上都能睡安稳、睡踏实，更不用说每晚都能睡得香甜，做美梦之类。

那么哪些人才有"睡好"这种福分呢？

首先是心宽体胖之人、因为心宽，啥事都压不住他，难不倒他。整天健健康康有干不完的事，用不完的劲，无论干啥都能干得有滋有味，所以才吃啥啥香，咋睡咋甜，自然就体胖了。

其次是热心助人经常做好事、做善事之人。这样的人常存一颗善心，走到哪里都把温暖带到哪里，老吾老以及人之老，幼吾幼以及人之幼。只要力所能及，总是热情相助。所以这样的人走到哪都受欢迎，都有鲜花和掌声。这样的人肯定每晚都能睡好，甚至会从梦中笑醒，连笑声都是甜的。

再次是计划周密、用心做事、每天都有收获之人。因为计划周密且用心，所以做事效率自然高，每天的收获无疑也多。所以每晚也可带着白天的满足和喜悦甜甜地入梦。

也有每晚都睡不好者。

首先是心胸狭猛之人。这样的人容不下别人比自己强，看不得别人比自己好；本来丝毫与他不相干，但他却自己给自己找气生，看啥啥不顺眼，看谁谁不好，白天吃啥啥无味，晚上咋睡咋不舒服。

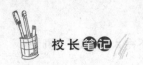

其次是心里阴暗常做坏事、作奸犯科之人。这样的人看见自己喜欢的东西就想霸占，他活着别人就不能很好地活，结果惹得天怒人怨、无处藏身，一晚要换好几个地方睡觉还提心吊胆，看见人来就以为是抓自己的，听见警笛响腿就直哆嗦。这样的人睡到什么样的床上都可能一会儿一吓醒，不做梦还好，一做梦不是被追赶，就是被抓住，黑夜过得比白天还可怕。

听说，前几天我校新校区教室丢了一些钱，作案者是夜间从楼后沿窗沿跳入教室、然后打着手机翻找拿走的。这样的人作案前虽坐在教室，眼睛却要不断地扫扫这边，瞄瞄那边，耳朵还要偷听诸如谁收钱、谁带钱之类的信息，心里总在盘算着啥时间下手、从哪下手、偷后在哪藏身、怎样编好理由等，所谓心里有鬼，坐卧不安；作案后又担心会被查出来无地自容，每天听着大家的诅咒和怒骂肯定也不敢抬头，花钱时又生怕别人看出破绽。你说这样的学生能睡得踏实吗？说不定连睡觉都害怕说梦话让丑事败露，大睁着两眼不敢睡吧？

每晚睡不好的还应有那些毁坏公物怕被发现者、做了对不起人的事不敢见人者、拿了别人的东西自己仍在使用者等。正应了"心中有歹意，生怕鬼敲门"那句古语。

再次是整天啥都不想、浑浑噩噩、精神空虚、甚至天天都想着外出寻求刺激之人。这类人吃不了苦，受不了累，耐不住寂寞，所以啥也做不成，只能混天度日，或者自欺欺人，麻醉自己。这样的人不想自己的前途、亲人的期盼还好些，越想肯定越愁、越烦；再加上长期过着黑白颠倒的生活，该睡不想睡，该醒醒不了，见人不敢正视，遇事先往后退；干点活直喘，跑两步腿软，年纪轻轻就从里到外成了地地道道的残疾。这类人别说现在睡不好，只怕一辈子都会跟着做噩梦。

其实人之为人，就在于他有头脑，懂是非美丑，有脸面尊严，知道啥叫脸红，不像植物只知道长、动物只知道吃。只要他良心未泯，他做了不该做的事就会不安，就担心害怕，就吃不香睡不甜。我相信三高学生都希望自己成为有爱心善心热心、心胸开阔、到处都受欢迎之人，都希望自己每晚能睡得香甜，那就从约束自己的言行、净化心理的田园、进入"无我忘我"的境界开始吧，相信用不了多久，你也会每晚都能从梦中笑醒呢！

学校管理的思
索与实践

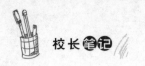

民事小法庭

1986年，我在县实验中学任教。围绕着如倡导何引导学生学法、知法、懂法、守法，远离聚众斗殴、寻衅滋事等恶习，我组织设计了"民事小法庭"活动，让学生自己扮演审判长、审判员、原被告、原被告代理律师、书记员等，分班巡回开庭，取得了极好的教育效果，很受学生欢迎。此设计后来荣获团省委二等奖。

近段时间，学校连续发生了几起聚众斗殴事件，或三五人，或十多人，有的还牵连到社会上的一些不三不四的人，个别的还被打伤住院，严重地影响了校风校纪和同学们的身心健康。据了解，此类现象在县城其他学校也时有发生，有的还涉及几个学校的学生。如不及时制止并加以引导，势必会有愈演愈烈之势。

为了寻找一种为学生喜闻乐见、行之有效的教育方法，校团委、少先大队组织召开了由各级班主任参加的诸葛亮会。经过讨论，大家普遍认为学生打架频繁，主要原因是不知法不懂法，所以才会我行我素、为所欲为，全不把学校的纪律放在眼里。针对这种情况，我提出不如让学生借助参与中队活动自己教育自己，具体做法是选一个中队开展"民事小法庭"活动，案例就从学生身边的真人真事中选，法官、律师、原被告等都由学生担任，如何开庭也由学生在老师指导下去咨询请教。最后一致同意该活动在"一九（4）"中队进行。

接下来是紧张的筹备。爱好写作的几个同学负责组织案例，到司法局请教开庭程序，组织开庭文字材料；分工扮演法官、律师、书记员的同学忙着熟悉《民法通则》，演习开庭技巧；家长在医院和法院的同学则早早借来了服装、绷带、红汞等；其他同学则急不可耐，想先睹为快。

一星期后，活动首先在"一九（4）"中队进行。此前教室早已按开庭需要布置就绪，旁听席上分别坐着校团委、少先大队的观摩老师及其他中队选派的代表。随着书记员的宣布，扮成原告的郑×同学头缠着带血迹的绷带、胳膊吊在胸前和扮成被告的李×、张×、王×先后到庭，随着身着制服的审判长牛长顺等神态严肃、一脸庄重地入席就座，审判正式开始。按照法定程序，审判长宣布法庭纪律和注意事项，接着由原告陈述起诉案由：

9月3号晚，原告放学后骑车回家，途经外贸局南30米处时和李×撞车，原告的车前叉被撞坏。原告让李帮助修理，李不肯，争吵中，李×伙同同行的张×、王×便动手打原告，致使原告头上、身上五处受伤，并砸坏了原告的自行车，然后逃离现场。

原告代理律师认为，李×等三人的行为严重侵害了原告的人身权利，造成了一定的经济损失和极坏的社会影响，李×等应负担由此引发的治疗费、护理费、生活费、自行车修理费等；被告代理人认为撞车不是一人所致，修车费用理应二人共同负担。

合议庭依据案情和双方意见，经休庭合议后，审判长宣布了调解意见：

根据《民法通则》第128条，李×等三人犯了故意伤害罪。经法医鉴定，原告郑×构成轻伤，因被告年龄不够16周岁，又都在读初中，且事后有悔改情节，不负担刑事责任；责令李×赔偿原告医药等费用共125元；张、王二人虽也参与了打架和砸车，情节较李稍轻，各负担65元；原告自己负担修车费7元。双方同意签字画押，审判长宣布调解成功，退庭。

之后，他们又到各中队巡回开庭，无一例外地都很受欢迎。那一段时间同学们说的、讨论最多的都是这类事，由此可见此事对大家触动很大。其中扮演被告的薛×本身就是一个斗气使性的打架头儿。一星期的走访、准备，10多天的巡回开庭和大家的议论，极大地震动了他和他那帮小兄弟。他深有感触地说：以前老觉得打打架算不了什么大事，没想到不知不觉地已犯了法。要不是不够16周岁，就得负法律责任，进拘留所。我从心里感谢学校组织的这次活动，不然我不定会走到哪一步呢，现在想想真是后怕。

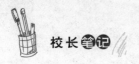

　　为了巩固活动效果，我们又及时引导大家以班为单位，讨论、列举、查找自己和身边的类似恶习，深挖其危害。各中队都有同学主动承认错误，主动向大家下决心，立保证；更为可喜的是，初二几名同学还主动坦白了正在酝酿组织的利用周末在人民商场后僻静处牵连县城四个学校、近60人参与的三起群殴事件，迅速有效地刹住了这股歪风。

欢迎你——三高09级高一新生

各位"小龄朋友"：

欢迎你在人生的第一个十字路口义无反顾地选择了三高。当你把信任的橄榄枝投向三高的时候，你和你的家人与我和三高之间已经架起了一座信任和沟通的桥梁。在你信心百倍、踌躇满志即将迈入新的起点的时候，请接受我和三高全体师生对你的祝贺和对你家人的问候！

亲爱的同学，你我可能还未曾相见，但我能想象得到幼年的你怎样挣脱母校的怀抱、睁大好奇的双眼、站在幼儿园门前向里面张望；我能想象得到小学时的你怎样背着小手、昂着胸脯跟语文老师读ɑ、о、е，跟数学老师算"还剩几个苹果"；我能想象得到中学三年你如何因一个问题和同学争得面红耳赤，如何因一篇短文去找老师打破砂锅问到底，又如何为争抢班级或年级第一而夜挑孤灯晨愧晓鸡；我同样能想象得到你每次外出时父母看你远行，直到看不见，仍不肯回转的情形和每当你有了进步老师那信任、鼓励的目光。也许你心中要说的还不止这些，是的，这些在你和你的同学心中都是弥足珍贵的财富，而今天，这一切都已变成了一根沉甸甸的接力棒传到了我和我的同事手中。亲爱的同学，你可能想象不到我调入三高这16天，是背着多么大的压力和紧迫感、责任感，带着三高老师利用假期为你们整操场，增添体育设施；抓餐厅，引进竞争机制；修寝室，配齐各种必要设施；美化校园，烘托浓厚的学习氛围；安排教室，调配最佳合作师资团队等。整操场是为了让你们锻炼好身体，抓餐厅竞争是为了确保你们吃到可口饭菜，完善寝室设施是为了让你们能夜夜做好梦，美化校园是为了让你们在这里生活、成长得开心，调配师资是为了让你们能够学得轻松、学得愉快，确保你们不断进步。此时此刻，我不想说西华三高坐落于贾鲁河畔，交通便利，篮球场、足球场任你争高驰骋；校园小径、小树林任你思考漫步；校园湖边垂柳依依，蛙鸣鱼跃，让你待上一会儿疲劳顿消；宣传栏、阅报窗等任你采撷知识的花粉；校园小报、校园之声凭你放飞文学的梦想或褒扬、针砭校园的真善与丑恶。我只想说，作为你们未来的校长——我和我的同事——你们未来的师长正在为你们想着、做着你们想到的和未想到的一切。尽管每天从早到晚我们都很累，但一想到你们那渴求知识的目光和你们亲人及小学、中学老师对你们的期盼，我们都个个乐此不疲。来吧，我亲爱的同学，我可爱的孩子，加入三高这火热的集体吧，融入三高这乐观的团队吧。今天，我和我的同事正张开双臂准备欢迎你们的到来；明天，你、我和三高的全体师生将一块儿收获、分享你们拼搏奋斗过程中的甘苦。3年后，我希望你借助三高这块沃土长成能沐浴更宽广范围阳光雨露的健苗壮苗，最后变成参天大树。我相信你能这样，我相信你能怀揣信念，背负毅力，咬定目标，持之以恒，以你们青年人特有的朝气和不服输的劲头，一次又一次地从我和更多领导手里领取奖状、奖杯和鼓励，让所有关心、爱你的人放心，让你的梦变成母校和亲人的骄傲。

来吧，我亲爱的同学，我可爱的孩子，这里将成为你放飞梦想的地方！

同时，我还希望你们能接纳我这位"大龄朋友"，为的是让我们更好地交流，更为让我更好陪伴大家一同进步！

你们的"大龄朋友"

2009年7月28日

青春放歌

——为三高师生篝火晚会而作

今天是我来三高上任的第30天、学校开学的第10天，我从教学区转到了操场。经过几天的努力，偌大校园的杂草基本除净了，给人的感觉清爽明亮了好多。望着操场内一堆又一堆干草，我想到了学校的现状。我总感到学校从领导到老师再到学生普遍弥漫着一种无精打采、听天由命的悲观情绪，对我的到来和学校的发展也看不出有什么信心。我觉得这很可怕，急需振作精神和斗志，更需提升士气和信心。于是我想，何不借这宽敞的操场和一堆堆干草办一次篝火晚会，让大家在放松的同时跳跳、唱唱、喊喊，以增进学校的向心力、凝聚力，更借此擂擂催征鼓、吹吹冲锋号呢？我把此想法跟几个人一交流，大家都觉得挺有新意。说干就干，当晚便趁着高兴，写成《青春放歌》（朗诵诗）让学生排练，从后来的反映看，效果相当不错。

女：今晚，我们在这里相约，

男：今晚，我们在校园相聚。

女：与其说，我们要举办篝火晚会，

男：不如说，我们要放飞青春的梦想。

女：三高近300名老师啊，

男：三高近5000名同学啊。

女：篝火就是我们盟誓的媒介，

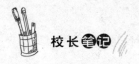

男：今晚就是我们进军的起点。

男女：我们要师生同心，齐心协力，用不懈的努力去创造更加美好的明天。

女：因为年轻，我们才激情满腔，

男：因为年轻，我们才壮志满怀。

女：因为年轻，我们才不畏强者，

男：因为年轻，我们才不怕失败。

男女：我们要用青年人特有的朝气、锐气、豪气去抒写青春的浓墨重彩。

女：有人说，与一高比，三高底子还比较差，

男：也有人说，与外县比，三高则更显落后。

女：是的，我们承认落后，但不甘落后，

男：是的，我们正视差距，就是为迎头赶上。

男女：我们要逆境奋起，百折不挠，用意志、毅力、坚韧去显示三高师生一个更比一个硬，一个更比一个强。

女：有谁会不遭遇挫折呢?

男：有谁会不碰到失败呢?

女：一帆风顺只不过是天真的妄想，

男：害怕失败只能是懦夫的胆量。

男女：我们要把挫折当镜子，把失败当动力，越挫越勇，越战越强，用百折不挠把自己磨炼成锋利无比的钢。

女：怎能忘，小学时老师的谆谆教导，

男：怎能忘，中学时好友的明争暗赛；

女：怎能忘，临行前父母的千叮咛万嘱咐，

男：怎能忘，入校时自己的誓言何等豪迈。

男女：我们要揣着亲情友情，背着责任使命，用行动证明我们90后同样是充满希望的精英。

女：其实，生活到处充满激情，

男：其实，校园照样不乏浪漫。

男女：今晚我们在这里点燃篝火，载歌载舞，不单单是为了释放激情，为出征呐喊，更多的是为了把今天拥有的美好定格成永远。

女：这就是我们啊，我们不光要学知识，懂礼貌，有理想，会做人；

男：这就是我们啊，我们还要学吟诗，懂绘画，有雅趣，会生活。

男女：我们今天的积极准备就是为了把明天描绘得斑斓多彩。

女：瞧，主会场的篝火点燃了，那熊熊的篝火啊，分明闪耀着三高的希望；

男：瞧，高一新生的篝火点燃了，火光中映现的是新到伙伴的满脸激昂；

女：瞧，高二年级的篝火点燃了，脸上的自信告诉我们他们早已走出刚入校的迷茫；

男：瞧，高三毕业班的篝火点燃了，哔哔剥剥的火苗声分明就是他们挑战明年6月的誓言；

男女：瞧，复读班的篝火点燃了，雄浑的合唱表达的正是他们走出失败阴影后的沉稳与豪壮。

女：瞧，我们的老师跳起来啦、唱起来了。那和谐的舞步和整齐的歌声啊，分明是在用行动为我们导航；

男：瞧，我们的同学跳起来啦、唱起来了。我们的同学啊，在用青春的舞步，年轻的歌喉，为明天积蓄力量，为未来孕育希望。

女：梁启超先生说，少年智则国智。

男：梁启超先生还说，少年强则国强。

女：梁启超先生又说，少年雄于地球则国雄于地球。

男女：我们要说，我们强则三高肯定强！我们个个斗志昂扬，则三高的未来就必然充满希望。我亲爱的同学们，我亲爱的学兄学弟们啊，为了母校的荣誉，为了父母的期望；为了我们曾经许下的诺言，为了我们积聚多年的理想；为了民族的繁荣，为了祖国的兴旺，我们一定要执着进取，百炼成钢；逢先必争，遇冠必抢。我们要用努力和喜报让亲人和老师因为我们而倍感荣光！

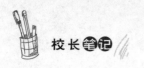

走，爬泰山去

——与高一"小龄朋友"共勉

高一各位"小龄朋友"：

20世纪90年代，我曾先后两次攀爬泰山。在此之前，有关登泰山极顶、看日出奇观，有关孔老夫子"登东山而小鲁，登泰山而小天下"的感悟，有关诗圣杜甫"会当凌绝顶，一览众山小"的豪情，有关"黄山归来不看云，泰山归来不看山"的赞叹，有关爬一次泰山，至少要准备瘸三天腿的苦累等等，不止一次地从别人口中、从文人著作中、从学友书信中领略到。所以当我一听说要去泰山开会，能亲身体验爬泰山之苦之累之乐，能零距离感触玩味历代帝王将相、文人雅士对泰山的题咏赞叹时，两三天前就兴奋得寝食不安了。第一次登山是在早饭后，第二次是在晚上10点，两次差不多都用了5个多小时。时间虽然已过了20来年，但有三个镜头我至今仍记忆犹新：

镜头一是一名军人。背上背了一个很沉的包，裤腿挽到膝盖，赤着双脚爬泰山，后面跟着的女同志为其拎着皮鞋、袜子。不知是皮鞋不太合脚，抑或是他本人想借此锻炼，反正我至今仍忘不了他那沉重的包和光光的脚丫。别人穿着鞋、空着手爬山尚且受不了，而他呢？难道他的脚、背是铁打的吗？

镜头二是一名失去双腿的残疾人。经了解才知道他居住在登山必经之路东侧的山洞内。为了生计，晴天时他早上7点从山洞往这条路来，先下到谷底再从谷底爬到这里，时间约为11点，趁中午这段时间等候路人施舍，然后再急急回转，不然天一黑麻烦就大了。我是个健全人，但望望那个山洞和那个谷底，我的腿都止不住直打战，真不敢想象没有双腿的他天天是怎样在这条不是路的路上用双手和臀部爬上爬下的。

镜头三是一位67岁、精神矍铄的老人。他是当地人，现退休在家。为了锻炼，他每天至少上山一趟。老人头发半白，面色红润，穿衣宽宽松松，脚蹬一双布鞋，肩上挎了一台半尺见方的收音机，一路歌声伴着他一路近似小跑的风声。发现他时还在我们身后，不多时那歌声已跑在我们前面很远。老人的话语也一如那歌声一样爽朗。我想这可能就是所谓的精气神。老人活得不正是这种精气神吗？

由此我想到了正读高一的你们。如果说爬泰山很不容易的话，那么读完三年高中同样很不容易；爬泰山需要信心、毅力，需要咬紧牙关忍受疲劳的挑战，读好三年高中同样要坚忍执着，要早起晚睡，要经得住一次次努力和一次次失败的打击；爬泰山，置身中天门可欣赏群山连绵起伏、奔腾跳跃，站在南天门能感到无数山头皆匍匐在你脚下向你叩拜，走在天街则会觉得身轻体健、飘飘欲仙。读高中则可不断结识优秀的朋友，不断吸取他人的长处，不断地让情操得以陶冶，修养得以提高，信心逐渐增强，错误得以修正，学识越来越广，待人接物越来越有分寸。这也许正是大家来高中求学的意义所在。我认为，现在的年轻人不经过三年高中的锻炼洗礼实在是人生的一大缺憾。近段时间，我听说部分学生因成绩差丧失了信心、因一两次考试失败而打算辍学，还有的学生奢望一蹴而就，希望努力上一天两天、一个月两个月就能独领风骚，一鸣惊人，岂不大错特错？须知最美的风景往往都在险要处，最辉煌的成功都需经过不懈的努力。想想那名背着背包、光着脚板爬山的军人，想想那个没有双腿、靠双手和残肢在山谷中爬上爬下的残疾人，想想那位67岁、一路风声一路歌声天天登山的老人，我们还好意思退缩吗？还好意思逃避吗？伟大领袖毛主席讲，你们青年人，朝气蓬勃，好像早晨八九点钟的太阳，希望寄托在你们身上。同学们，你们是早晨八九点钟的太阳啊，怎么能遇见困难就胆怯、碰上失败就退缩呢？青年人要都去选择胆怯、退缩，那希望又能寄托在谁的身上啊？梁启超说：少年智则国智，少年强则国强，少年雄于地球则中国雄于地球。同学啊，你才读高一，人生的漫漫征程才刚刚开始，连这点失败和挑战都经受不住，又何谈雄于地球呢？

171

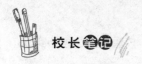

　　虽然我两次登泰山都没看到日出，但我并不遗憾，因为我借此检视了自己的意志和毅力，而且更让我难忘的是，沿途的所见所闻所感所悟，让我的心中升起了另一轮红日，一轮这么多年每每想起都倍感亲切、温暖，深受鼓舞的红日。其实每个人心中都有一轮属于自己的日出：那就是对人生的憧憬，对未来的希望。我希望和高一的全体同学来个约定，一同去攀爬自己选定的那座"泰山"，为心中的憧憬、希望而执着努力，永不言败，力争让属于自己的那轮日出最最美丽！

你们的"大龄朋友"　方明峰

致三高全体学生的一封公开信

办学的目的是培养人，办学的目标是培养优秀、杰出之人。但究竟怎样做才能让学生发展得更好呢？根据平时的观察和了解，我发现学生虽然都还处于学习阶段，但他们既有着强烈的参与和表现意识，又不乏好的意见和建议。这是个很好的苗头，更是我们弥足珍贵的教育资源。如果能有一种形式让他们得以展示，让他们的意见、建议得以集中，肯定是一件很有益的尝试，对学校管理也肯定是一个难得的动力补充。相比而言，他们的意见、建议是不含多少杂质和功利的原生态，这会让我这个校长多出很多眼睛和耳朵，多出很多臂膀和宣传员。经过再三考虑，我决定从学生中选聘"校长助理"，让当选者名正言顺地参与到学校的管理中来，并在实践中培养、锻炼、提高、造就他们，及早地帮他们确立主人意识、责任意识、担当意识，让他们赢在别人还未准备时。本着这一目的，我动笔起草了《一封"寻求帮助"的公开信》印发给全校师生，迈开了我校选聘校长助理的第一步。

现在，我可以自豪地告诉大家的是，首批当选的12名校长助理工作得很出色，表现得很优秀，在学生中引起的反响既大又好。眼下，已有3名校长助理升入高校，学校专门集会，为他们颁发了由笔者亲自签名的校长助理鉴定。下一步我们打算在总结反思的基础上进一步完善，争取使这一新举措成为培养造就学生干部和未来杰出人才的最佳途径。

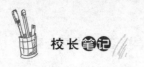
亲爱的"小龄朋友"、孩子们：

　　我是你们的"大龄朋友"。给你们写信，是想让你们帮帮我，帮帮学校，准确地说应是多出主意多想办法管好咱们的学校。我知道你们都很爱你们的母校，都希望母校越办越好，越办越有特色，都希望母校在办学中能采纳你们的建议，合乎你们的理想，成为你们梦想中的地方；我知道你们当中有很多善思考、有个性、有特长的优秀生；我知道你们对如何开展活动、如何增进友谊与合作、如何增进师生间的沟通与理解、如何增进家校联手、如何提高学校的知名度、如何引进校外资源，一句话，对如何让母校真正成为你们的生活乐园和精神家园、成为你们的骄傲有很多好的建议和创意，所以我想把这种资源变成三高的财富，变成我和学校领导决策时的参考，变成我个人少犯或不犯错的镜子。具体说，我想通过自荐、民主推荐、公开演讲、竞争、面试等，从每级各选10名热心学校管理、愿意为大家奔走受累、为学校出谋划策的学生担任校长助理。人员确定后，学校将给你们颁发特制的聘书和胸牌，职责是帮助搜集相关信息、参与组织各类活动、列席学校的有关会议、参与政教值勤、力所能及地帮助学校和老师解决矛盾和纠纷等。为提高大家的管理意识和执行能力，学校还要定期对大家进行培训、组织讨论交流、推荐阅读书目等。毕业时，学校将出具能证明你们热心、能力、贡献的校长助理证书，为大家在迈入高等学校大门或到部队锻炼时增添一枚很重的砝码。

　　亲爱的"小龄朋友"、孩子们，我知道你们今天的身份是学生，今天的任务是学习。但我同样知道，你们早晚要踏入社会，要在未来的社会中扮演一定的角色，挑起一项或多项重担。也就是说，你们今天所做的一切都是为明天适应和驾驭社会而积累和准备的。我同时也坚信大家都是能做一番事业或大事业的人。假如你们从今天起就有意识地从严要求自己，把此次机会当成平台，好好地磨炼自己、提高自己，我相信两三年过去，你们肯定会有很大的收获，甚至说你已提前往成功的大门迈进了一只脚。从这个意义上讲，这次参与自荐和竞争校长助理绝对是一次督促、砥砺自己成长、进步的极好机会，也是一个让你走近我，让我走近大家的捷径和桥梁。希望你、你们积极准备，踊跃参与，也希望我们早日相聚在校长与"校长助理"纵论学校发展的舞台之上。

我相信你、你们，我真诚地期待着这一天及早到来，期待你、我的梦想尽快变成现实。

你们的"大龄朋友"

2011年10月27日

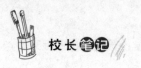

在西华三高校长助理、青年志愿者
授徽、授旗仪式上的讲话

各位"小龄朋友"、我亲爱的孩子们：

今天，在这里，学校专门为荣任校长助理和自发参与青年志愿者的同学举行授牌、授旗仪式，我很激动，也很为你们高兴。首先请允许我代表学校并以我个人的名义向大家表示祝贺！

下面，我想说两层意思。第一层是说给荣任校长助理的同学的：

我想说，你知道你是谁吗？你知道你胸前佩戴的胸徽的图案是什么吗？你明白你的言行代表着什么吗？你了解你的参与对三高意味着什么吗？如果你对此还不太明白，那就说明你还没有真正准备好，或者说你还不一定能将此项工作做好。同学，当你胸前佩戴上这一标志时，你必须清楚你是西华三高的一名校长助理，你佩戴的胸徽的图案是西华三高的校训、校歌、校风和学校的大门，你的言行将代表着三高学生的形象，你的参与将大大推进三高民主管理和依法治校的进程。所以你佩戴的不仅仅是一个标志，还是一份责任，一份期望，一份迈向理想征程、兑现人生誓言的路标和向导。所以你必须自觉地意识到这一点并努力做好，才能不负学校的期望和师生的重托。

第二层意思是说给青年志愿者的：

你们是个光荣的群体，是三高的一份荣耀和自豪。从你们自发地加入这一集体，从你们自觉地去为校园拔草、捡垃圾，从你们结队走出去参与县城的公益宣传和义务劳动等一系列举动中，我分明看出洋溢在你们胸中的"我为人人、我在行动"的热情和爱心，我为你们自豪！三高全校师生为你们骄傲！今天，学校要为你们授徽、授旗，就是想让这一活动持续化、永久化，就是想让"青年志愿者"的旗帜从你们的手中一届一届传下去，就是想让大家从你们身上看到榜样，就是想让你们走到哪里就把爱心带到哪里，把三高的形象带到哪里，同时也把属于你们的那份光荣和自豪带到哪里！

各位"小龄朋友"，我亲爱的孩子们，今日的三高还不能让你们太满意，为此我很着急。但有你们的参与和行动，我相信把三高办成大家理想中的学校应该为期不远了。为三高的发展，也为了实践你们的誓言，孩子们，大胆而积极地行动吧。我相信凭你们的热情和智慧，一定能在三高的史册上抹上浓墨重彩的一笔。今日在场的师生做证，"柳澜雅趣"的杨柳和湖水做证，母校将记住你们所做的一切。

各位"小龄朋友"、孩子们，我由衷地祝福你们！

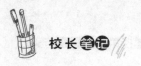

在2008级毕业典礼暨"爱心接力棒"
传递仪式上的讲话

6月4日，我来三高后的第二届毕业生再过两天就要置身考场，接受祖国挑选了。上午，我站在教学楼前，看着一群群学生出出进进，有的忙着收拾东西，有的外出卖书本资料，还有的三五成群去办公楼找老师，我的心里很不平静。听老师们讲，每年这几天都会出现些不愉快的事，比如卖旧书旧资料时连别人的一块卖掉，毁坏些门窗，砸烂桌凳，还有的将废书本撕撒得如天女散花般等等。是的，他们在这里学习生活了3年，此时的心情肯定很复杂，也很想宣泄。我在想能不能借助一种形式，把学生的复杂心情引领到向母校和学弟学妹表达留恋和爱心方面，把最易出事的时段变成教育引导的最佳时机呢？于是我安排团委书记召集班长、团支部书记开会，号召毕业班同学们为学弟学妹捐书，帮他们筹建班级图书角，安排高一、高二学生代表为高三学生祝福加油，并要求团委定制"爱心接力棒"作为象征，一届一届往下传。考虑到次日学生就要认考场，传递仪式定在下午1点在教学楼前进行。对此，一些老师担心弄不好会难以收场。但出乎他们意料的是，所有学生对此都表现出了极大的热情，虽然午后1点多正是太阳毒、大地烤的时候，但4000多名学生整整齐齐地排列着，当高三学生代表从五楼到一楼，从三个楼梯排着长龙抱着大摞大摞的书、资料走入会场，当高二、高一的学生从他们手中接过时，当"爱心接力棒"由我、团委书记、高三学生代表传到高二、高一学生代表手中时，当高三与高二、高一学生代表的手紧紧握在一起时，会场被一阵又一阵雷鸣般的掌声淹没。很多老师、学生连同得知消息赶来的新闻记者都一次又一次地流下了激动的泪水，爱的暖流在与会的每个人心中欢快地流淌着。由此可见，不是今天的孩子不容易被感动，而是我们没选准时机，没找到方法。下文即是我在传递仪式上的演讲。

值得说明的是，"爱心传递"已成了西华三高师生沟通的桥梁和友谊的纽带，"爱心接力棒"也成了我校独创的教具教材。

尊敬的各位老师和家长代表，亲爱的"小龄朋友"、孩子们：

大家下午好！

作为一名老师，每当一届学生要离开母校、踏上新的征程之际，我的心情都和大家一样激动。此时，我最想说的一句话是：同学们，我爱你们，我和母校的老师会一如既往地关心着你们，祝福着你们！

毕业班的小龄朋友，此时此刻，我相信你们每个人的心中都充满了对母校、对母校老师的眷恋，都充满了对即将分手的学友的依依不舍，都充满了对学弟学妹的祝福和期待，都还有很多话想说，都还有很多事要做，所以学校特意搭建了这个平台，希望通过大家的共同努力营造一种浓浓的氛围，给大家留下一个永远值得回忆珍藏的幸福瞬间。这是我想给大家分享的第一点——我们为什么要举办这一活动。

第二点，拥有一份美好，收获一群幸福。人们常说，送人玫瑰，手有余香，这话又在本周一大家照毕业相时得到了验证。那天，我看见好多同学照相时手里都拿有一枚金黄的杏儿，我没有问为什么，但我相信那肯定是一份美好。就在我从心里替这些同学高兴时，有4名女生把手里的杏儿赠给了我，我心里那份高兴啊！到下一班照相时，我把4枚杏儿又转赠给了4名女同学，和前一班一样我仍然不知道她们是哪班的，叫什么。但我知道她就是你们当中的一员，这就够啦！有人说，心有多大，舞台就有多大，从前面这件事我明白了，心中有份美好，爱自己更爱别人，就能收获很多幸福，就能收获一群幸福，甚至是一生幸福！

第三，信任和集体的力量。那是海难发生后的一艘小船上，八个人只剩了半瓶淡水。谁都知道在茫茫无际的大海上没有淡水意味着什么，因此8个人16只眼睛都红着射向了那半瓶水。其中一中年壮汉离水瓶最近，最有可能先抢

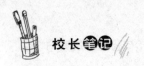

到水，但他终没有那样做。后来经提议，其余7人一致推选由中年壮汉保存、管理这半瓶水。也就是这份信任，让壮汉把水看得比命还重，之后他把每滴水总是让给最最需要的那个人；也正是这份信任，让这8个人组成的集体不再害怕孤单和风浪，他们相互支撑鼓励，靠着半瓶淡水维持了几天几夜，最后都成功获救。这就是信任的魔力，这就是集体的魔力！此刻，我想借这个故事告诉大家，无论你明天走到哪里，无论你在那里做什么，都不要忘记同学间曾经建立的信任和友谊，都不要忘记三高这个团结的集体。那是你们取之不尽、用之不竭的动力源泉！

第四，我们应该向高二、高一学弟学妹传递些什么。你们马上就要毕业了，但我这几天接到的短信、听到的反映都是你们心中仍放不下学弟学妹的成长进步，放不下母校的发展变化，总还是想着能为母校、为学弟学妹做点什么。我为有你们这样的学生而感动，我为你们的这份牵挂和爱心而感动！我想，要传就把你们好的学习方法传下来吧，要传就把你们助人为乐、尊敬师长、热爱集体的好传统传下来吧，要传就用你们离校前的行动影响带动大家吧，要传就把你们的教室、寝室打扫得干干净净吧，要传就把你们可能用不着而高二、高一都非常需要的资料课本及生活用具传下来吧。一句话，要传就要让高二、高一的学弟学妹都为你们的热情、爱心和言传身教而永远感动！

最后，我想给毕业班同学说三句话：第一句，自助者助人，助人者天助。你们曾经为母校、为别人付出了那么多，所以当你们置身考场接受祖国挑选时，母校的4000多名师生都在为你们祈祷祝福，连上苍都会格外眷顾你们，你们肯定能超常发挥；第二句话，母校的老师和学弟学妹都时刻在关注着你们未来的发展，美丽的荷花湖畔励志长廊还给你们留有一席之地，你们要时刻不忘努力，并及时向母校汇报你们的每一次成功；第三句话，无论你们明天走多远，都别忘记抽空常回母校看看，这里永远是你们的加油站！

借此机会，我想给高二、高一同学说的是，学习要用行动。高三的同学已给你们做出了榜样，学校的荣誉要靠一届又一届的努力。希望你们以高三同学为榜样，团结一致，积极向上，用你们的努力和成绩让母校足以自豪，让你们的学兄学姐放心。

谢谢大家！

校长寄语

各位相识不相识的校友、同学：

我是你们的"大龄朋友"、现任西华三高校长高海峰。时逢学校网站筹建之际，校团委高海涛书记让我写点寄语，我首先想到的是要感谢三高——你们的母校，你们永恒的眷恋，你们无论走到哪都难以

割舍的牵挂——因为没有三高这一媒介我就无缘和你们交流，此时我最想说的就是想和你们一道齐声为三高大声祝福！

世上最神奇的当属岁月，是她造就了让世人为之惊叹的美丽和奇迹。回首之间，你们的母校已刻下20年年轮，你们也从当年的风华正茂、壮志满怀发展成了名师、学者、专家、企业家、作家等。人海茫茫，个个希望优秀，处处充满竞争，不用说我也能想象到为了今天，你们在求学、创业中付出的艰辛努力，表现出的坚韧执着；不用介绍，我也能体会到多年来你们品尝的挫折苦酒，经受的失败磨砺。值得母校师生为你们骄傲的是，你们终于挺了过来，你们用百折不挠、愈挫愈勇回答了一次次考验，你们用智慧和汗水善抓机遇、迎

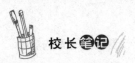

势而上，创造了让大家惊羡的辉煌。作为母校的一员，我羡慕你们的年轻和执着进取，我惊叹三高的富有和地灵人杰。我想特别告诉你们的是，正像你们不管走到哪，无论身处逆境顺境都时刻关心着母校的发展一样，母校师生也无时不在关注着你们的进步，无时不在祝福着你们。可以说，母校和你们是休戚相关、息息相通的。借此机会，我还想给大家提几点不情之请：第一，无论啥时候，都不要忘记给三高——你们的母校，多提有利于发展的意见和建议；第二，无论你们哪方面有了进步和成就，都不要忘记给母校报喜，要知道，母校的学弟学妹迫切渴望你们的成功激励；第三，借用一句现成的话，希望你们常回母校看看。为此，母校专门设立了优秀毕业生报告论坛，相信你们一定有一肚子酸甜苦辣想给学弟学妹们交流，有很多成功经验、建议想给学弟学妹分享。届时，学弟学妹渴望你们签名、留影的场面和经久不息的掌声会成为用之不竭的力量源泉，勉励你们去迎接更多的挑战。你们都是极富社会责任感和使命感的人，对母校的眷恋、关切我们时有耳闻。上述这三点期求，不光是我代表母校师生对你们的希望，我认为也是你们对母校表达感情的最好形式，甚至也可以说是你们对学弟学妹一份义不容辞的带动责任。我想你们一定不会推辞或拒绝这一惠及母校一届届学弟学妹的善举和美意。

各位校友，我知道我肩上的担子很重，我明白三高目前的困难还很多。但有一点你们可以放心，三高从上到下近五千名师生，没有气馁，没有被眼前的困难吓倒，我本人更是信心十足。眼下，我们正众志成城、齐心协力，同时也是很吃力地奔向既定目标。你们是那样地爱家乡、爱母校，我希望你们用你们特有的身份和影响加入到母校的这次破壁腾飞的阵容中，我相信有你们的加入母校师生一定会备受鼓舞，一定会使三高——你们的母校前进的步伐轻松许多，加快许多。

各位校友，你们希望母校日益兴盛，母校祝愿你们飞得更高。让我们立足在不同岗位，互勉互励，互相祝福，共同谱写属于我们的锦绣篇章。我提议：当我们的目标得以实现，我们一定要相聚在母校校园，举杯共庆，畅叙衷肠。

我相信大家会赞成这一提议，我期望这一动人时刻早点到来！

你们的"大龄朋友"

2010年6月4日

学校管理日记

今天是2010年7月10号，不觉间我来三高任职已经一年。我特意抽了点空闲，将一年来的工作思路理了理。因为这关乎下一步我将怎样引领三高向前发展，我必须格外重视。

说实话，因为事先对三高缺乏了解，更因从没有来三高接任校长的念头，所以刚来三高那一段时间特烦、特累，老想发火，甚至打退堂鼓的准备。如今一年过去了，靠着上下的支持和努力，学校最困难的时光终于过去了，领导班子的决策力、执行力、公信力都在提升，师生的信心和干劲都在增强，这说明我和众人的第一步大家还算满意。但作为学校领路人，我不能仅仅满足于这样的层面，我应该有新的举措。

根据平时的了解，经过反思比较，我决定用"文化立校，科研兴校；全员参与，全面提高"这样的理念来管理三高。这里的文化，是几千年来博大精深民族文化的精髓，是爱国爱家、尊老爱幼、诚实守信，是立言立行立德，是修身齐家治国平天下……我想让三高学生的根扎在这样的基础上。因其博大，根才能无拘无束自由伸展；因其精深，根才能扎得深扎得牢，树才能枝繁叶茂，顶天立地。这里的科研是指在师生中深入开展比教比学，形成浓厚的学术氛围，集众人所长为我所用。"全员参与"是要借众人之力之智慧来促进学校发展。三高教职工近三百，学生四五千，若真的都动起来，那该有多大的能量？岂不远比我一个人和领导组十多人更有力更有智慧？而且还能让大家通过参与找到"当家做主"的感觉，何乐而不为？最后实现学校、老师、学生一同发展、成长、提升的理想格局——全面提高。

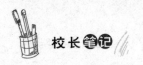

此想法可不可行，先交领导组讨论修正，待差不多时再交教代会通过。

7月20号　办公室

快放暑假了，我欣慰的是本学期纪律明显好于上学期，大家都很用心。按说有好的过程也应该有好的成绩，不过即使还稍差一点也没关系，因为落后不是一下子就能彻底改变的，太急了只会更糟。

7月22号　办公室

我总觉得三高低迷了好几年，很需要振作一下，提升提升人气。碰巧同事提醒我今年正好是三高建校二十周年，我很受启发：我们何不借机搞个校庆，整合一下校内、外资源，形成合力，将其用到促进三高的发展上呢？

我把此想法一说，听者大都赞成，说干咱就干起来。

7月25号晚

这几天工作卓有成效，一是校内外统一了思想，并征得了领导的支持；二是明确了分工；三是由我执笔向全校师生发出了"我的校园我做主"——校园文化建设征集活动倡议，呼吁全校师生、家长都参与到校园文化建设中来，讨论校徽、校歌、校训、校风、教风、学风、教师誓言、学生誓言等的修订，校园湖路亭园楼等命名，教学楼、办公楼、寝楼、餐厅等公共场所悬挂的"名人名言"也一律要从师生征稿中筛选。学校力图通过这种形式让大家感到三高就是他们自己的。这些工作的落实让我放下了悬着的心——毕竟，这是我第一次负责策划这么大的活动。

10月20号

可喜可贺！校庆取得了超乎想象的成功。往届校友从全国各地赶回了近400人，县四大班子领导全都到会，各乡镇、局委、教体局全体成员，各乡镇中心校、局直各学校校长、我校全校师生、离退休教职工齐聚三高新校区，开了西华教育史上的先例。那天艳阳高照，校园到处摆满了往届校友和各友好单位送的礼品，还有国家、省、市书画界名流的书画展。来宾耳闻目睹学校的变化，欣喜之余，给学校提了很多建设性的意见、建议，校友还自发地为母校学弟学妹成立了"爱心援助基金会"，并和学校达成了增进交流、促进母校发展的共识。

这件事让我切身体会到，肯为大家做事，肯做好事和有益之事，支持你的人就多得让你想不到，你的能量会大得连你自己都感到吃惊，甚至连天公都为你帮忙。事前，有同事担心地说，校长，别到时啥都准备好了，人都来了，天却下雨了咋办？我说，咱做的是惠及三高几千个孩子，甚至还能促进全县学生成长进步的事，放心吧，天肯定好。果然，那天天气好得没法说。

尤其值得一提的是师生参与校园文化建设的热情。不仅投稿多，而且不乏优秀之作，如教学楼名为"致远楼"、办公楼名为"博雅楼"、餐厅名为"思源厅"等。最令我高兴的是学生设计的校徽，底色为天蓝色，取蓝天大海博大精深之意，上面是草体"西华三高"，下面依次是1990—2009（西华三高成立至校庆时间）和西华三高的汉语全拼，中间为变形的"3"，既指三高，又寓意和平鸽，还寓意运动健康，突出学校之朝气活力。最外部分为双圆环，寓意为三高是团结合作、友爱和睦的大家庭。整个设计从构思到文字解说都很有新意，各位评委几乎是异口同声地选定了这一方案。这件事让我更加相信人多智慧广、点子多，很多事不是大家能不能做成，而是我们敢不敢放手让大家做。

10月20号

听说要开教代会，教师中还真的起了波澜：有的说开啥教代会，还不是走走形式？有的说不用开也是领导说了算，还有的放言说"他敢开，不怕收不了场吗"。看来推进民主管理也不能一蹴而就。会还是如期开了，那天我们不邀一个来宾，不请一个领导，自己关起门来商量自己的事。会上还真有人发难，说是定制度只能奖不能罚，说是即使罚也不能太重，重了也无人执行等等。事情到了这个分儿上，我不得不暂时中断会议，专题阐述了大家到底是希望三高推行"人治"还是实行"法治"，是保护多数人的利益还是维护少数人的面子，是大力弘扬正气还是让少数啥也不干、甚至还不让别人好好干的人整天神神气气？教工代表到底是希望空落个虚名，还是希望真正当主人？这些话本来不应在这种场合说，但当时看来不说不行。大家毕竟还是希望学校往好处发展，所以接下来的议程都很顺利。教代会真正开成了诸葛亮会和鼓劲会。

4月25号

今天在校园转，发现湖畔有很多小蝌蚪被学生用笤帚捞到岸上晒死，此事令我很气愤。我觉得这不是一个小事，受过十多年教育的高中生竟在校园做

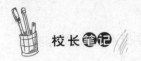

如此让人痛心之事，竟忍心用这些美丽的小生命的惨死换取自己和旁观者的开心，足以折射出学校教育的缺失，我应该借这一"蝌蚪事件"加以弥补。于是我捡起那把笤帚，赶回办公室，写了题为"惩罚罪恶的笤帚"一文，让办公室同志抄写到学校最醒目的黑板上，并把那把笤帚挂在那里"展览示众"，希望通过这种形式唤起大家的爱心。

几天后，短文被来我校参加活动的中国信息大学的副校长看到，了解事情的来龙去脉后，他很受启发，拍照带回后作为对学生教育的典型案例多次援引。

6月4号

再有两天就要高考了，高三学生明显地表现出了躁动不安的情绪，有的忙着往家运东西，有的忙着将用不着的东西当废品卖……看着这些孩子，我在想如何抓住这一难得的机会搞一次活动，并在高三和高二、高一学生之间架座沟通的桥梁。后来我想到了毕业生用不着的资料，于是我紧急召集政教和班主任会，谈了让高三学生为高二、高一学弟学妹捐资料，高二、高一学生为学兄学姐加油鼓劲的想法，大家都觉得提议不错，便开始行动。

传递仪式定于下午1点在教学楼前进行。短短两个多小时，高三学生为高二、高一捐的书、资料多达几千册。捐书学生从五楼排到一楼楼前，一摞又一摞，一堆又一堆，高三、高二学生代表还分别发了言，并由我和团委书记向高三学生传递"爱心接力棒"，又由高三学生传给高二学生代表。那一刻我看到烈日下好多学生都感动得哭了，我讲话时也为那个场面流下了热泪。

10月20号

今天从教学楼上下来，生气、痛心和自责促使我赶回办公室，挥笔写下《伤痛的"119"》一文。此事缘于教学楼上放消防栓、袋的方框的盖板损坏后，我们换上了用喷塑制成的图案，既省钱又美观实用，不想被有些学生划得千疮百孔，随风摇摆。原本很美观的东西变得丑陋不堪，我不禁想起发生在校园的类似这种损公害众且不利己的恶作剧和发泄行为。如果对此听之任之，那我还有什么资格再当校长，三高又怎能让这样的学生毕业走出校园？我必须通过这件事让他（她）们看到这样做有多么丑恶。

小文写好后已是12：30，我顾不上饥饿，责令政教处立即校对复印，赶在下午上课前每班及每个图案旁都必须贴上一份，并要求班主任在班内反复读读，直到这些学生惭愧、后悔为止。

还好，此后再没发生过此类现象。

10月27号

为增进和师生沟通，了解师生对学校的意见和建议，我来三高之初便向大家公开了我的通讯号码，并承诺一天24小时不关机，有短信必回，有电话必接，有书面来信必书面回复等。这样忙是忙了些，但确实让我多了好多双耳朵和眼睛，对我和学校都很必要。

通过接触，我发现学生中有很多有思想、有热情、乐于奉献者。受此启发，我想不如通过一种形式，让他们名正言顺地参与到学校的管理阵营中来，于是我想到了公开选聘校长助理。我起草的《一封"寻求帮助"的公开信》详细表明了我的用意。信发到学生中后，反响很是热烈。我并没有急着选，我想让大家好好议议这件事。

我认为，一名校长仅仅满足于管管学校，抓抓教学，多考上几个学生，多得几块奖匾，顶多是做了该做的事。我们能不能把校长的职能拓宽一些，赋予校长一些新的使命？选聘"校长助理"这件事明为帮我、帮学校，实为挖掘、激活学生的参与意识和管理潜能，进而借学生督促教师。我认为校长是不是名人、是不是英雄并不重要，重要的是他的校园能不能走出很多名人和英雄。如果三高的学生能从高一、高二就学着留心观察，学着用脑判断，学会自我管理并参与管理学校，那他踏入大学或其他大门时就比别人早迈进了一只脚，就等于赢在了起跑线上。

这是不是很有意义的尝试？

1月5日

经过两个多月的筹划准备，今天学校正式为首批当选的12名校长助理举行了简短而隆重的授牌仪式，同时被授牌和授队旗的还有80多名青年志愿者，这12名学生走到今天不容易，先是自己申请，后是参加班级竞争和年级角逐，最后又面向学校各阶层代表演讲和答辩，说是过五关斩六将也不夸张。

他们当选不容易，学校给他们的荣誉也很高。先说胸牌设计，正面底色为学校校歌，左上方为校徽，右上方是个人照片，中间从上到下依次为西华三

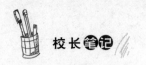

高校长助理、编号、班级、姓名，背面底色为学校大门，内容是学校的"三风一训"。仪式上我一一给他们佩戴胸前。讲话中我反复提醒他们，你必须清楚你是谁，你的胸前佩戴的是什么，你的言行对三高意味着什么，这样才可能当一名真正的校长助理。同时，我们也为青年志愿者设计了胸牌和队旗，目的是想让志愿者走到哪里，就把热情和爱心带到哪里，把三高的形象带到哪里，并希望通过授旗和上下届交接，把"奉献、友爱、互助、进步"的志愿者精神一届届传承下去。

零零散散，选了上述十来则。当高中校长，我是新兵，论师资、生源和学校软硬件，我们都比较差。我们无疑是高中团队的差鸟笨鸟。但差鸟笨鸟不也同样有飞翔的能力和任务吗？因为落后，要飞的距离可能还会更远些。但这是职责，是信任和期待，别无他途，我选择了善学多思，选择了依据自身的条件和许可去试飞先飞。一年来的探索实践不仅让学校多方面都发生了喜人的变化，而且为以后的发展打下了良好的基础。班子成员团结合作不说，老师得空也喜欢和我多聊聊，学生给我写信、发短信都亲切地称我为"大龄朋友"，师生的精神面貌少有的好。每天奔走忙碌于两个校区，忙碌在师生之中，我觉得前所未有地充实愉快。

我的校长工作拾零

我来三高当校长已两年有余。想到刚接手时的场面至今让我仍心有余悸。两年来，我和全校师生一道，努力着，改变着；改变着，摸索着；摸索着，思考着；思考着，快乐着。回首我们两年多来的奋斗历程，苦累自不待言，但其间众志成城、苦乐与共、上下一心开大船的呐喊与鼓劲，无不充满收获的喜悦与充实。下面笔者试从平时的工作实践中撷取三两朵印象较深的浪花谈谈个人看法。

一、用诚信换威信

校长这份工作很特殊。特殊在他（她）所管的人：老师是培育人的人，也是需要激励、关心的人；学生是正在成长、进步、发展、有极大的可塑性的人。校长作为学校的最高管理者，一言一行对大家都有极大的影响。如果学校的制度朝令夕改，就很难设想师生不去上行下效。反之，如果校长说话办事丁是丁，卯是卯，不说则已，说了必做，无疑就给大家做了个榜样，正所谓"其身正，不令而行"。我是个不喜张扬的人，平时做人的原则是不让认识自己的人后悔。这一性格用到带班子管理学校，就是每遇一事必充分分析、反复论证有无做的必要，具备不具备做的可能和条件，怎样做才能最大程度上趋利避害，然后再去努力。一旦确定，有无困难都要坚决去做，坚决用行动给大家做出一个姿态，让大家相信学校、相信校长不仅做事有计划、有能力，更难得的是用心，能负责、敢负责。这样就让大家有了主心骨，这样坚持的结果必然是

189

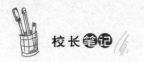

大家愿意追随你，这时的你就从大家形式上的领导变成了精神领袖，你的人格就成了品牌，你的话就会比金子还珍贵。上下有了这份信任还愁工作做不好？有人说有一个好校长就能带出一所好学校，我个人的理解，无论这个校长是什么风格，无论他多么有方法、能力，但前提首先是他必须是个讲诚信的人。其实诚信就是金，诚信本身就是威信，诚信本身就是最好的说服力。工作中，我也曾和同事探讨过不少学校慢慢走下坡路，最后归于失败的原因，结果无一例外地都有领导说话不算数、朝令夕改、政策因人而异的因素。正是有这些前车之鉴，所以我当十年初中校长、两年高中校长都一直坚持"诚信"这一原则。如果说我在师生那里还有点威信的话，那多半都应归功于诚信。

二、为所当为

"为所当为"的下半句应是"不为所不当为"，即"有所为有所不为"。多年当校长的实践和教训让我越来越对这一工作原则有了更深的理解和感悟。2008年年底，我去参加省高级职评，主持工作的副校长又因岳母病故请了假，其间正好赶上全县教育系统督导评估大检查，督导组在我们学校待了一天多，角角落落、方方面面都查了个遍。结果出来后，我校在全县38所中学中以总分第二的成绩受到表彰，没能获得第一不是我们其他方面有问题，而是因为校园操场面积不达标扣了3分，而荣获第一的学校仅比我们高0.5分，也就是说论管理、论成绩我们是毫无疑问的第一。现在想想，我校之所以在校长、副校长都不在的情况下各项工作仍然有条不紊地推进，正是归结于平时的抓大放小，为所当为；换言之，不该我做的我坚决不做，分工是谁就让谁做。一开始也有同志不会做、不敢做，我的办法是先指导再鼓励，实在不行时才从侧面帮帮推推，但绝不代替，最终还得让他（她）去完成。我曾不止一次地给班子成员讲，是你的工作就要大胆放手干，干好是你的成绩，出了问题学校替你负责，你还怕啥？谁都不是天生就能当领导，关键在于学校多给机会让其锻炼，关键在于为大家营造干事创业的氛围。我在初中当校长后来那几年非常轻松，我多去少去都没影响，经常一走十天半个月，学校各项工作井井有条，原因就在于班子成员不仅分工明确，而且个个能打善战，既分工又合作，人人尽职尽责。

来三高虽然才两年，但现在的我早已从最初的繁忙中解脱了出来，因为班子成员各有各的事干，我自然可以腾出时间考虑其他问题。有些当校长的生怕别人做不好，大小事都亲自做，虽然精神可嘉，但效果肯定好不到哪去。刘备没有"过五关斩六将"，也没有"万马军中取人上将"，也不曾"大喝一声、桥断三空、河水倒流"，但这丝毫不影响他是一代枭雄。所以当领导的奥妙不在于你自己是不是英雄，而在于你手下能领导多少英雄。如果你手下尽是英雄替你做这干那，兵来将挡，水来土掩，即使情况再紧急，你照样轻松自如、从容应对。当校长只为其所当为，第一可以少忙，不被杂事琐事缠住，有时间有心情去思考下一步事情，有利于从旁观者的角度发现问题，也有利于从宏观上解决问题。第二可以锻炼手下的人。好多当领导的不明白这一点，事必躬亲，结果自己整天累得要死，手下人整天闲得要死，还烦得要死——因为你不信任他，因为你对他不放心。他们既然无事做，就要找点事情，甚至找些不知从哪里听到的领导的所谓新闻说说讲讲来打发时间。造成这种状况能全怪下级吗？如果领导天天给他们安排的有做不完的事，他们忙得团团转，又生怕干不好领导批评，哪还有闲心说这道那？农村有句俗话叫一个勤快的母亲养了一群懒闺女，这实在是个教训。第三有利于形成班子内争干事、比干事的氛围，有利于扶正压邪。因为大家都在忙正事，邪事自然就少了，整个学校自然也就风清气正了。

三、给自己找些"助理"帮手

我始终在想，好校长的价值到底在哪里？带出一所好学校自然是其一，因为不能带出好学校就称不上是好校长。除此之外还应不应该有其他的作为呢？当然可作为的地方还很多，我首先选了"给自己找些助理帮手"。具体说就是选一些学生当校长助理。这一做法并非我的独创，但我对此举的思考却远没有停留在选几个校长助理这一层面。学生是谁？学生是未来社会的主人，是未来社会的建设者、驾驭者。换句话说，我们今天培养的学生具备什么样的意识和素质，就在很大程度上决定了明天我们的国家向何处走。我个人以为这丝毫不带夸张的成分。当然以我一个校长、一所学校的努力肯定不行，但如果所

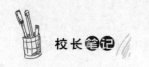

有的校长、所有的学校都去及早着手呢？反之，如果所有的校长和学校都没有这样的危机和责任意识又会如何呢？正是基于这样的思考和责任，我想通过选校长助理这一形式来把明天属于他们的责任在今天就先传递给他们，今天就给他们提供参与和锻炼的平台让他们适应着。我想这对他们一生的发展都会产生不可估量的作用。种子本身不起眼，但种子一旦扎根发芽所产生的能量就会大得不可阻挡。如果我今天仅仅把我的学校管理好，出点成绩，得几块奖牌，这当然也很值得充分肯定；但如果从我的校园、我的学生中成长出很多知名校长，很多知名企业家、政治家、科学家呢？如果他们从现在起就有很强的主人意识、领导意识、责任意识、危机意识，就很自觉地把他们今天的一切与国家明天的发展和民族的兴衰荣辱联系在一起，把这些都当成是他们自己的事，那么这些孩子是不是比别人要清醒很多、幸运很多、成熟很多？如果这样的孩子越多，那我们的国家是不是要幸运很多？诸君千万不要以为我在夸大其词，我甚至以为今天能有这样忧患意识的人不是太多了，而是太少太少了。我在学校选几名校长助理按说是小事，但这小事却是关乎着孩子一生成长的大事，关乎着他们的幸福和家人的期望，所以我想竭尽全力把这些"小事"做好。其实说到底，当校长的天天做的都是些小事，每一件事说起来都不如造艘航母和神七、神九上天那样为万人瞩目，但离开了这些"小事"，离开了种子，那希望又在哪里呢？既然我们的职责就是做这类"小事"，我想我们就应该脚踏实地把这些"小事"做好，在孩子心灵深处播下一粒粒希望的种子，点燃一颗颗希望的火花。请相信当种子成为参天大树时，当火花燃成燎原之势时，我们是有理由为其自豪的。

因为我们做到了为所当为。

当然，校长工作涉及方方面面、千头万绪，远非一篇几千字的短文所能包容。我自知不是高屋建瓴，理论上能有多少新突破之人，而这丝毫不影响我对自己的工作经常总结和反思，以期能用我的前车之鉴和感悟引起共鸣。倘能让众多志同道合者少走点弯路，也不枉我耗费了一个早晨的大好时光。

大家齐动手
——让湖水更清、湖区更靓、校园更美

各位"小龄朋友"：

　　大家现在是高中生，毫无疑问，高中3年的生活、学习、交往经历将深深烙印在大家的心灵深处。在这3年里，陪伴大家苦与乐，倾听大家心灵之声，见证大家成长足迹者，除了你们敬慕的师长和为你们提供服务的叔叔阿姨外，还有校园里的一草一木和一山一水。很显然，校园环境的整洁与否将直接影响着大家的情绪、健康，影响着大家的学习效率和灵感闪现。学习之余，当你漫步于林间小路，徜徉于雅湖之畔，听飞鸟鸣青蛙唱，看蝌蚪游鲤鱼跳，赏荷花之靓丽，嗅桂花之芬芳，感受物我一体、竞相生长之生机；或者置身于整洁雅致的寝室听一曲民乐，感受大漠雄风和边关冷月；或在清新明亮的教室里读一篇散文，咀嚼古之经典、今之哲理；或驰骋于操场之上，酣畅淋漓，青春激荡，争个快慢高下，你胜我强等，我想你肯定会疲劳顿消，勇气倍增，肯定会为能是三高之一员，能分

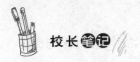

享这良好的环境和氛围而骄傲自豪。但你想过没有，要营造、拥有、保持这一切，需要大家的共同参与和不懈努力，需要大家从里向外喷发"我想做、我快乐"的激情和能量。你我他都只有积极参战的义务，而没有袖手旁观的权利。你若反思一下自己的行为或留心一下身边，总会发现一些不和谐的音符：在寝室被褥不叠，洁具乱放；在教室追逐打闹，桌面凌乱；在餐厅插队踏椅，倒菜扔馍；在校园乱扔纸屑，毁花坏草；往湖里扔棍棒杂物，往墙上跺鞋印、甩墨水，还有晒死蝌蚪、撕毁门帘等。这些行为发生在部分学生身上，却很让全校师生为你们脸红，让众多学生因你们而蒙羞，也让外来者对学校的教育管理产生质疑，所以这绝不是小事。上述恶习不改，对你个人的发展定位也会贻害无穷。为真正实现"让湖水更清、花草更靓、校园更美"的预期目标，让同学们在参与中完成自我教育和自我修正，我建议大家齐动手，一是对寝室、教室、餐厅、湖区及校园各处来一次彻底清理；二是以班为单位，进一步对所辖卫生区明确责任人和奖惩办法，定期检查和督促、评比；三是班与班、寝室与寝室、组与组、人与人展开挑应战；四是加大宣传力度，特别是加大对典型人、事、班、寝室的表扬力度；五是可以试着让学生或级组申请承包管理一棵树、一个花坛，条件成熟时也可按承包者的意愿命名，并由其写下寄语和希望，以期让爱我校园、美我校园成为同学们的自觉行动，成为大家有意锻炼自己、调整自己，为未来储存回忆，留下牵挂的一个永久的"结"。

你们的"大龄朋友"

2012年2月16日

在活动中激发出学生的潜能

1995年，我在城关中学任副校长。围绕部分学生结伙打群架、热衷玩游戏、看不健康书籍等不良现象，我提出利用"五二劳改农场"（后改称周口监狱）的犯人以他们的前车之鉴和教训为学生现身说法，当反面教员。当时领导组成员都说这办法挺新鲜，效果肯定不错。但说到谁来联系、人家愿不愿帮时，大家又都犯了难，校长也认为此法虽好却非常不好办。我自告奋勇揽下了此事。

次日上午，我与学校两名同事一道去了五二农场教育科，除了说明来意外，还特意说到这一做法也等于替他们敞开了一个向社会服务的窗口，也是给服刑犯人多了一个立功赎罪、改过自新的机会。教育科领导听后很受感染，也很热心，不仅满口答应积极配合，并当即根据我们的要求商量了具体方案。经过三次协商和一个多月的筹备，在春暖花开的一个周末，我校千余名师生的校外活动正式拉开了帷幕。

活动的第一个项目是去"五二"农场礼堂，由正在服刑的4名犯人为大家上警示人生课。从学校到"五二"有近三公里，上千人的队伍打着校旗、整整齐齐地穿街而过，景象煞是壮观。在"五二"大礼堂，当20岁上下、身着囚服、剃了光头的4名犯人走上讲台时，台下的学生表现出了少有的震惊。面对上千名学生，想到自己的学生时代，想到他们今日的处境，想到自己给他人造成的伤害，想到自己给家人带去的耻辱和痛苦，4名犯人无一例外都是边讲边哭，台下的学生也大多泪流满面。其中最令大家震惊的是那名商水籍犯人。他原本在扶沟读书，高一、高二时都是全级的佼佼者，因为参加了同学的一次生

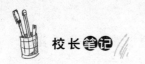

日聚会，因为羡慕聚会场面的奢华，次日正在上晚自习的他稀里糊涂地随别人外出参与了拦车抢劫。虽然事后他只分了三块多钱，但司机被劫时那惊恐的眼神任凭他怎么驱赶都挥之不去。他白天学不进去，晚上睡不着觉，不到半月就不得不退学。事情过去了近一年，他选择了参军。凭着他的聪明和勤奋上进，一年后，入党、提干双喜临门，摆在他面前的可谓是锦绣前程。但就在宣布的前一天，扶沟公安干警到部队带回了他。仅仅是一次糊涂和三元多钱，他被判了整整8年，更不用说什么前途了。当他在台上痛不欲生地忏悔时，上千名孩子既为他惋惜，更感到了不懂法的可怕。犯人都已带离了会场，可孩子们仍呆呆地坐在那里若凝固了一样，好大一会儿才想起向教育科领导鼓掌致谢。

可喜的是，第二年，经过学校和五二农场领导协商，一致同意城关中学与"五二农场"教育科结成"警民共建单位"，并在学校操场由双方领导正式举行赠牌仪式。从此，城关中学每年都要举行一至两次警示教育。此经验很快得以传播，我县三所高中、县城初中、西华师范、淮中、周口教育学院等30多所学校来我校学习座谈，让"犯人现身说法"的经验很快推广到全省、全国，后又扩大至机关干部、在职领导，成了一种极好的警示教育形式。

活动的第二项内容是去贾鲁河畔的槐树林野炊。同学们很少有这样的经历，所以异常兴奋。吃着、说着、笑着，你让我，我让你，显得很是亲切大方。午后2点，学生再次整队过浮桥去"杜岗会师纪念碑"听《杜岗会师》一书的作者郭一平老师讲"杜岗会师"的经过与重大意义，又请来修建"杜岗会师纪念碑"的发起人——当地大队书记讲修碑的经过，同学们听了很受教育，对家乡更加充满了热爱之情。结束后大家捧着郭一平老师赠送的书，争抢着让郭一平老师签名，还缠着老书记讲革命故事。接下来由校团支部组织新团员在纪念碑前举行入团宣誓。看着同学们那一脸庄严和紧握的拳头，听着他们嘹亮的誓言，我感到革命的种子正在他们心中生根发芽。之后以班为单位，举行放风筝比赛。同学们跑着、笑着、追逐着，玩得少有的开心，接近6点才列队返校。考虑到县城学生平时跑路少，一天下来要跑三四十里路，所以各班都特意准备了两辆三轮车做收容车。好多同学明明脚上磨了泡，走路一瘸一拐的，可说什么都不肯坐车，怕失去了这次锻炼的机会。为了巩固活动效果，也为了督促大家将活动内容与自己的学习、思想联系起来，学校组织了征文比赛。

96·2班一男同学刚到家就迫不及待地提笔写征文，母亲这边给他洗着脚、挑着泡，他的"春游系列之一"已经写成，还摇头晃脑地读给妈妈听，然后又去写"之二""之三"。3天时间，他在不耽误上课、做作业的前提下，洋洋洒洒地写成春游系列之四、之五……之二十八，这种效果连我这个发起者都没有料到，由此足见学生中潜藏着多么大的能量。语文老师平时老埋怨学生作文空洞，同学们也总是皱着眉头凑字数，可一旦我们让孩子融入了活动，激活了兴趣，孩子的写作竟然出现了这种"井喷"现象，这是多么喜人啊！

由这次活动我悟出了两点：第一点是反面教员也是教育资源，而且是比较特殊、比较稀缺的教育资源，关键是我们怎样利用，怎样引导；第二点是放手让学生活动，让学生在活动中寻找乐趣，激发潜能，锻炼提高。我们不能总是怕这怕那，更不能怕出事而因噎废食。那样对学校而言可能确实省事，但对同学们而言则意味着丧失很多乐趣和经历失败、成长、锻炼、提升的机会，孩子们什么都不能经历也叫成长吗？

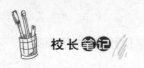

从"大龄朋友"到"校长爸爸"

"大龄朋友"是我来西华三高担任校长后，在《给有志复读学生的一封信》和《致即将迈入三高门槛的高一新生》写信时用的自称，不同的是前面加了个"你们的"。后来每逢和学生书面交流我就一直沿用。我这样对学生称呼自己没有丝毫的作秀与另类之意，也没有向学生讨好之意。我是真心实意想让更多的学生接纳我，让我成为他们的知心朋友。我想让更多的孩子在学习、生活、待人接物等方方面面遇到难题时能首先想到我这个"大龄朋友"，我想竭尽我和学校之力为学生的健康成长、全面发展、少走或不走弯路提供必要的建议、帮助、支撑等。但所有这一切都必须以学生接纳我、信任我为前提。有道是只有亲其师方能信其道，只有真心真情真付出方能换来真信任，所以我想首先由我向大家抛出诚信、友好的橄榄枝，我相信很多学生能理解、能接受。教体局的任命是下了，但我知道让大家从口头上称我为校长到心里敬我为校长，到有困惑和苦楚首先想到我这个校长之间有很远很远的距离。我知道能缩短这一距离者首先是我，其次是我，再次还只能是我。同时我更知道，不能真正走近学生、倾听学生、理解学生就无法更好地引领学生，自然也就不能成为一名真正意义上的校长，所以我别无他途，只有，而且必须放下所谓校长的架子去平等地、用心地、始终如一地和学生沟通。为此，我向全校师生、学生家长公布了我的所有联系方式，手机日夜不关，并承诺有短信必回，有电话必接，有书面来信必书面回复，有面谈预约必尽快安排时间，有家长咨询必耐心解答，有班级邀请必抽身参与，有能和师生接触的机会必好好利用等。我们学校有近5000名师生，这样做的结果的确给自己找了不少"事"：诸如"教室光线暗""寝室纪律乱""班主任不尽责""××老师体罚学生""餐厅饭涨价、不卫生""天冷没带衣服""学习不得方法""考试怯场"等这样那样的要求、问题都来了，最多时一顿饭我就回了上百条短信（当时学校没禁止带手机）。深夜一两点发短信、打手机和电话也不在少数，发牢骚、说难听话者也时有发生。我把这一切都当成对我的信任和鞭策。我相信有话让大家说出来、有气让大家发出来，总比憋在心里强得多，所以我一直乐此不疲地坚持着、忙碌着。有好的建议我积极采纳，管理有漏洞我及时修补，有心理障碍我设法疏导，有"火"有"气"我帮助查找原因等等。这样不光让我多了许多眼睛、耳朵、参谋和军师，也有利于我时刻自警自励不敢忘了自己的职责，当然也让我少走了很多弯路，少做了不少蠢事、错事。有时尽管只是一句话、一声问候、一条短信，但我从中读出了学生的信赖和亲切，我切身感受到了帮助同学、提升自己的充实，也许这就是当教师的乐趣所在。

不知从哪天起，学生对我的态度、看我的眼神变了，学生对我的称呼也从"校长"变成了"大龄朋友"又变成了"校长爸爸"。有好多次，好多学生给我发短信、打电话都用了这一称呼。我的身心都被这超越亲情的称谓和爱戴温暖得热腾腾的。有了这一基础，我的好多想法很快变成了学生的想法和行动，还有好多工作学生做得远远超过了我的期望，并且还都是大家自觉自愿的。学生的积极参与不就是最大的改变和最好的提升吗？模糊记得希腊神话中有个立在地上就力大无比、所向披靡的安泰，我觉得校园、师生就是我的大地。天天和师生苦乐在一起，我的大脑就特活跃，全身上下就有用不完的劲；离开了校园和学生，我的心就发慌，就会感到陌生和无根。我在《梦想做一个永远长不大的孩子王》一文中抒发过这样的快意："如果问我这大半生最正确的选择是什么，我会毫不犹豫地说是'当教师'；最快乐的时光是和同学们在一起，最感兴趣的是观察孩子的一切，进而走入孩子的心里，并适时地帮助他们；最高兴做的是为孩子们的进步和成功喝彩颁奖；最不愿做的是处分学生，心情最满足的时候是读孩子有发现和感悟的时候，最空虚的时候是离开孩子们的日子；最大的梦想是永葆一颗童心，做一个永远'长不大'的孩子王。"在"我的校园我做主"征集活动中，我用这样的话和全校师生共勉：为了三高的繁荣和发展，为了实现我们的共同理想，让我们师生携手，开启智慧之心房，

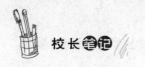

疏浚奔涌之文思，擎起生花之妙笔，仁者见仁、智者见智，让我们的校园文化真正体现大家的意志和追求，成为砥砺大家心系学校、眼盯目标、上下团结、不懈进取的力量之源，成为大家难以割舍的牵挂，成为凝聚全校师生的办学之魂！

　　我非常珍惜脚下这一平台。是无休止的忙碌让我的心理能这么年轻，是学生的爱戴让我能拥有这么多超越血缘的亲情，所以我会不懈努力，争取成为更多孩子的"大龄朋友"！

帮大家留个"结"

　　这是我为我校第一次搜集、整理出版的两本校本教材《爱我西华》《豫东谚语集萃》写的序言。我们的家乡豫东一带既是中原腹地，有着古老的历史遗迹和丰厚的文化底蕴，又是革命老区，随处可见先烈的墓碑，可闻英雄的故事。这些无疑是我们对下一代进行教育、影响的有利条件。但受时下浮躁风气和单纯追求升学率的影响，我们的不少学生却对家乡这块土地的厚重、圣洁、传说、变迁等所知甚少，这实在是个缺憾。他们都是从家乡这块热土上成长起来的，我们应该帮他们补上这一课。我校既然倡导"文化立校"，我认为就应该尽可能地丰富、拓展校园文化的内涵。所以我们才让全校师生一起参与了这

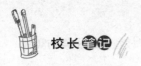

一活动，目的在于通过这次走访、了解，进而成文的过程，促使大家了解家乡、热爱家乡。这也正是笔者所期望实现的借助一次次活动帮大家留个"心结"的用意所在。

　　"文化"一词近几年被大家提得很多，也提得很响。我个人理解这既是一种时尚，更是一种回归。我不是个喜欢跟风的人，但这些年在营造校园文化氛围方面却绝对是不遗余力。任何一个学校都有个名字，这不重要，重要的是一提到某一校名，立刻应有些与众不同的东西让人耳目一新，怦然心动；应有些特有的东西让人魂牵梦绕、刻骨铭心；应有很特殊的地方让人总想着过来转转看看，找找想想。而要做到这一点，就必须给校园注入文化的内涵。我从1999年到2009年在城关中学当了10年校长、书记，来三高当校长已3年多。与其说我在各方面都很努力，不如说我一直想在校园里，在一次次大大小小的活动中，帮所有师生以及来过这里的人们留个"结"，留个无论明天走到哪，无论将来做什么都忘不掉、放不下的"心结"。其实，城关中学、西华三高都是我县很普通的初、高中，校园里也没有什么值得炫耀的这高楼那名屋，但这丝毫不应该妨碍大家"记"住这个地方和这段时光。为此就必须把每个平常的日子变成对大家来说是特别有意义的日子，把每个原本不起眼的地方变成非常值得关注的地方。比如说校园有一小段路很平常，但如果这条小路是你给命名的还平常吗？又如教学楼有块墙壁很平常，但如果这里悬挂的是自己的"名言"还平常吗？再如学校搞一次集会很平常，但如果这次集会是特意为某一学生的成长进步颁奖授牌对他而言还平常吗？如果一个学校真能把这每一个平常的地方、平常的日子变成一个个"不平常"，那这个学校还能不被大家记住吗？北大的"未名湖"也不过是个很不起眼儿的小水坑，但去的人多了，记住她的人多了，称道她的人多了，这"未名湖"不就成"有名湖"了吗？我们的学校虽然不敢跟北大比，但没有人不让我们有梦想、有追求。也许今天我们的一个创意就是明天一批人的成功，所以我们完全可以理直气壮地去努力。

　　西华三高极力倡导"文化立校，科研兴校；全员参与，全面提高"。这里的"文化立校"，意在让大家把根扎在博大精深的国学厚土和民族精华之中，我相信只要根深就不愁叶茂！"科研兴校"是想让大家在学习借鉴古今中外教育教学理念的基础上勇于探索，敢于创新。"全员参与"的"全员"是全体学生吗？也是也不全是；是全校师生吗？也是也不全是；是全体家长吗？也是也不全是。这里的"全员"是所有关心三高、支持三高发展的人。显然，只有人多才能成势，只有多参与才能多受锻炼。所谓"全面提高"既包括学生的德智体美劳能力的培养，也包含学生参与意识、自立意识、责任意识的确立，还包含教师的成长成功成名成家，也有学校的内涵丰富和品位提升。说到底是渴望实现学校教师学生一同成长、一起发展。

我常常思考学校应该是个"啥地方"这一问题。很显然，学校首先是师生工作、学习、生活的地方，所以这里环境要宽松舒适，要让大家一来就不想走；学校还是教师陪伴、引领学生成才圆梦的地方，所以这里风气要正，氛围要浓，要能真正适应鹰击长空，龙行大海，马骋草原，鸟唱树梢；学校还应该是大家的心灵家园和精神乐园，得让他们感到在这里工作、学习是快乐，是享受，而不是有些人形容的什么"魔鬼训练营"或悬梁刺股。也只有如此，才能称得上真正意义上的学校——至少我这样认为。

我很惭愧自己明白这些太少也太晚。我很清楚我们的学校离这些目标还相距很远，所以我们认真设计每一次活动，为师生搭建各种平台。为此，我们发起校园文化建设，倡导人人参与，于是校徽设计，校歌填词谱曲，校训、校风、教风、学风选定，校园路楼亭湖命名等无不出自师生的智慧，连教学楼上悬挂的也全是学生的"名人名言"；为此，我们设立了"励志长廊"，用往届优秀毕业生的成长经历激励在校学生；为此，我们建起文化长廊和历史长廊，让古今中外的哲人名人伟人天天和学生面对面交流；为此，我们发起在学生中选聘"校长助理"，让他们及早树立参与意识和管理意识；为此，我们成立"青年志愿者团队"，让他们在为大家的服务和奉献中体验"送人玫瑰，手有余香"的快乐；为此，我们在高考前夕举行"爱心接力棒"传递仪式，以此把全校师生紧紧凝聚在一起；为此，我们提倡周周有活动，班班有特色，人人有特长，个个都快乐；为此，我们……

这次，我们利用近一年的时间，搜集整理出版两本校本教材，仍然是我们进行校园文化建设的一个组成部分。校园文化如果仅仅局限于"校园"，我总感觉太窄太小，我想把尽可能多的好东西包容进来。西华过去是革命老区，今天是一块充满发展潜力和后劲的热土，再往古时追溯还有灿烂的历史文化，时人有"两千年看北京，三千年看陕西，六千年看河南，河南看周口"之说。但令人遗憾的是，今天的孩子学业过重，时间过紧，心绪太躁，对家乡的风土人情、过去现在，对家乡的厚重，对祖先的聪明智慧了解得太少太少。我认为这很让我们脸红，同时也很不利于培养孩子们对家乡的自豪感和自信心，所以我们应该设法弥补。两本校本教材的名字一为《爱我西华》，一为《豫东谚语集萃》。前者是想引导孩子们了解西华，进而爱我西华；后者则着眼于豫东，不然就割裂了豫东地域文化的整体性。也许有人会担心高中生学习这么紧张，去搜集这些东西会不会耽误时间。对此，我的看法是一旦孩子们明白了为啥学、为谁学，他们会为此迸发更多的热情和能量，所以我们丝毫不必过虑。负责搜集、整理这些资料的李世昌、郭立民老师都是我校责任心很强的老同志，从接受任务到今天他们不知牺牲了多少休息时间、耽误了多少家事，但他们很乐意。经常参与讨论、修改、校对文稿的薛国政老师虽不在我校工作，但凭着"西华教育一家亲"的热情与气度，不辞辛劳，为两本书的脱稿付梓做了大量的工作。还有我校语文组老师以及众多的班主任、学生和家长，都有一种倾尽全力把好事办成好事的热望和冲动，所以才有了这两只"丑小鸭"的问世。限于时间和能力，我们无法把它们打扮得最美最好，但我想大家积极参与着、努力着，自己教育着自己，也砥砺着大家，这就够了。这也可能就是这件事的意义所在。

我是这件事的发起者、参与者之一。欣闻两个集子即将付印，心潮澎湃，不能自已，用寒假的一个早晨写下了这段文字，以借机和大家进行一次心理交流。但愿我的坦诚和热情能打动你。我相信，为三高鼓掌加油的人多了，三高前行的步伐就会更轻更快，三高的校园文化也会及早形成自己的独有特色。真希望你也能成为三高的朋友，更希望我也能成为你的朋友。

谢谢！

三高的希望

——为三高教职工春节联欢会而作

（诗朗诵：三高领导组全体成员）

我骄傲，我是三高这个优秀群体的一名教职工，
我自豪，我还是这优秀群体的一名排头兵；
我很高兴，能在这里结识这么多既爱工作又懂生活的创业者，
我很庆幸，能与大家一道咬紧牙关、克难攻坚，实现我们共同追求的梦。

我至今仍记得，刚来三高报到时的情形，
我至今仍记得，班子刚成立时全校教职工那低迷的神情；
今天，我想自豪地说，这一切早已成为过去，
今天，我想骄傲地说，今天的三高赢得的是社会各界的一片赞美之声。

当然，我深深明白，为了这一切，三高的教职工付出了多少艰辛，
当然，我深深明白，为了这一切，三高的教职工又是怎样的忍辱负重；
当然，我深深明白，立足三尺讲台挥洒汗水已成为大家的神圣天职，
当然，我深深明白，甘当人梯托起明天的太阳早已变成大家的自觉行动。

忘不了班主任程高威、冯宏伟、戚连庆、吴晓迪、袁泽潭、李联征、宋

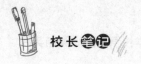

保罗、李卫周、史恒、何浩等等等等，

忘不了这一连串名字都在诠释着一个信念，为三高冲出低谷苦拼硬撑；

早披晨露、夜伴寒星、夏战酷暑、冬喝冷风是他们的家常便饭，

不是父母、胜似父母、言传身教、苦乐与共早已变成他们的一贯作风。

忘不了任课教师李娟、张晓凤、金姬辉、容二齐、王春霞、程春燕、张松阳、姜记灵、王俊丽等等等等，

忘不了，这一连串的名字都在表明一种追求，用自己的行动唤起学生的感动；

为了学生执着探索，精益求精，他们坚信的是只要功夫真，铁杵照样可磨针，

为了学生顾不上照顾自己的孩子和生病的家人，他们懂得在学校艰难爬坡的时候不拼不行。

忘不了张秀、裴小四、王宏哲、朱振华、张新生、王保珠、孙胜利等等等等，

忘不了，这一连串名字都在弘扬着一种精神，是螺丝钉就要发挥最大效能；

为了工作，他们说了很多，做得更多，他们说得好做得更好，

为了工作，他们上通下达，多方协调，他们用行动证明着心动。

忘不了凌闯随叫随到，哪里需要哪里跑，向来不讲分工不分工，

忘不了学生称道的"朱哥哥"朱号力，热情助人，高高兴兴当一名幕后英雄；

忘不了梁分成腿勤手勤心更勤，只会扎实工作，从不计较名和利，

忘不了王红霞同学们心目中的"及时雨"，校园里随处可见她忙碌的身影；

忘不了牟登敏工作不分分内分外，但又格外坚持原则，

忘不了赵春梅工作细心，态度和蔼，加班不分天晚和黎明；

忘不了陈云雷一日三餐奔波于两院餐厅，为学生饮食严守安全红线，

忘不了朱东升寒来暑往，周末假日，既注意节约，又确保水通灯明；

忘不了张铁军长年奔波于教育局、财政局及所有职能部门，用一人的辛苦维系全校的经费运转，

忘不了时林林不厌其烦地楼上楼下调课查课，及时与领导和同事进行沟通；

忘不了，还有很多很多的有名和无名的人和事，

忘不了，还有很多很多大家已知和不知的奉献和感动。

其实，你们做得要比我们说到的要多要好，你们想的比我们想的还远还长，

其实，你们做是因为你们想做愿做，做不好就会睡不好吃不香；

我想说，对学生而言，你们就是冬天的太阳，夏天的阴凉，就是做人的标高，

我想说，对学校而言，你们是报晓的鸡，是负重的牛，是承前启后、创造三高辉煌的希望；

我想说，对家长而言，你们是责任和信任的化身，承载的是他们明天的幸福，

我想说，对祖国而言，你们是大厦的根基，是民族的脊梁，是为祖国的未来培育着栋梁。

我骄傲，我是三高这一优秀群体的一名教职工，

我自豪，我还是这优秀群体的一名排头兵；

我很高兴，能与大家在这里唱歌跳舞赶走一年的苦和累，

我很激动，能与大家在这里共话三高更加美好的明天，感受身为一名三高人的尊严和成功！

最后，我们想拜托大家把今天的欢乐带回家，你、你们、你们大家都高兴，就是我们的最大高兴！

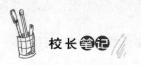

重阳节前的求助

各位老师、亲爱的"小龄朋友"：

古语讲，家有老人是块宝。可惜时下有不少儿女都把"宝"当成了包袱和累赘，听着看着真让人很揪心。

我校有30多位退休教师。从这个意义上讲，我们能拥有30多块"宝"真不算穷。我在想，身为校长，我该如何做，才能把"宝"真正当成"宝"？才能让"宝"真正突出其地位和价值，才能让"宝"得到应有的礼遇和尊重呢？

他们中年长者已近百岁，年轻者也多是古稀耄耋之年。他们中有的家庭条件不是太好，有的疾病缠身，痛苦不堪，有的子女不在身边，很是孤独。但别管年纪多大，家境如何，距离远近，每到重阳日，他们总要从不同的方向，选择不同的方式赶到这里，来参加学校一年一度的重阳聚。有几个身体较差的都是让老伴或儿女送来的，还有那位90多岁的胡老师年年总是乐呵呵地骑着电动三轮接着80多岁的李老师一起来。我想这可能就是我和大家所竭力营造又倍加呵护的"三高情结"吧！

因为条件制约，物质上学校不可能帮他们太多；因为杂事缠身，时间上我也无法抽出很多；因为居住分散，每年想去看望一遍都近乎奢望。我知道，他们也不在意这些，他们对我、对学校都是那样的宽容、理解。但心理上呢？精神上呢？我能不能多给些关心、呵护？能不能利用现有条件让每年一次的重阳相聚变成老教师们的一次精神大餐，变成一次心理回归，变成值得老教师们永久珍藏的幸福回忆？我想这是我能做的，也是我该做的。一年又一年，一次又一次，他们愿来能来想来，本身就是对学校的最大关心支持，就是对我本人的最好信任和鞭策。我知道每年相聚时他们中总会"走"一个或三两个,这是我们大家不愿看到又必须面对的。唯其如此,我才想把每年的"这一次"做成让大家最留恋的一次。毕竟,能以校长的荣誉为大家操心服务的机会在我也很有限,所以我必须加倍用心。

前年重阳,我们在校园"柳荷雅趣"湖畔让师生为老教师表演了节目,让擅长徽雕的学生为每位老教师在所赠的手电筒上雕上"光明行——西华三高2011年重阳节赠",并让老教师在湖边垂钓,下象棋、军棋,打扑克。临结束时,当年已80岁的石老师手捧刚钓的鲤鱼放入湖中时,我和在场的师生分明又沐浴了一次长者的慈祥和博爱洗礼。我知道,那次活动成功了!

大前年请大家一道参加了西华三高建校二十周年校庆,去年邀请大家去三高老校园体验感受了学校近三年的变化。今年呢?今年我们应该用什么样的方式欢迎老教师们回来呢?该给他们营造一个什么样的氛围让他们铭记呢?

我深感一个人思路狭窄,所以想请大家帮帮我,帮帮学校把今年的重阳节办得更好更有特色。

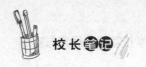

同心留梦园

这是西华三高特有的园，我们称她为"同心留梦园"。

同心者，是为上下同心，内外同心；留梦者，乃望师生因园而寻梦追梦，乃望三高是校园是乐园是梦想成真的福源。

今天，西华三高还很普通，但三高师生梦想远大，追梦执着。我们相信有朝一日，大家会像称道"未名湖""燕园"一样称道"同心留梦园"，称道三高和三高人。

人因多而成众，树因多而成林。故望"同心园"也是你的园，"留梦园"也有你的梦。

致全校学生和所有家长的一封
公开信

亲爱的"小龄朋友"并各位家长：

又是一年春来到。请允许我代表全校师生向各位"小龄朋友"并所有家长致以新春的问候！

即将过去的一年，西华三高在你们和各级各界的鼎力支持下，高考、统考、校风校纪、教学改革、学生自我成长设计和自我约束等都取得了骄人的成绩和长足的发展，赢得了全县上下的交口称赞。这些我不再多说，因为成绩不说跑不了，方向不明干不好。我今天主要想跟你们聊聊我个人的建议和学校的下一步设想，以期能对各位"小龄朋友"的成长发展有所帮助。

我想给各位"小龄朋友"说的是，放假不等于放松，不等于睡睡懒觉和跑跑玩玩。你们要利用寒假和亲人团聚的机会，把对亲人的爱、思念大声说出来，用行动表现出来，要让家人从你的言行中看到你的进步，分享你的成长快乐，从而为家人过节多添一份喜悦。

利用寒假你还应去看望一下你的小学、初中老师，约约你的童年伙伴，收集一些好的春联，了解一些过年的风俗，适当搞些乡情调查，留心一下逸闻趣事，力所能及地帮帮年老体弱困难的，以便多渠道融入社会，为未来早做准备。

同时还要牢记你是学生，得空翻翻书还是必要的。过节后学校计划搞一次寒假征文大赛，诸如"我的快乐寒假""我的假期我做主""寒假收获一二三""寒假趣事"等，希望届时能有你的佳作获奖。

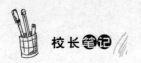

校长笔记

　　我想给家长朋友建言的是，爱他们不要惯他们，要教他们做事而不要替他们做事，可给他们钱但不能让他们乱花钱。孩子是你们的，也是国家和社会的。相信你们和我一样希望他们早成才、成大才，我以为最好最有效的办法是及早引导他们学会独立。

　　关于学生管理，下一步学校除了继续完善推进从学生中选聘"校长助理""青年志愿者""学生会"等有效措施外，还准备成立"学生自治委员会"和"家长委员会"，以便最大限度鼓励和促进学生树立参与意识，最大限度利用家长关心支持学校工作的优势，用好用活校内校外资源，帮助并督促学校提升管理层次，尽快实现学生快乐成才，学校快速发展，家长同步提升，全县上下满意的预期目标。

　　希望并相信你们会积极参与，同时欢迎并期待着家长朋友对我个人多多批评。

　　谨致

诚挚　祝福！

西华三高校长

2015年1月29日

语文与阅读
教学之我见

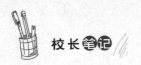

分析课文要善于牵"牛鼻子"

所谓牵"牛鼻子",意即抓关键,理如打蛇打七寸、破竹先破节。本文所谈之牵"牛鼻子",是说分析课文时要善于抓住语境。建筑上讲究参差错落,浑然和谐;书法上注重首尾相衔,气脉连贯。那么写文章呢?同样讲究文气连贯,衔接自然。其实,无论一个词一个句子,抛开特定的语言环境,去孤立地探讨其表达效果,往往是很难说清楚的。一旦放到具体的语言环境中,纵然是同样一个词或一个句子,效果立刻会大不一样。这一点,任何一个作者都不能不考虑。而我们作为读者,分析理解课文,同样应该从关注语言环境入手。比如"闹"这个字,单独看并没有什么特别之处,有时还有点令人讨厌。但它出现在"红杏枝头春意闹"这句诗中时,就立刻使全句为之生色,把只可意会不可言传的春意,表现得可感可触可闻,令读者难以忘却。再如"绿"字,孤立地说它只表示一种颜色,但提到它,人们马上会想到"春风又绿江南岸"这一名句,想到作者几经斟酌、筛选,终于选定"绿"这个词的佳话。该句因"绿"这个词而成名句,而"绿"也因此出尽风头,备受青睐。

上述二例是从词语的选用角度强调语境的关键作用。下面,再从分析句子的角度谈谈分析课文必须重视语境的道理。

著名作家孙犁的小说《荷花淀》中有这么一句话:"'出来吧!你们。'好像带着很大的气。"这是那些丈夫们用来责怪包括自己老婆在内的女人们的话,我以为放在这里效果极好。请看前面的背景:如文中所写,这几个青年妇女是因了"藕断丝连"才偷跑出来看丈夫的,这份浓情蜜意,是很感动人的。但毕竟当时正处于血雨腥风的战争年代,此行须冒了很多危险,而且她们这次还真的碰上了日本鬼子的汽艇，差一点儿没被活捉了去。当丈夫的又亲眼看见，能不担心生气？令人哭笑不得的是，她们的到来，又意外地帮了游击队的大忙，让大家痛快地打了一场伏击战，论功可赏。此情此景，真真让丈夫们怒而不忍，爱又不能。但想到战争的残酷和若被抓住的可怕，做丈夫的哪怕是为了她们的安全起见，也得吓吓她们，所以出口就嚷"出来吧"，之后才说"你们"。细品此话，嗔在其外，爱在其中，忧在其后。气自然不是真生，因而作者又饶了一句："好像带着很大的气。"一个"好像"，真切而恰到好处地表达了丈夫们的心态。

其实这句话同"你们出来吧"一字不差，只是颠倒了顺序，但其效果则是大相径庭甚或不可同日而语了。

又如"大约是怀着嫉妒罢——那简直是一定的。"（鲁迅《论雷峰塔的倒掉》）该句重有千钧，利如刀刃，使全文裹雷挟电，呼啸而来，极富战斗力。读者知道，该文写于30年代，当时封建卫道士如老法海者，屡屡作恶；追求爱情之青年如白素贞者，惨遭蹂躏。凡此种种，对于高举反帝反封建大旗的斗士鲁迅来讲，自然是怒不可遏了。法海与白蛇之争，久有传闻，时人颇有争议。鲁迅一要揭露法海，二要唤醒众人。因此在行文中，先用揣测作纵笔，给老法海们以甜头，同时又不能让读者有臆断之感，所以用"简直"来加重肯定语气，这就牢牢地将法海钉在了"嫉妒"的耻辱柱上，真是一语中的，大快人心！其用语之活泼尖锐，实非其他句式所能替代。总之，要透彻地分析出作者的本意，就必须将该句放到全文的整个"语境"中，而要分析全文，则必须将其放到当时那个特定的时代背景之中。可以说，整个时代就是其不可忽视的特定"语境"。

最后再从分析段落的角度，谈谈为什么要重视语境。

如果说，分析词语、句子必须注意语境的话，那么，分析段落则更应将语境放宽放大。较长的段落自不必说，但就那些前呼后应或衔接过渡的段落看，离开了语境也无从谈起。比如分析一个"前呼"的段落，我们必须弄清它是呼一层、呼一段，还是呼全文，然后再看它呼得巧不巧。分析过渡段也是一样，我们只有联系上下文，才能看清它过渡得是否自然巧妙，能否收到天衣无缝之效。语境的问题搞清楚了，文章的层次、主题自然就出来了。

　　不仅如此，我们分析某种写法、某一人物，同样必须结合语境。如丁玲在《太照在桑干河上》中写果树园景物一段，就恰到好处地烘托出了当时中国农村的欢乐气氛，衬托了翻身农民的喜悦心情。这"恰到好处"，就是说这段景物描写与上下文这一语境吻合自然，巧手天成，非如此则不足以增色。再如分析孔乙己这个人物。很显然，孔乙己是封建科举制度的产物，孔的言语、举动、穿着是其思想的外在表现。换言之，孔的思想是其言语、举动、穿着的内在"语境"，而封建科举制度是制造孔这一典型人物的"特定语境"。因此，分析时如不善于抓住这些"语境"，不仅多费时间，而且常常得不出正确结论。

　　综上所述，善于抓住"语境"，显然是我们在较少的时间内，准确理解一篇课文的捷径，也是必由之路。这些年来，笔者曾见到一些老师一上课先抄解词，却很少与课文相联系。现在这种做法虽然不是多普遍，但中招、高招中，语文失分最多的还多是现代文分析这一块儿。我认为，造成这种状况，不能不说和我们的语文教师平时在这方面强调、引导较少有关。由于学生平时没有在脑海里树立"整体阅读"（注重语境）这个概念，因而只知就词说词、就句子说句子，似乎多看一点上下文都嫌费事费时。其实这是最典型的欲速则不达。你想，作家能写文章、能写让人百读不厌的文章，难道就是因为他们识字比我们多吗？完全不是，好文章也并不见得多用生字、生词。为什么同样是那几千个常用汉字，到他们笔下就妙笔生花，到我们笔下就干瘦如猴？道理很简单，用数学老师的话说，这里面有个排列组合问题，就像作曲家为什么能用那几个平淡无奇的音符组合成无数的美妙乐曲一样。笔者在教学中，也曾遇到学生这样问道："老师，这篇课文一没生字，二没新词，读啥哩？"其实这正是不得阅读要领、不懂语境重要性的表现。至于让他有意识地联系上下文去解答各种问题，那只能更是一句空话。鉴于此，笔者以为，分析课文时，应该从微观——词、句、段入手，从宏观——全句、全段、全文及至作者同类作品或同时代同类作品着眼。这样，我们分析问题或阅读文章，才能高屋建瓴、全面客观，所得结论也才会正确、深刻。

语文教师与引导学生学会阅读

我是"文革"结束那年读完的高中。当时应该说是比较喜欢读书，但苦于无太多书可读，所以走出高中校门时我心中很是茫然。

毕业后我当了民师，开始教语文，不料这一教就是30多年。关于语文的重要，关于语文教学中引导学生喜欢阅读的重要，是我在后来的教学实践中逐渐感悟到的。为什么大家都习惯称语文为"国语"或"母语"？为什么从小学到初中、高中、大学都要开设语文课？说到底就是因为我们无论干什么都离不开语文。现在想想，所谓理解能力、想象能力、感悟能力等大多不都是靠语文这门学科来培养的吗？说到语文，就不能不提阅读和背诵。其实上述很多能力都是在一遍遍地反复阅读中逐渐积累、培养的。语文教师的首要任务、次要任务、再次要任务我认为都离不开激活、唤醒、保持、养成学生的阅读兴趣，离开了培养和激发学生的阅读兴趣，我不知道语文老师还能做什么。学生语文水平的提高，靠老师的讲解分析是个办法，但我认为最简便、最直接、最有效、最常用的途径还是靠学生大量的、饶有兴趣的阅读。学生一旦喜欢上了阅读，一旦能不断品尝到阅读带给他们的启迪和快感，那他们就会见缝插针挤时间读，就会东跑西借找书读，就会想方设法和书友互相质疑、分享体会，就会不断提升读书的层次和追求。这样还用发愁他们的语文水平不能提高吗？

关于阅读在语文学习中的重要，古今中外很多大师、先哲、专家等都从不同的角度予以强调。怀特海智慧教育研究中心课题编委会编著的《阅读，是最好的教育》序言中说："除了阅读，我不知道还有什么教育比它更有效。"苏联著名教育家苏霍姆林斯基说："书籍如同空气一样，是每个人必需的。"

那么，阅读就是一个人的呼吸（《阅读，是最好的教育》）。"阅读能力是当今社会人们获得成功的基础"——美国国家研究院早期儿童阅读委员会的研究报告也开宗明义地提出了这个观点。还有研究者大声疾呼：阅读是学习的基础。换言之，不会阅读就等于不会学习或无法学习。阅读还可以提升孩子的想象力。爱因斯坦说："想象力比知识更重要，因为知识是有限的，而想象力概括着世界上的一切，推动着进步，而且是知识进化的源泉。"我想，用不着再多列举，大家一定能品味出阅读在语文教学和语文学习中的分量。甚至可以这样说，一名语文老师若不能引领学生进入喜欢阅读、争相阅读的理想境界，就等于失了本，就等于锄了别人的田，荒了自己的园，而且孩子们的这种阅读是开始得越早越好。我们的祖先为什么把孩子的"开蒙"（或"蒙学"）时间定为4岁，其实就是说4岁时孩子们已具备了相应的阅读、表达能力，古今中外好多"神童"的例子就是最好的证明。有些人极力反对死记硬背，我看大可不必。一是不理解并不妨碍孩子的熟读成诵，二是有很多内容也确实不是一天两天、一遍两遍就能弄懂的。近些年，有一种相当普遍的现象让人十分担忧：即电视、电脑的普及让孩子在屏幕前待的时间越来越长，兴趣也越来越浓，随之而来的却是喜欢阅读的孩子越来越少。现在各个阶段的学生对文字和语言的理解、驾驭能力都在日渐萎缩，高中生甚至中文系大学生不能用标准的格式写成一封文情并茂的书信，好多装帧考究的书和场面盛大的活动宣传彩页中出现病句、别字、生搬硬套，政府的公文、领导的讲话稿出现层次混乱、标点乱用等都成了家常便饭。所有这一切我认为都与不少人不喜欢阅读、不会阅读、阅读面太窄、知识积累太少有直接关系。有感于此，我认为所有语文同行别管用哪种教法，别管教的是哪个级段，在引导学生喜欢阅读方面都要舍得花时间、下功夫、想办法，我觉得这才是回归到了语文教学之"本"。俗话说"熟读唐诗三百首，不会作诗也会吟"，只要开水瓶中贮满开水，啥时想倒出一杯来还不是再轻松不过的事吗？

"借代"新说

"借代"是常用的修辞手法之一。关于它的定义，有关专家曾做了多种解释：

"借代"是不直接说出事物本来的名称，而借用与之有关联的事物来代替表达的一种修辞方法。其作用是在于它具体形象，能引起人们的联想，加深印象[①]。

"借代"是本体不出现，或无须点出，或为了使语言幽默新颖，因而换个与本体相关的具体的或形象的事物作为代替。"借代"可使语言花样翻新，简洁生动[②]。

上述说法虽然不一，但有三点明显相同：一是代体代替本体出现；二是二者间有相关性；三是运用借代的目的是为了使语言具体形象、简洁生动。根据代体和本体间的不同关系，人们又把借代分为用特征或标记代人或物、用部分代整体、用特称代泛称、用泛称代特称、用具体代抽象、用实数代虚数、用处所代人或物等多种情况，这无疑都是恰当的。

根据"借代"的定义特点，在平时的读书中，我发现有些语言现象也应归属到"借代"之列，但又不大为人们注意。这里试举一二，借以说明。

如《红楼梦》中林黛玉《葬花辞》中有这么一句"一抔净土掩风流"[③]。应该说，"风流"是个比较抽象的词语，但在这句话中却用作代体。它既包含有林黛玉青春的躯体、美丽的容颜，也包含有林黛玉出众的才华和满腹的学识等。这样不仅使语言极为简洁，而且非常含蓄，耐人咀嚼，绝非其他词语可随便代替。

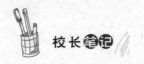

再如《这就是我》一文中，"一旦榜上无名，年轻的脸上写满痛苦，但他从不自暴自弃"④。一看便知，这里的"痛苦"代替的是脸上出现的"痛苦的表情"。自然，这"痛苦"并不是什么具体的东西，但它却给读者留下了无穷的想象、回味余地，效果自不待言。

还如"我的不远千里，要从杭州赶上青岛，更要从青岛赶上北平来的理由，也不过想饱尝一尝这'秋'，这故都的秋味"⑤。这里，"秋"也是用笼统、抽象的概念代具体的事物，其中包括故都秋天的景色、秋天的果实、秋天的凉爽天气、秋天的无尽情趣等。作者仅用一"秋"字，却将诸多内涵包容殆尽。试想，如果作者真的将上述内容——说出，那又该是多么的乏味平淡！由此可见，作者遣词用语多么经济而又耐人寻味。

类似的例子在散文《羞女山》中也可见到："一位须发皆白的老爹坦然地说：'这叫"美女晒羞"哩！是我们咯乡里的一方景致。'"⑥读过该文的自然不难看出，句中的"羞"是指美女的裸体。裸体历来不宜随便为人所看，更何况是美女的裸体呢？所以当地人用"羞"这一抽象的概念来代替。既高雅，又含蓄，美感、意趣自此而生，让读者不能不佩服。

其实这类现象在日常生活中也常遇到。一次，一位小伙子跟同院的一位女麻醉师开玩笑："××，今天得请客呀！""为什么？""你今天有机会偷看人家的青春啦，还不该呀？"原来这天院里的一位男同事要做阑尾炎手术，女麻醉师自然要不离左右，于是那小伙子就用"偷看青春"戏谑她偷看人家的裸体。玩笑开得幽默含蓄，又不失风雅。显然"青春"也是比较笼统、抽象的概念。

笔者以为上述这类语言现象完全符合"借代"的特点，应该归到"借代"的家族当中。只不过原来人们在界定什么叫"借代"的时候，没有注意到这些现象而已。由此笔者斗胆认为是不是可以这样解释：

"借代"，是本体不出现，或不须出现，或为了使语言幽默、新颖，因而换个与本体相关联的具体或形象的事物，也可以是用一笼统、抽象的概念来代替本体的一种修辞方法。目的除了使语言具体形象、生动简洁外，还可以是为了使语言幽默含蓄，耐人品味。"借代"的种类也应再加入一类，即用抽象、笼统的概念代替某一具体或多种事物。

① 江苏四所师院《现代汉语》编写组编，下册168页。

② 宋耕:《中学修辞格分析》，文心出版社73页。

③ 曹雪芹:《红楼梦》120回本，人民文学出版社第27回383页。

④ 杜争:《这就是我》,《时代青年》1993年11期32页。

⑤ 郁达夫:《故都的秋》，高语二册279页。

⑥ 叶梦:《羞女山》,《1980—1984散文选》596页。

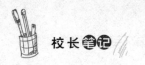

不算捷径的"捷径"

——语文阅读方法浅议

近几年的中、高招语文试卷，考查学生阅读理解的题目所占的比例一直比较大，而测试的结果却很不理想。学生普遍反映此类题无从下手，不好琢磨，抽样调查的结果也确实证明此类题失分最多。这说明学生对于读什么、怎样读尚不清楚，可见加强阅读指导既非常重要，又十分急迫。针对这一情况，笔者结合自己的教学实践，摸索总结出了"四联系一拓展"的阅读方法，学生试用后反映较好，现简述于下。

一要联系"课前提示"和"课后练习"。细读几篇"课前提示"不难发现，"课前提示"是打开课文重点、难点之门的钥匙，是引导学生尽快走出课文迷宫的向导。仔细研究它并有意识地指导自己的阅读和思考，就会既快又准地理清课文脉络，把握课文精髓，收事半功倍之效。这和我们平时走路一样，只有目标明确，才可能把准方向；否则，就只能空耗时间，于事无补。

至于"课后训练"，一般都是围绕课文中的重点、难点、易混点而设计的。它是检验学生对重点、难点理解得准不准、易混点辨析得清不清的一把尺子，同时也是提高学生动脑、动口、动笔能力的必要训练方式。因而读课文时，应把它考虑在内，促使和帮助自己在关键处多下功夫。这样，读课文就不会感到无事可做、为读课文而读课文了。

二要联系同单元的另几篇课文。我们知道，现行语文教材很注意单元的整体性。同一单元中的几篇课文，在取材、构思、表现手法等方面往往同中有异。这里的所谓"联系"，就是要有意识地将几篇课文放在一起进行比较阅读，以便发现它们的相同点、不同点及各自的妙处。如果说第一个"联系"是偏重于一篇课文，即一个点的话，那么做好第二个"联系"就会变几个点为一个小面，同时还可利用相同点，减少阅读时间，从某种意义上说，也是为了"举一反三"。有经验的学生还可以根据各单元的课文来揣摩编者的用意，进而把握出题的趋向。倘若能将各单元和"教材说明"放到一起加以整体思考的话，那么学生的学习就会进入一个更高的层次。

三要联系"单元知识和训练"。平时评阅学生的试卷，常发现学生在分析课文写法、结构方式时有张冠李戴、随便臆测的现象，其实这正是对那些内容从理论上缺乏理解所致。"单元知识训练"一般多是针对本单元课文中出现的新概念、新结构等做理论上的分析。比如高三第一单元是议论文，有的文章的结构既新颖又典型，"单元知识"就专门讲"论证的思路和结构"，并设计了有关练习题。如果学生能在读课文时注意用"单元知识"中的理论阐释做指导，又反过来注意用课文中的实例去印证和加深对理论知识的理解，真正做到心领神会后再去做训练题，那就完全可以避免概念混淆或理论和应用对不上号的现象发生。

四要注意联系以往学过或读过的同类作品、同一作家的作品。擅长理科的同学都非常注意知识的前后连贯，经常进行分类整理，其实这一方法在阅读理解课文时也同样适用。比如读《范进中举》就应该联系《孔乙己》，从中发现封建科举制度对知识分子的毒害之深；读茅盾的《风景谈》，可联系吴伯箫的《菜园小记》《记一辆纺车》，进而体会延安军民为粉碎敌人的封锁，渡过难关，是怎样团结一致、昂扬向上、以苦为乐的；再如读《春蚕》，当然应该想到《多收了三五斗》，从而对旧中国30年代农村"丰收成灾"的社会现实加深认识。其实，倘若我们每读一篇课文，都有意识地去这样联系，那么不仅达到了复习学过的课文的目的，而且这本身也是个分类整理的过程，同时还可使自己的理解进入一个新的天地，运用起来也会显得心应手。

"一拓展"是对那些喜爱语文或学习精力充沛的学生而言的。具体做法是学了一篇课文后，可选些同题材、同作者或风格相近、时代一致的作品来泛读。如读了《春蚕》，可再翻翻《秋收》《残冬》；读了《茶馆》节选，可再

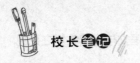

读读全剧等，这样无疑可以使自己的视野变宽，理解加深。至于阅读、分析、写作等能力的提高，那自然也在不言之中了。

需要说明的是，上述几点不可能同时兼顾到，但是有意识地在阅读的过程中注意联系上述内容，学生就会感到时时有事做，处处有所得，遇到问题自可迎刃而解，用起来也会感到信手可拈。如果有兴趣一试，相信大家一定会有收获。

"寒暑假经典阅读倡议"引言

1966年"文革"开始的时候，我上小学二年级；1976年"文革"结束时，我高中毕业。整整十年黄金般的时光，就这样虚掷在了那荒唐的岁月里，所以走出高中大门时我心虚得不知能做点什么。后来我当了民师，后来我考上了师范教了初、高中语文，后来我又先后当了初、高中校长。虽然这些年我始终没离开讲台，虽然这些年我也没中断读书，但成人生活的忙乱及成人大脑的健忘一直没让我摆脱知识储存太少，"国学"功底薄弱的尴尬。尤其是去年我参加"北师大国学班"之后，越发感到"国学"的博大精深；越发感到青少年时光的珍贵和不可再得。我之所以极力倡导"文化立校"，就是想让三高校园的文化氛围营造得浓浓的，就是想把三高师生自觉学习经典文化的劲头鼓得足足的，就是想让积极向上的文化经典融汇在校园的每个角落和每个时段，就是想让三高学生的根扎在"国学"经典的肥沃土壤里。我相信今日的孩子都是有善根的，都是极富潜力、前程远大的。只要引导得当，从这里走出的学生肯定会个个有思想、人人有作为。我想把暑假、寒假当成孩子们阅读经典的最好时机，把学校教育、家庭引导和社会课堂连成一个整体，让有意观察、思考、借鉴、自觉践行传统美德成为同学们的自觉行动。本着这个目的，我在寒假、暑假放假前分别起草了《分享经典阅读之快乐》《写给暑假的倡议》发给师生，以促进此项工作的快速推进。

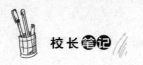

分享经典阅读之快乐

——致全校师生及家长的一封信

各位老师、同学、家长：

　　你们好！

　　值此新春佳节到来之际，首先请允许我代表学校领导组向大家致以诚挚的问候和由衷的祝福！

　　今天提笔给大家写信，主要想围绕经典阅读与大家交流一下体会。我们伟大的祖国有五千年的文明发展史，灿若群星的先哲大师给我们留下了难以计数的经典宝藏：从上古神话到"诗三百"，从诸子百家到乐府民歌，从唐诗到宋词，从元杂剧到明清小说；从"四书""五经"到《道德经》，从《三字经》到《百家姓》，从《千字文》到《千家诗》，从《弟子规》到《朱子治家格言》，从《黄帝内经》到《古文观止》；从老子到孔子、庄子、韩非子，从"曹氏父子"到李白、杜甫，从"苏氏父子"到辛弃疾、李清照，从关汉卿到王实甫，从罗贯中到施耐庵、曹雪芹，从郭沫若到茅盾、巴金，从傅雷到冯友兰，从李大钊到毛泽东等。一个个时代高峰，一部部经典大作，一代代文化巨人，给我们留下了取之不尽、用之不竭，终生受益的精神文化财富。真可谓越学越觉得经典文化的博大精深，越读越感到自己的浅薄无知，越思考越发现自己需要提升的层面太多，越深入越明白阅读是开始得越早越好。我读小学二年级时"文革"开始，到1976年动乱结束高中毕业，正是学习的黄金时段却打打闹闹了十之八九。后来虽然读师范学的是语文专业，参加工作后做的也都是与语文、与教育相关的工作，但毕竟阅读面太窄，未能逃脱成年人想背背

228

不会、想记记不住的尴尬。所以我在工作中每逢用到、谈到这类话题时常常感到捉襟见肘、力不从心。近期我参加了北师大组织的"校长国学培训"，

听听、转转、读读、讨论讨论，更感觉作为一个炎黄子孙，无论用什么解释或搪塞都不应成为我们不读名著、不看经典的理由，因为这种损失是用什么方法都难以弥补的。正是基于这种明白太晚的紧迫感和危机感，我才有了向大家推荐书目、提倡阅读经典的想法。说起来，现在学生、老师、家长都挺忙，但即使再忙，我认为也应该抽点时间读读想想。万不该如有些人所说：不少家庭，啥架都有，就是没有书架；啥都不缺，就是缺书。如果说，适量的课外阅读可以帮助我们开阔视野、陶冶情操、提高修养和品位，是大家的必修课的话，那么经典阅读就是我们希望省时省力的捷径。如果你以前不喜欢课外阅读，那么我建议你从现在开始要培养这种爱好，我没理由骗你；如果你已经品尝到课外阅读的甜头，那么我建议你从现在开始多找经典读，相信你会收到事半功倍之效。另外，我之所以倡导老师和家长一块阅读，还因为老师和家长同样需要提升自己，不然就很难指导学生或孩子，更不用提如何给他们做好榜样。有人说，如果把学习当成孩子自己的事，那对孩子来说是一种负担和痛苦；如果是师生一同进行，则是一件很轻松的事；如果是家长和孩子一同进行，那就是一件很快乐的事。我相信我们的老师和家长都十分疼爱自己的学生和孩子，都希望他们愿读、会读，那么就从陪他们一同阅读开始吧，相信用不了多久，你、我、他、他们都会感到充实，感到快乐，感到须臾不可或缺。

需要说明的是，你千万不要以为这种阅读会影响孩子们学习，影响考大学。如前所述，它不但不影响，反而对学好各科有百益而无一害。我想你肯定不希望你的孩子成了硕士、博士，也遭遇上述那种一问三不知的尴尬。从这个意义上说你的孩子其他方面越优秀，就越需要这种阅读。我们所需要做的是适时的引导和帮助。不信你先试试，事实会让你接受这一观点。

祝您和您的家人春节愉快，万事如意！

附：经典阅读推荐书目

《三字经》《百家姓》《千字文》《千家诗》《弟子规》《朱子治家格言》《笠翁对韵》《黄帝内经》《唐诗三百首》《古文观止》《道德经》《爱的教育》《钢铁是怎样炼成的》《海底两万里》《昆虫记》《孔子七十二贤》《老人与海》《上下五千年》《傅雷家书》《曾国藩家书》《我的大学》……

上述列举的肯定是少之又少，其中还列举了几部国外名著，用意显然是抛砖引玉。最好的办法我以为是大家边读边推荐交流，这样既省力省时又收效快。前面说过，下学期结束时学校计划专门给大家隆重颁奖，并邀请部分获奖者谈收获和体会，届时希望你们能成为受奖中的一员，同时也希望让大家分享你们的快乐。

写给暑假的倡议

各位老师、各位家长，亲爱的"小龄朋友"、孩子们：

你们好！寒假时我给大家写了一封《分享经典阅读之快乐》的公开信，暑假到了，我又向大家发出"利用暑假，搜集整理适合大家阅读、背诵的经典语段"的倡议。我由衷地期待着能有更多的人参与。我也坚定地相信只要你愿意参与，你就肯定会有一定的收获。

之所以连续提出这一话题，是我不敢独享阅读带给我的充实、自信和感悟、启迪。我前面说过，我求学的黄金时光大多在打打闹闹中度过，后来虽然读了点、记了点，但终归是少之又少，但仅此已足以让我感触到民族文化的包罗万象、博大精深。真可谓不读你就不知道中国古代能诞生那么多灿若群星的大圣先哲，不读你就不知道什么样的人才能称得上一代大师，不读你就不知道自己有多少差距，不读你就不可能从心底萌生作为一名炎黄子孙的骄傲，不读你就不明白怎样做才无愧为龙的传人！我之所以倡导让老师和家长也一起参与，首先是我们的家长、老师同样需要汲取民族文化的营养，其次是想让老师、家长给同学和孩子做好榜样，当好向导。我所期盼的是想让我们的同学、孩子能把自己的根深深扎在民族文化的沃土中。这样无论他们明天走到哪里，无论他们明天做什么，民族文化的血液都会提醒他们哪些该做，哪些不该做。我自知自己不是什么大人物，但身为校长我觉得有这份责任提醒大家要补好这一课。我们现在不能光埋怨或者仅仅是等待，我们需要扎扎实实的行动，需要尽快行动！我认为现在最可怕也是最可悲的，就是我们守着老祖先那么多经典宝藏不去珍惜、不去研究、不去学习，却去崇拜、宣传国外那些和我们丝毫不相干，且庸俗、无聊的洋节日，去看那些荒诞不经、低级乏味的网络小说，回头再让那些假洋鬼子用我们祖先的发明赚我们的钱，还要笑我们是白痴。这些年，不少读了重点，拿了硕士、博士文凭的所谓精英不止一次地因对民族文化的精髓所知甚少而遭遇尴尬甚至下不来台，我现在所做的就是想让从三高走出的学生在这方面找到自信和从容。

我的具体设想是放假前认真发动、宣传，激发大家的兴趣，利用暑假广泛搜集整理，暑假后分教师组、教师和子女组、学生组（学生组再分班、分级评选）、家长和学生组评选搜集最多、最精的个人和集体，一是隆重颁奖；二是安排专人整理成精致易携带的小册子，发到师生手中；三是延长活动的时间，对读背较多、记笔记较多且用行动证明学习效果的要树为典型，广为宣传，力争让学生用较少的时间能较多地了解"国学"的精华，力争让我们的老师和家长都能在陪学生和孩子阅读背诵的过程中成为先行者、实践者，也能成为受益者。

谢谢你能耐心读完这封倡议，更欢迎你参与这一活动。一个人力量是小了些，但你我他都参与人不就多了吗？人多了不就形成氛围了吗？

西华三高校长

非读怎知书之乐

下午读《中国教育报》载《雨夜，为书守候》一文深有同感。其实不光是雨夜，我觉得"书虫"的许多时光大都是沉浸在作品之意境中、在和作者与书中人物一块或喜或悲中度过的。若非全身心投入，若不能真正进入书中意境，那山那水那累那险那份可意会却难言传的快感绝难感同身受，更谈不上经久难忘。

我不禁想起了青少年时读书的几个片段。

片段一：我们大队群众正在我家门前树林中开会，突然来了两架红头小飞机，边俯冲边扔炸弹，还夹着机枪扫射。会场内顿时齐哭乱叫，跑的死的伤的拽袖子的拉胳膊的，其状惨不忍睹。我跑不动，喊不出，干急帮不上忙。醒后才明白是昨晚看小说《连心锁》的场面再现在梦中，那颗怦怦乱跳的心久久难以平静。

片段二：其时我已当了民师，是星期六。我吃过早饭去学校，手中拿着新版《林海雪原》，边走边读。走着走着不知怎么就靠着路边的墙角停了下来：夹皮沟、山神庙、威虎山、奶头山、小炉匠、杨子荣、林青山、蝴蝶迷等等——书中的情节令我痴迷得忘了一切。待我终于把那本书看完掩上时，才发现早已红日西坠。我就那样靠着墙，一口气读了十来个小时，竟然不累不渴不饿，连我自己都深感意外。有人形容人困极之后需"恶补"睡眠，我那时显然是想"恶补"读书。许是儿时看《林海雪原》太让我记忆犹新了：当时我费了不知多少劲才从别人手中抢到那本少头没尾的发黄的书，藏在袖筒中怕人看见。每晚躺在堂兄（我家没地方，借住他家）小床上在油灯下贪婪地看，那滋味真比三伏天吃凉西瓜还要舒坦。既不舍得多看——怕看完了没事干，又不敢少看——因为书主只限我看十天。《黄生借书说》的滋味与我真可谓是"心有戚戚焉"。

片段三：初冬夜，窗外东北风打着呼哨溜着门缝想钻进来，屋内我躲在被窝内看《红楼梦》。贾母死、鸳鸯上吊、妙玉被"强人"熏倒扛走……屋外的寒气、书中的鬼气令我不寒而栗，我那颗年轻的心几乎耐不住这双重的逼迫，灵魂简直要脱壳而去。

片段四：夜读巴金之《家》。当读到"一个又一个夜晚，我背着一个又一个年轻的冤魂，她们向我哭诉，索讨她们年轻的生命"，再联系书中梅表姐、瑞珏、鸣凤等一个又一个年轻、善良、美丽且又有才华的女性被扼杀，我直感这些鲜活的生命正站在我对面，我于是一次又一次和作者、和书中的冤魂一道长哭，全然忘了我是在读书。

片段五：是我中师毕业分到青年场学校后。白天工作之余，持续的高强度锻炼和用冷、热水交替洗浴令我精力充沛，晚上我抱着那本《散文名作欣赏》，读一篇，把玩一阵，咀嚼再三，写上三两点感受；然后再虔诚地读第二篇，再揣摩、品味、再写。读完三篇后，哪怕精力再好，心里再想读，也决不再摸。因为青年场学校地处偏僻，能借来这样的好书委实不易，我想让借到书前的这一段时光天天都能接受这种精神洗礼。"书房是文人精神的巢穴，生命的禅堂"，"有奇书读胜观花"，此言用在此时此地真是再贴切不过。

好的书就是这样有魅力，就是这样让人如痴如醉，寝食俱废，唯想钻到书里闹个水落石出。有些书明明看完了，还觉意犹未尽，脑子里一味地构思、延续着书中的故事。好的书籍让人的思维穿越时空，时而跟随先哲顿开茅塞，时而去古楼兰追踪历史遗迹，时而到伊犁亚特城下看血与火的战争，时而听《一千零一夜》那令人入迷的故事……书让人的大脑变聪明，生活更充实，视野更开阔，心胸更豁达，为人更谦和，情趣更高雅，让人对生活更加充满信心，充满进取意识，充满耐心和毅力，书还是人处在逆境中心灵的慰藉。

真希望你也能和书结成好朋友。

语文教学与"加减对比法"

教学虽然是"教无定法",但"无定法"强调的还是要有法,而且这方法还很重要。常言讲"师傅领进门,修行在个人",要"领"就必须有一套行之有效的方法,不然又何以为师?

我个人在平时的教学中喜欢用"加法"和"减法"进行对比教学,自认为还比较顺手,也比较受学生欢迎。

最早将"加减对比法"用到教学中是我在教学生划句子成分时。

比如"勇敢的小龙不一会儿便捉了三四条鱼,挺肥挺大的。"

这是个"主谓宾定状补"六大句子成分都同时出现的单句。我在讲授时先用"减法"后用"加法"。具体做法是:开始我在黑板上只板书(现在用多媒体更方便)"小龙捉了鱼",用的是"减法",且有意把"小龙"(主语)与"捉了"(谓语)和"鱼"(宾语)隔开一定距离。"主谓宾"是句子主干,表达主要意思,哪个缺了就会犯了"句子成分残缺"的语病,明显行不通;那么"定状补"这些附加成分是不是就不重要,就可有可无呢?这时我用"加法"把"勇敢的""不一会儿""便""三四条""挺肥挺大的"补充到了相应位置。其中"勇敢"这一定语修饰主语,突出了小龙的可爱;"不一会""便"这两个状语修饰谓语,强调"捉"得快动作麻利;"三四条"表明捉鱼的数量,交代很清楚;"挺肥挺大"这一后置定语(放在后面即成了补语)形象地说出了捉的鱼什么样。从上面的分析可以看出,主干缺了是语病,附加成分缺了则会影响到句子是否生动形象、清楚明白、准确无疑义等等。在这里,用"加减对比法"一是有助于学生尽快学会区分句子的各类成分及其功

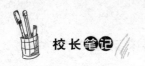

能，二是对他们造句写作有很好的指导作用。在此基础上，再让学生做做此类练习，多数学生基本能轻松地解决划句子成分与改此类病句的问题，而且学生做起来很感兴趣，下课后还会经常主动地探讨争论，何乐而不为？

引导学生分析课文、指导学生习作时，我也经常运用"加减对比法"。常言道"虎头豹尾"，此话形象地表达了开头和结尾的重要作用。道理学生也不是不知道，但真要让他们自己去分析或在写作时自如运用，则又完全不是一回事。比如《故乡》一文，可以先不让学生翻看课本，直接用多媒体把掐头去尾的《故乡》投出来让学生读，然后再把开头两段和结尾两段加上去让学生做对比阅读。

小说开头两段是："我冒了严寒，回到相隔两千余里，别了二十余年的故乡去。

"时候既然是深冬；渐近故乡时，天气又阴晦了，冷风吹进船舱中，呜呜的响，从篷隙向外一望，苍黄的天底下，远近横着几个萧索的荒村，没有一些活气。我的心禁不住悲凉起来了。啊！这不是我二十年来时时记得的故乡？"

情况正如事先预料的一样，同学们没费多大劲即可看出这一开头在烘托氛围，领起全文，为全文定下"悲凉"基调等的不可或缺。

结尾两段是："我想到希望，忽然害怕起来了，闰土要香炉和烛台的时候，我还暗地里笑他，以为他总是崇拜偶像，什么时候都不忘却。现在我所谓希望，不也是我自制的偶像么？只是他的愿望切近，我的愿望茫远罢了。

"我在朦胧中，眼前展开一片海边碧绿的沙地来，上面深蓝的天空中挂着一轮金黄的圆月。我想：希望是本无所谓有，无所谓无的。这正如地上的路：其实地上本没有路，走的人多了，也便成了路。"

我们都知道鲁迅的文章立意很深，除了文中刻画的人物和所叙故事的表达效果外，该文的结尾很显然在总结全文，深化主题，启迪读者积极探索、勇于开拓、从无路的地方走出一条条成功之路等方面都收到了很好的效果。有意地引导学生用"加减法"对比分析，学生会自然而然地领悟作者的用意所在和文章的巧妙构思，远比老师一味苦口婆心地讲解分析省时省力。而且这是学生自己借助"加减对比"领悟到的，记忆肯定较深刻较持久，用时也会收到"无心插柳柳成荫"的意外惊喜。

分析或指导学生写好过渡句、过渡段落时也可用此法。

前些年收入初中课本的著名作家浩然的小说《一担水》，写作者十八年前、十八年后两次访问同一个山村的不同见闻和感受，反映的是文章中的普通山村十八年间发生的惊喜变化。作者借着赶车送他的马长新鞭梢所甩下的一根柳条，信手来了一个巧妙的过渡："绿了，绿了！春天了，春天了！一个又一个，又过了十八个，我才得到机会，重访这个使人怀念的山村。

"汽车载着我在平坦的柏油马路上奔驰……"

这篇文章虽已经删去，但该文那近乎化天堑为通途，将十八年前后的两次访问用一根柳条巧手天成地连成一体的过渡技巧则很值得借鉴。如果去掉这一过渡，中间的"十八年"就真变成了一条无法逾越的壕沟。由此可见，有无这个过渡的天壤之别。

平时学生写议论文，最易犯的毛病是举例与说理相脱节，或只会罗列事例，不懂得在举例之后稍加议论，因而显得文章松散，用意不明，中心不突出。我一般先给学生讲清议论文中的举例好比是建房所需的砖瓦门窗等建筑材料，议论则好比将材料黏结在一起的沙灰和水泥浆。有这些议论和无这些议论——有时仅仅是一句话或一个小段落——效果则大相径庭，有时甚至一句话即可使一篇三类文上升为二类文，也就是说此处一句话可让一篇作文多得5分。很多学生平时都发愁写作文，这种加减法对比能让他们清楚地算出怎样写才能得高分，那个学生会不在意？

除此外，在分析课文或指导学生学习人物描写、环境铺垫、细节刻画时也可随时用此法。比如小说《孔乙己》中孔乙己出场那段话："孔乙己是站着喝酒而穿长衫的唯一的人。他身材很高大，青白脸色，皱纹间时常夹些伤痕……""不一会儿，他喝完酒，便又在旁人的说笑声中，坐着用这手慢慢走去了。"在讲课时如果用多媒体把"身材很高大，青白脸色，皱纹间时常夹些伤痕"和后面"坐着用这手慢慢走去了"做加减对比分析，收效也一定很好。

除了运用"加减对比法"之外，在分析课文、指导学生写作时我还经常运用"替换对比法"。如"红杏枝头春意闹"（宋祁《木兰花》）中的"闹"

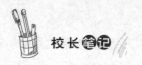

字，如著名散文家杨朔散文《雪浪花》中"让浪花咬的"一句中的"咬"字，如"便排出九文大钱"（鲁迅《孔乙己》）一句中的"排"字，如"大雪下的正紧"（《水浒传第十回》）中的"正紧"等，皆可有意让学生做替换对比，以此让学生感悟作家写文章为什么要字斟句酌、反复推敲，为什么会为"吟安一个字，捻断数茎须"（唐卢延让《苦吟》）。另外，表意效果特别好的句子也可有意进行替换。如孙犁《荷花淀》中"'出来吧，你们'！好像带着很大的气"一句，就是一个非常值得玩味揣摩的句子。几个女人因为对丈夫的"藕断丝连"从家里结伴跑出来去看望丈夫，谁知碰上了鬼子的汽艇，后来误打误撞，拼命摇着船躲到荷花淀中时又意外帮小分队痛快打了个伏击，真真让几位丈夫既生气又心疼，还很感动且很担心。所以丈夫们说话时先是很气"出来吧"，后则含嗔带忍地说"你们！"，还俏皮地加上一句"好像带着很大的气"，可见不是真气。倘换成"你们出来吧！"或"你们！出来吧。"还能不能读出上述效果？其实再高明的作曲家作曲时用的也是"1、2、3……"几个音符，却能创作出令人回肠荡气、百听不厌、千古流传的名曲；其实再杰出的作家写作时用的也不过是3000多常用汉字和那几个标点符号，但他们的作品则时而催人泪下，时而让人拍案而起，甚至一辈子读不够，品不完。对此，可能老师费半天劲也不一定能说明白，而学生在老师引导下有意替换替换，再联系上下文比较比较，效果好坏就可以心领神会。这样做学生既高兴，老师又轻松，而且事半功倍，不信你试试！

教学是门艺术，不仅要讲方法，而且还必须经常结合教材和学情的变化，总结摸索出一些较少受条件和场地限制，又便于师生一起活动参与，尤其是适合学生兴趣爱好的方式方法来。而且随着知识传播途径变多变快变直观，这种需求还会越来越迫切，标准越来越高。"加减对比法"和"替换对比法"本身并不难，关键在如何引导学生有意用，经常用。也许有人会说这些是否太缺乏新意，笔者以为面对无从下手的教材和最感头疼的作文，让学生试着亲自动手解剖麻雀，品尝梨子，直接体验感悟，正是新课改理念下希望出现的最佳学习方式。教学毕竟不是领着学生坐过山车，不能一味求新求快求落差求刺激。这些年新理念新方法层出不穷，且不说培训学生时间长难度大，即便是老师也会因为今天跟着学这家、明天又追着学那家而陷于眼花缭乱、莫衷一是的盲从状态。"加减对比""替换对比"简便易学，又不受条件限制，且很受学生欢迎，相信你试用后也会认为真不愧是一条学习捷径。

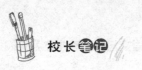

如何让学生乐此不疲学语文

说到语文教学，方法应有很多很多，笔者认为最重要、也最关键的一点是能否赢得学生，能否激发学生的参与意识，能否让学生在参与中体验到成长和进步，体验到自信和快乐，进而让积极参与变成学生乐此不疲、须臾不可或缺的自发行为。我们的孩子，从小就能说一口流利的汉语，整天听的、读的、看的又全是汉语，智商又都没问题，这无疑都是他们学好语文的有利条件。语文向来被认为是最好学的科目，然而令人奇怪的现象是，最好学的语文成了不少特聪明的学生最头疼的科目。他们能把其它很难懂的计算题、证明题弄清楚证明白，唯独语文每次考试都不过及格上下，一说让写作文就如临大敌，这实在让我们这些语文教师为之汗颜。毫无疑问，这是我们的教法出了问题。古话讲"熟读唐诗三百首，不会作诗也会吟"。可我们的学生读了多少又背了多少呢？一个很少读书更谈不上背诵的学生又怎能学好语文、写好作文呢？所以语文教师的观念和角色要变，要抓住课上和课下一切机会，多宣讲汉字造字的奇妙和它所代表的古老文明，多宣讲民族文化的源远流长，多宣讲国学经典的博大精深，多宣讲我们的祖先对世界文明所做出的重大贡献；要从原来的重讲解、重分析转变为重引导学生读背，重给学生推荐可读书目，转变为重发起和组织与学习语文相关的各类活动。很显然，前者是为了把学生吸引过来，后者是为了把学生调动起来参与到其中，进而把成绩提高上去。

具体说来，小学阶段可分期开展如下活动或竞赛：（1）举行儿歌比赛，可在学前班或低年级进行，能不能写都无所谓，目的在于激励学生、老师、家长一同完成。有家长和老师共同参与，对小孩子而言是件特别快乐幸福的事。（2）讲童话故事，可在小学一、二年级进行，希望借童话的富于幻想激发学生的想象力和好奇心。（3）举行常用汉字闯关赛。比如以500字为一关，让学生像打游戏一样一关一关地闯。学校可特制胸牌或其他奖牌，每闯一关换一次作为奖励，借小学生的争胜心强和记忆力棒尽早完成汉字的贮存。（4）举行"一字一故事"表演赛。引导小学生对造字法和蕴含的智慧进行探究，促进形成学记汉字的热潮。（5）举行纠错字比赛，引导学生当留心人。把在班内校园内大街上书报杂志上电视电脑上等发现的错字别字收集整理，定时交流比赛，看谁找得多，纠正得准，学校同样颁证书奖励。（6）举行汉字偏旁部首默写和写同类偏旁部首汉字比赛，加深学生对字义的理解和记忆。（7）举行汉语拼音听写和给汉字注音比赛，增进学生对音义易混、易错汉字的辨别和记忆。（8）教唱"写字歌"，举行按笔顺书写比赛，引导学生掌握书写法则。（9）举行中华民族传统节日来历演讲比赛，尽早让孩子们知道自己的老祖先和他们所经历的血与火的故事，形成他们对远古历史的好奇、敬畏和神往。（10）举行背诵过关赛。内容可包括二十四节气、各类谚语、古诗词曲、寓言、成语、百家姓、千字文、中国和世界城市名、经典短文等，奖励方式可多种多样，只要能让小学生得到肯定和鼓励就行。（11）举行表情朗读、讲故事、发表获奖感言大赛，促进学生在阅读中提高理解、感悟、表达等综合能力。（12）发动学生、家长、老师为大家推荐适合小学生阅读的各类书目，让好读书、读好书、会读书、乐分享成为班级和校园的主旋律。（13）举行"名人求学、名人惜时、名人著书"专题故事演讲，用名人刻苦好学、惜

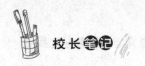

时如金、发愤著书、精益求精的精神激励学生立大志、早立志、立长志。

初中阶段除继续开展读、背、演讲、表情朗读、推荐可读书目等活动外，还应增设如下活动：（1）举行写日记、书信、记读书笔记、写读书心得比赛，引导学生把读和写结合起来，养成不动笔墨不读书、凡读书必记下读书感悟的习惯，好的地方要画要抄要记，不好的地方要删要改要标明理由。（2）开设奇文共欣赏课，最好是挑选有名家朗诵、讲解并伴有音乐的美文，让学生感受、领略什么是美。（3）指导学生办手抄报、班报、校报和校园之声广播站，让学生学着设计、组合图片、文字和音乐，将学以致用引向更高层次。（4）学生集体改作文。有条件的可运用多媒体展示学生的习作，无条件的可将学生习作印发给大家。先由作者本人读一遍，并说说本人的立意；再由同学们分组讨论，然后推选代表发言。既要说出改哪里和怎样改，还要说出为什么。老师在这一活动中要做好三件事：一是推荐好中差典型习作，二是在学生讨论发言过程中做好引导，三是做好点评，重点是点评学生的修改效果和参与意识。（5）收集整理当地的民间故事，每班推荐代表，讲故事可以，编成短剧表演更好，引导学生了解家乡，热爱家乡。（6）举行读书心得交流，以小组或班级为单位，让学生谈自己近期读的什么书、有什么收获、为什么要推荐给大家，也可说说哪些书不能读，读了有什么害处等，用正确的导向和集体的力量影响大家。

高中阶段学生学习压力大，时间较紧，在坚持让学生适当读背经典、开展写日记、读书笔记、书信、演讲、表情朗读或配乐朗读比赛的同时，一是增开学生辩论，由老师或学生挑选一些学生最关心的热点话题，把参辩者分成两组或三组，事先公布辩题，让大家做好准备。二是开设诗词曲名曲名画欣赏课堂，有条件的最好用多媒体和软件，或从网上下载，引导学生感悟诗、画、文、音乐在表现生活、抒发情感、再现美等方面的共同点和不同点。三是继续坚持学生集体评改作文。过去习惯的做法是老师改作文，且不说老师既苦又累，但从效果而言也好不到哪里去。如果从初中就坚持让学生集体评改，六年下来，学生至少可参与修改300次之多。相信这种当面锣、对面鼓的反复修改要比看老师的评语不知好多少倍。这里需再次强调的是，老师推荐的习作必须能代表共性问题，当然老师的引导和点评也都必须恰到好处，不然就会大打折扣。同时这也可大大减轻语文教师的工作量，让他们腾出更多的时间去做其他更有益的事。四是开展读书方法、记忆方法、读书感悟交流活动，一方面用整体氛围推着大家读书，一方面让大家少走或不走弯路，同时学会和大家一起分享经验和收获。五是引导学生站在命题人和评卷人的角度命题或做点评，让他们对自己的学习和思考提出更高的要求，不仅要爱学会学，还能快速准确解决问题。

与此同时，小学、初中、高中还应一直坚持开展钢笔字比赛，坚持对卷面的整洁、字体的工整规范与否奖分或扣分，让学生从小养成良好的书写和爱美习惯。其实这些都不是什么太新的方法，不少老师也都在用，关键问题在始终不懈地坚持、坚持、再坚持。

说到我国的课程改革也已搞了几轮，我们的老师也没少跟着受折腾。其实别管这方法那模式，都必须针对学科自身的特点，都必须考虑教学对象的兴趣爱好和心理需求。汉字自身神奇无比，语文学科包罗万象、趣味十足，语文老师自然有宣讲的义务；青少年争胜心荣誉感特别强，竞赛和奖励无疑是最好的平台和挑战。倘能让家长与学生共同参与，肯定有利于营造一种类似磁场一样吸引着孩子、洪流一样推着孩子的强大氛围。别人推着他和她，他和她又合力推着大家，每名学生都像被推入轨道的卫星一样能够高速自转，语文还何愁学不好，课程改革还何愁不能顺风顺水？同时，在这种理念下成长起来的孩子还可很自然地解决全社会最为关心、最渴望实现的让孩子明白"怎样做人、做一个什么样的人"的棘手问题，何乐而不为？

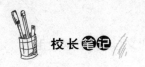

是谁剪掉了孩子们想象的翅膀

说到创造力，一般人都会强调如何重要不可或缺云云。然而创造力又必须让位于想象力。老话说，不怕做不来，就怕想不到；只有想不到的，没有做不成的。这说明想象力不仅非常重要，而且它还是创造力的先导。用爱因斯坦的话说，"想象力概括着世界上的一切，推动着进步，并且是知识的源泉"，容不得我们不高度重视。

那么我们的孩子这方面的表现又是如何呢？

2009年，教育进展国际评估组织对全球21个国家的调查结果是，中国的孩子计算能力排名第一，想象力排名倒数第一，创造力排名倒数第五。此外，在中国的中小学生中，认为自己有好奇心和想象力的只占4.9%，而希望培养想象和创造力的只占14.9%。

"计算能力排名第一"，说明我国的孩子非常聪明，好多这样那样的考试也都不止一次地证实了这一点。到底是谁剪掉了他们幻想的翅膀，而且连培养都不希望呢？《重庆晚报》刊文把原因归结为四点：一是"唯一正确的标准答案"，二是"替孩子做事"，三是"制止孩子与众不同"，四是"过早开发孩子智力"。说到是谁导演了这种状况，文章的结论是："倒数第一肯定值得反思，但请成人们不要义正词严地指责孩子，而忘了成人世界推崇的传统应试教育才是罪魁"[①]。

别管作者认为"传统的应试教育才是罪魁"是否全面客观，但有一点毋庸置疑，造成孩子"倒数第一"的是成人而非孩子，是众多众多的"好心"成人——父母、老师、爷奶外公外婆等等持之以恒的共同努力才导致了这一让人既痛心又汗颜的结局。说起成人们的初衷一个比一个好，努力一个比一个执着，然而由于方法出了问题，却生生用甜水浇出了苦果。怪不得法国伟大启蒙思想家卢梭一针见血地指出："误用光阴比虚掷光阴损失更大，教育错了的儿童比未受教育的儿童离智慧更远"，真可谓振聋发聩。

20世纪80年代，时任"中语会"会长朱绍禹先生在一次报告中讲了这么一件事：由于学校条件差，一名体育教师上课时几十个小朋友只能玩一个小皮球。但孩子就是孩子，照样玩得十分高兴。不料小皮球滚入了操场边的一个窟窿中了。体育老师于是启发小朋友想法把小皮球弄出来。这话就像捅了马蜂窝，小朋友们出主意的提问题的一个比一个积极：有的主张"用水浇"，马上有孩子问"要是漏洞咋办？"有的提出"用铁锹挖"，又有的说"洞太深，挖不出咋办？"还有个小孩说"抱个小猫让它下去衔"，另一个立即问"它若不下去呢，下去了就一定能衔出来吗？"这里正争得起劲，另一个小男孩却向操场外跑。老师忙问他去干什么，他说这么多人找一个小球太没劲，我回家让我爸给我们再买一个。朱教授说，这个小朋友的方法看似不合老师的要求，但他绕过"找球"直接保证了大家"有球玩"，等于换个思路解决了问题。也许有老师会批评他"谁让你买啦，就你爸有钱咋的？"如果是那样，这个孩子以后还敢再别出心裁吗？孩子的那份灵性火花和公益之心还会再闪现吗？

一位父亲与他3岁的儿子在校园的假山前玩，小家伙指着山洞问："爸爸、爸爸，这里面有没有妖怪和孙悟空？"原来当时正热播电视剧《西游记》，小家伙显然一见假山便想起了一个个奇形怪状的妖怪和抢着金箍棒的孙悟空。小家伙的脑子转得多快啊！

今年国庆节，我小侄随弟弟、弟媳回来看奶奶。那天，他在院中缩着头、猫着腰，两手举着扫垃圾的小土簸箕："大伯、大伯，看我的伞，还挡太阳还挡雨。"那滑稽的模样不由你不笑，而那份想象和创意又分明透着聪明和灵性，其实他今年才入幼儿中班。

2009年深秋，我去深圳弟弟家为母亲祝寿。为了增添喜庆气氛，老家的妹妹和小外甥、外甥女通过视频又是唱歌又是跳舞。这些显然对一直在场的小姊女很有触动，她马上跑回她的小房间，用所能找到的纱巾、帽子、裙子、眼镜等做道具，先后七次学着模特的模样登场为大家表演。说实话，当时让我都

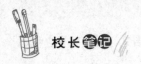

看呆了。一个不到3岁的孩子，没有任何人帮她，竟能想出那么多点子，不是亲眼所见，我真不敢相信。由此可见小孩子的想象力是多么丰富。

另有一个小女孩，在切苹果时发现了里面有一颗漂亮的"星星"（苹果横着切很像星星）。这一发现让一旁的父母很是惊奇，苹果里怎么会有"星星"呢？其实这都是成人固有的经验限制了我们。因为成人切苹果很少横着下刀，即使偶尔横着切，又很少能像她那样怀着极强的好奇心去认真观察，所以大人们切了很多苹果，却都没发现。你说是该为孩子叫好还是该为我们可悲？

我原来邻居家的小女孩，她的奶奶是个老北京。可能是奶奶经常给她讲北京和北京的姥姥，那天午饭后，她把门前的七八个小板凳排成一长溜，用绳子把板凳腿连在一起，她自己坐在最前面的那个上面，嘴里模仿火车"呜呜"叫着，说是要开着火车上北京"看姥姥去"。你说这是多么神奇和美好的想象！

这就是我们的小孩子。只要我们稍稍用心，就不难发现他们的两只黑眼睛和一双小耳朵多么善于捕捉外面的新奇东西，不难发现他们的小脑瓜又多么善于想出让人惊奇的点子。常常是我们这些自称无比爱他们、无比关心他们的家长和老师，或者借口忙没时间陪他们、观察他们，或者反应迟钝不善于发现，或者压根就不相信小孩子家能有什么发现，或者根本意识不到那些看似天真幼稚可笑的发问和想象正在接近发现的真谛。很可能就在我们的粗心和不经意间，一个个天才的萌芽已黯然泯灭。

东北师大擅长儿童问题研究的朱自强教授认为："物种的发展水平越低，其儿童期越短，相反，物种的发展水平越高，其儿童期越长。人类的儿童期最长，这是人类不断而迅速进化的结果，也是人类获取的极大利益。漫长的儿童期成为人成长的根基和资源，而功利主义教育拼命缩略童年的做法，显然是在破坏人类在自然进化过程中所形成的生命生态。"英国诗人华兹华斯称赞"儿童是成人之父"。"可是，几年学校生活之后"，挪威诗人让·罗尔·布约克沃尔德描述道："他们大多再也不能像鹰一样自由飞翔了，他们已经变成了缪斯天性意义上的残废人。"关于这一点，《中国教育报·文化版》刊文称"教育的许多问题实际上是出在对儿童惊人的无知上……儿童之所以在游戏中表现出比世俗猥琐的大人们更高超卓越的智慧，乃是因为儿童站立和优游于人的生命的本源地带，而成人则早已远离这个地带四处漂浮了"②。然而好多好多的成人——老师和家长，不仅对这些缺乏了解或一窍不通，而且老是自认为有经验，老是喜欢以一贯正确的姿态对儿童指手画脚，你说咋会不出问题？

平平常常一小堆沙子，两三个小孩子垒瓜园、脱蒸馍、和泥、分大堆小堆等，一连玩几天仍然兴味十足；一个简简单单的滑梯，小孩子一会儿正着上倒着下，一会儿斜着上蹲着下，一会儿倒着上躺着滑，几乎每次都有新花样。由此可以窥见孩子富有多么浓厚的兴趣和好奇心，对这个世界有多么丰富的想象力和多么强的适应性，他们又是多么愿意凭着自己的理解来驾驭这个世界。而大人们常常因似乎啥都知道，啥都玩过，因而对好东西都兴味索然。不客气地说，除了功利性的做事和工作外，大人们连玩都不会了，所以好多时间都不得不借助各种无聊的刺激来打发时光。也难怪小孩子都不愿与大人们一起玩。因为除了限制，除了包办，除了呵斥，除了给点现成的答案，除了哄骗和诱以食物玩具，大人实在"太不会玩"，"太没意思"。这也可能正是一些孩子老是从家中、从学校向外逃的原因。严格说来，这不都是大人们凭着良好的自我感觉认认真真"逼"出来的吗？

我这些年一直有个困惑：在梦境中我的思维特别兴奋，会经历好多好多闻所未闻的场景，会有好多好多格外新颖奇特的想法，很多时候连我自己都感到意外。然而一回到现实中，无论怎样就再也找不到那种感觉了——也别管我怎样遗憾。后来我慢慢悟出，梦境中的我不受现实的束缚限制，没有惯性的思维习惯误导，没有世俗的瞻前顾后和看人脸色，应该更接近本真的我。这与前面引用的"儿童站立和优游于人的生命的本源地带"应该非常近似。我这才明白现实中好多人为什么越活越不像自己，因为成人们生活的这个世界差不多就等同于一面哈哈镜，所以很少有人能基本不变。

所以身为家长不能老是因为怕摔怕淹怕割怕电怕烫等等这些限制，那也包办；当老师的也不能因为老是担心安全而全部取消春游秋游和所有对抗性活动。须知小孩子正处于活蹦乱跳、思维活跃、好奇心强、闲一会儿就难受的时候，一点也不让他们亲力亲为，一点也不许他们动手冒险，让他们整天也像老人一样傻呆呆地坐着，一个个都变成大人手中的"提线木偶"，这样的童年还叫童年吗？这样的童年还到哪里去体验自信成功，这样的童年长大后还有什么值得留恋回味？更不用提什么培养想象力、创造力，正如前面所说，他们连想都不想了，你说还有啥希望？

所以孩子就是孩子。我们既然爱他们，既然希望他们成龙成凤，就应当允许他们多做一些"白日梦"，就应该为他们的童年多涂点快乐色彩，就应该为他们松松绑，让他们适当做一些诸如童年时爱迪生蹲在鸡窝孵鸡仔之类的看似荒诞游戏。还有"过早开发孩子智力"，那更是极端的短视行为。我们不仅要知道早熟的果儿有好卖的优势，还应懂得早熟的果儿还易落的教训。古今都不乏"伤仲永"的案例，家长们不能光为了满足自己的虚荣，过早地把孩子推到名利场上去拼抢。他们还毕竟只是孩子，我们千万不能像朱自强教授所说的"破坏他们的生命生态"。

当然，在培养学生想象力方面，老师更是责无旁贷，义不容辞。举凡上课、组织活动、观察实验等，都可以随时随地让学生展开想象，古今中外，海阔天空，过去未来，亦真亦幻等等，都完全可以。至于语文老师，更有得天独厚的培养条件。首先是读书。比如"大雪下得正紧"③，比如"她像坐在一片洁白的雪地上，也像坐在一片洁白的云彩上"④。类似这样的语句，不展开想象怎么能进入文中的意境，又怎么能让学生产生美感？其次是诗文鉴赏，如"诗中有画，画中有诗"⑤，不借助想象，怎能品味出诗中的画意，又怎能揣摩出画中的诗情？还有那红杏枝头正"闹"的春意，还有那滚滚东流的一江亡国丧家之愁，不通过想象又何以玩味？所以说离开想象就无法谈读书，更不用提鉴赏。再次是我们的汉字造字法。每每提到这一点，我都不由自主地对我们的老祖先肃然起敬。他们的确太聪明、太了不起了！一撇一捺是"人"，"人"在"口"中变作"囚"；"人"靠"木"想"休"，"人"入"山"成"仙"；"米""入"为"籴"，"米""出"为"粜"；"不""好"即"孬"，"不""正"定"歪"；太阳跳出地平线是天亮之"旦"，太阳掉在草丛里为表示天晚之"莫"（原意为天晚，今被久借不还）；小孩子待在桌子下面试着用双手解绳是"學"，小鸟儿天天练习飞翔为"習"等等。如果语文老师对造字法掌握较好，又能有意做好引导，让学生结合偏旁部首与造字原理尽情发挥，不仅可以极大地丰富学生的想象力，而且可以让学生越学越有趣，越学越愿学，同时可以少犯、不犯望文生义的毛病，少闹好多笑话。最后是词语教学和比喻、拟人等修辞手法的效果分析，想象更是必不可少的一环。众所周知，学语文贵在把握作者的创作原意，感悟作者的立意之深，揣摩作者的用语之妙，以期最大限度与作者共鸣。所有这些，离开了想象岂不变成缘木求鱼了吗？

可笑的是，老祖先给我们留下了这么好的教育资源，而我们的孩子想象力竟然排"倒数第一"，这无论怎样都是说不过去的事。更有甚者，明明放着这么好的教育资源不去研究不去好好利用，却偏偏要兴师动众花大量时间下很大力气去学那些很少有人用的洋文化垃圾，我们到底是咋啦？

所以小到孩子的想象力、创造力的培养，大到民族的强盛振兴，我们都不能再因为所谓的"好心""疼爱""担心"，天天干那些名为爱孩子，实为误孩子、害孩子的蠢事。我们的孩子输不起！我们的民族同样输不起！

附注：

①2010年11月24日《重庆晚报·21国调查称中国中小学生想象力倒数第一》。

②2009年5月30日《中国教育报·文化版"六一特刊"》。

③施耐庵《水浒传》第十回。

④孙犁《荷花淀》。

⑤苏轼《书摩诘蓝田烟雨图》。

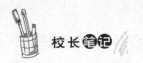

一堂写生课

上午，我无意间听了一堂不是教美术课的老师上的写生课，深受启发，现摘记如下。

随着铃声，班主任李老师踏上了讲台，看着教室内4名学生因未能去参加写生那满脸的苦恼和遗憾，微笑着说："我理解你们此时的心情，不能去并非不能写生。今天老师想为你们补上一堂别开生面的写生课，高不高兴？"此举立刻引来了4名学生的连连叫好，我也为此在窗外站住了脚。

李老师接着说："这次他们选的写生地点是我省豫北卫辉境内的万仙山。因为那里山奇水秀景美，所以成了好几家电影厂的拍摄外景地和众多高校美术师生的写生基地。对了，那部由潘长江、郭达牵头恶搞的电影《举起手来》就是在那拍摄的，至今路边还能见到当年拍电影用的碉堡。此时去那里写生真是选对了时候，漫山遍野，高高低低，远远近近，深深浅浅，光是那红灯笼般的柿子、红玛瑙般的山楂和满树满坡的红叶就能惹得你满身满心都沸腾起来，更不用说树下还有张张红光映照的笑脸和远近山道、树丛里传来的各种各样的说笑声。那地方你们不去也好，去了别说是你们，连石头都笑成了奇形怪状，我真怕你们回来时笑掉或磕掉两颗门牙，那可是要让你们这些爱美的少男少女们破相毁容的。"

"破相也想去，问题是你们的身体不允许去，这可咋办？"绕了一圈，他缓缓从桌下拿出一根有七八个柿子的树枝、一枝分不清结有多少的山楂和一枝红得发亮的枫叶，"同学们，这是老师托朋友连夜从万仙山为你们捎来的，今天的写生课就从这三根树枝开始。请同学们展开想象的翅膀，想象那里的山，那里的岭，那里的树，那满山的红，那里的人和那里人的心情，想象一下我们该用怎样的色彩去描绘去形容。现在，他们那帮人还奔波在路上，我们先去神游一遍。然后用我们凭想象画出的万仙山和他们实地画出的万仙山搞个比赛，看看哪一个更大气，更神奇，更有人情韵味。"

"好！"4名学生齐声叫道，我也在窗外止不住为之叫好。

"需要特别提醒同学们的是，游人们现在看到的万仙山原来却是个封闭得严严实实的地方。山里的人们去山外一趟，要翻两天多的山路，那时山里人养猪只养到百十斤，让4个棒小伙用肩膀扛到山外卖，来回就要吃掉一只猪脚——山里人如是说，意思是光吃就要吃掉全猪的四分之一——再大了就运不出去了。那时每到秋天满山秋果熟的时候，也是山里人心里熬煎最厉害的时候，因为只能瞧着宝物烂掉，山里人心疼啊！终于，大山中的6个人熬不住了，8个人熬不住了，11个人熬不住了，他们支起铁匠炉，打制钢锤、钢钎，开始了从山里向山外打洞。一天又一天，一年又一年，他们农忙种地，农闲凿洞，他们吃在洞内，睡在洞内，后来连过年都在洞内，后来连女人们也加入了他们的行列，给他们做饭、缝补衣衫。整整历时10年零6个月，光打坏的钢钎钢锤就有11.3吨。这些铁一般的汉子硬是用铁一般的意志和毅力从山里向山外一钎钎地凿出了一条能并行两辆大卡车、高五六米，长几公里的山洞，每隔不远还向山沟开一个能向外瞭望的观景窗。从此，万仙山才向山外人露出了她那千呼万唤始出来、犹抱琵琶半遮面的娇羞面容，山里的宝物才真正成了宝贝，山里人才开始跨上了家家奔小康的骏马。如今的万仙山人家家都开农家宾馆，天天都有远远近近的慕名者成批光顾。晚上你住在这里，除了那远处赶来的山风和山泉流淌声，再就是山里人那梦中的笑声。同学们，他们有理由笑啊，他们是从心里向外笑啊！"

稍停，李老师又接着说："老师特意向你们讲后来这些，是想告诉你们，无论是追求美，还是追求幸福，都要跟那几名山里人一样，舍得付出代价，都要有他们那种咬定青山不放松的执着，都要练就比岩石还要硬的性格，都要敢于付出牺牲。当然啦，你们若以此取材也完全可以。"

后来，写生作品展如期进行，去的学生和不去的孩子都表现出了极大的兴趣和热情，作品风格和水平也都明显大有进步。评选结果，因腿疼未去的宋

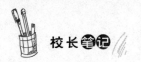

小波得了特等奖。她的画乍看是两幅其实是一幅，画的上半部分是秋日的丰收景象，下半部分左侧是一个山里汉子满脸的愁容和紧锁的双眉，右侧是一个古稀老爷爷手托一杆烟袋，张着大嘴、露着豁牙在忘情地笑。连接山里汉子和老人的似乎是一段路，又像是一座桥，细心看后才会发现那是用"始信愚公可移山"七个变体美术字组成的。远近搭配，虚实结合，所有学生都被她的取材和表现手法折服了。

点评：身为教师，我上过很多课；身为校长，我听过很多课。毫无疑问，我认为这是一节非常成功的课。

第一，是他的留心和用心。其他学生欢天喜地去写生，这4名身体有特殊情况的学生显然很失落，很无奈。他这个不是美术老师的老师来上美术课，不光是新鲜，更难得的是他送来的正是孩子们此刻最需要的，自然很受欢迎。

第二，他巧妙地利用对万仙山的了解和三根树枝创设意境，吸引孩子们用想象去描绘他们心目中的万仙山。既不让学生凭空臆想，又给他们以充分的空间让其发挥补充，这从某种程度上比实地写生更容易展示孩子们的创造性。

第三，他善于激发孩子们的成功欲望。本来正烦恼不堪的几个学生被他的一席话和即将进行的比赛激励得立刻投入到忘我的竞争中去，不管结果如何，单凭这一点而言就很值得肯定。

第四，他不是专业教师，却上了一堂非常专业的美术课，但又不为专业知识所限，美育、德育春风化雨般地融在其中，让学生在不知不觉中潜移默化，可谓浑然天成，匠心独运。

第五，没有人要求他必须这样做，他这样做完全是自觉自愿，是出于一个教师对学生敏感神经的瞬间捕捉，是对学生脆弱心理的精心呵护。我认为这才能称得上真正意义上的老师。那4名学生能遇上他无疑是幸运的。那4名学生的家长显然不必担心，因为他为孩子想得太周到了，做得太好太完美了。身为校长，我也为学校能有这样的老师感到说不出的开心，我从心里也为他鼓掌欢呼。

我在想，如果三高的教师人人都有这份自觉自愿，那三高何愁不能成为众多孩子的梦想摇篮？

附：后来我才知道，他还是几年前去过一趟万仙山。所谓万仙山的相关知识，所谓三根树枝都是为这节课临时准备的。但因为他讲得绘声绘色，学生只顾听，只顾兴奋，真假自然就顾不上，其实也不重要了。

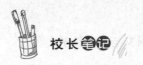

我的编外老师

1966年"文革"开始那年我上小学二年级，1976年"文革"结束那年我高中毕业。也就是说我小学的大部分、初中和高中的全部时光都是在十年"文革"中度过的，学习自然会受一定影响。那时上课不像现在这般正规，老师要求也不严，学多学少大多看自己努不努力。我当时比较喜欢看书，遗憾的是能找到的书很少，基本上是逮着啥看啥，谈不上有什么选择，更不用说系统不系统。我上小学时好像买过一本新华字典，也知道怎么查，可惜很少用，后来就不知丢哪里去了，所以所谓读书不过是地地道道的囫囵吞枣。碰上不认识的字、不理解的词就硬着头皮往下顺，实在顺不下去就隔过去。直到后来我读诸如《水浒传》中写人物穿着打扮那些不好读的段落时仍喜欢跳过去，反正也没人检查。对付不认识的字我的经验是"差不差，念半拉"，蒙对的时候肯定有，当时还很侥幸，认为自己挺聪明的。但这"经验"并非是用到哪里都灵验，为此我真没少出相丢丑。那天，同着师范的几个同班同学和我们的老师——当年复旦大学中文系毕业的高才生、参编过《中国文学史》——的面我卖弄说："听说还要停止娱（wù）乐活动呢！"谁知众人一听哄堂大笑，我那老师点着我的鼻子说："什么wù乐活动呀高海峰，那叫yú乐活动！"过后一查字典才发现又是那"差不差，念半拉"的所谓经验让我出了个大丑，羞得我真恨不得学学《封神演义》中的土行孙钻地下逃跑。

师范毕业后我分到泛区农场学校教初中。我清楚地记得我班教室北边第二排靠走廊的一个叫邱爱华的女生，一天下课后追上我红着脸说："高老师，今天你念错了几个字。"说着递给了我一张纸条。我回到办公室一看，发现那都是我平常习惯读错却不觉错的字。有的念错了音，有的读错了声调，还有的是舌前舌后不分。她把我读错的字、音和正确的读法都像列表一样给我标得很清楚，让我很脸红也很感动，从这天起我便记住了这个学生。第二天、第三天她都要在下课时走上讲台递给我一张纸条，我这时也都有意在讲台上多停一会儿，等着我的这位"老师"给我再上上"习字课"。后来我们"师徒"二人达成默契：她把每节课要交给我的纸条写好后放在桌子角上或课本旁边，我在临下课去下面转时，特意在她座位旁逗留一会儿，看看我的"老师"今天又给我纠正了多少错。当然，纸条上的字多少不等，对我而言是出错多时很高兴，错字少时很恐惧。这当然不是我喜欢犯错，而是生怕有些字明明我认得不准、念得不对而又没暴露出来，或没被"老师"指出来。其理就好比树身上的虫子没被啄木鸟发现并啄出，只会继续危害树干一样。我怎么能不慎之又慎？

时间一长，我与这名学生接触也渐渐多了。我发现她最大的爱好是经常翻阅字典，手头的那本新华字典被她翻得又破又毛，里面的内容也差不多都刻印在了她脑海中。受她的影响，我后来备课时字典、词典、《中国文学史》、语法、修辞、文言文常用实词、虚词词典、中国历史、世界历史等工具书都变成了时时查阅、须臾不可或缺的东西，一些原本一知半解或独出心裁之类想当然的错误渐渐得以发现并纠正，学生也越来越喜欢我的课。

就这样，我当了他们那个班一年班主任和语文老师，同时我也很谦虚很实在地当了她一年"学生"。

暑假后，她考入了场部高中，我调回了西华，从此再也没有了那个学生的音信。想必当初那个扎着两根短辫的小姑娘早已为人妻为人母了吧？时间虽已过了整整30年，但她帮我纠错给了我很大影响的"师恩"我则从没忘记，什么时候见着她真要好好谢谢她。

后来我常常想，她第一次发现我读错字、并下决心帮我纠正肯定经过一番激烈的思想斗争，毕竟我是她的老师，毕竟我刚刚调到那里，毕竟我是高考改革后毕业的首届学生，又比较年轻比较爱面子，身为学生的她不会没有担心，要不然那天撵上我递给我纸条时她也不会那样红头涨脸，也不至于把条子塞给我就赶紧跑走。后来她一节又一节地把听出的错字帮我写好标好肯定没少下功夫，说不定个别字她还会特意查查，因为她不少时候都是边听课边记笔记

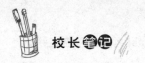

边翻字典。但她硬是坚持为我纠了一年错。她的勇气、毅力和对学习的执着较真劲真的非常可贵。虽然她只是我的"编外老师"，但她那一张张纸条，分明就是一面面镜子，把我上学读书学习时的粗枝大叶、得过且过、不求甚解等等毛病照得一览无余。从高中毕业当民师到今天，我的教龄已达38年，后来这些年还侥幸当了初、高中校长。今天，伴着窗外洋洋洒洒的瑞雪想起我与她的这段师生情，似乎更加明白了谁才是真正的老师和学生，明白了教与学怎样才能相长更快。孔老夫子早就讲"三人行，必有我吾师焉"，韩愈《师说》一文也说，"是故无贵无贱，无长无少，道之所存，师之所存也"，"是故弟子不必不如师，师不必贤于弟子"，说的都是同一个道理。当初，我如果端着老师的架子训她一顿，也就不会有后来的这段师生纠错佳话，我肯定还会经常出错丢丑，想想那该多可怕！古今中外，谁都不是完全意义上的老师，谁都不可能永远有资格当老师，这很正常。这些年我教过的学生各行各业都有，成名成家者不乏其人。平时哪方面不懂时他们问问我，我不明白时向他们咨询咨询，已成了我们师生双方的一种需要和习惯，我们都从中受益不少，也同时加深了师生情谊。从这个意义上讲，新课改极力倡导师生互动、生生互动真是抓住了教学的真谛。而虚心利用一切机会、向一切可学的人学习不仅是大家快速成长的一条捷径，也是教师可选的必由之路。

"豆豆"带
给我的启示

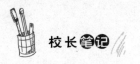

前“豆豆”追记

我家现仍养有一“豆豆”，但此“豆豆”已非彼“豆豆”。前“豆豆”是只小公狗——不过早在几年前已被东侧的邻居当成美味品尝，此案有收杂皮者筐内“豆豆”皮为证——现“豆豆”是只已当过几任狗妈妈的小雌狗。之所以仍叫它为“豆豆”，一是不想再麻烦着为它起名，二是也有念想前“豆豆”的用意所在。

现在想想，前“豆豆”从到我家到突然消逝，时间虽不过五六年，但着实带给了我们不少欢乐。那天，妻子从单位回来带回了它，胖胖的、毛茸茸的，躲在箱子一角，两只黑亮的小眼睛不停地转来转去，透着机灵和渴望得到照顾的期盼，又不乏初见生人的惊恐。我顿生怜悯和好感。及其稍长跳出箱子，渐长到带着小铃铛在院内转着圈咬自己的小尾巴，再长到大门前探头探脑，到后来真正融入这一环境，理直气壮地“汪汪”着履行自己的职责，可以说它成长的每一步我至今仍历历在目。它聪明中带有淘气，忠诚中透着机灵，既不放弃能与主人接近、撒娇的片刻机会，又很留恋能跑到外面去会朋交友、撵鸡追猫的自由。因为乱拉屎撒尿、乱衔东西，也没少挨训挨揍，它是能躲则躲，不能躲就埋头挺身接受。挨训就挨训，挨揍就挨揍，但结果无一例外是一会儿便忘，很少有什么事能让它改变对生活的热爱和对欢乐的追求。这些都让我不忍心下重手“修理”它。唯有它的单纯让我为之担心。它似乎不太知道对这个世界设防，把一切表面友好的伪装都当成真正的善意接受。有时又过分热情，送我上班能送出一多半路程仍不肯回去。我当时就有不祥的预感，想防范又苦于无法，它却浑然不觉。终于，终于还是因它的单纯——也或许是经不住诱惑——让人饱了口福，不能再天天跑来跑去接我送我。

"豆豆"不过是只小狗，是个很普通的小生命，我虽然非常惋惜，非常舍不得，但自知帮那些馋嘴的人们改变恶习远比帮"豆豆"改毛病要难得多，所以也只好作罢，终不愿因一只小狗去和他们计较或报复。

但我的担忧却远没因"豆豆"的消逝而有片刻停止。

儒家说"害人之心不可有"；法家说"防人之心不可无"。作为一名教育工作者，我真不忍心让我们的孩子也早早地复杂起来，对这个世界、对这个世界上的人们严严地设防。但我又怕孩子太单纯会吃亏上当，会遭遇不测，所以我内心常受煎熬。前些年一友人给我讲过这么一个故事，说是一爷爷将小孙子抱到窗台上，让他往下跳，爷爷自会在下面接着。小孙子很相信爷爷，勇敢地跳了下来，而爷爷却躲开了，结果小孙子磕得鼻青脸肿，哇哇直叫。事后爷爷语重心长地告诉小孙子：看见了吧，连亲爷爷都会骗你，所以这个世界上没人可以相信，唯一可靠的就是自己相信自己。亲爱的读者，我不知道你听了这则"狠心摔孙"的故事会怎样想，反正我内心很是不安。试想，那小孙子上过这次当，听了这番教导后会向何处发展？如果我们的下一代都要伴着这样的教训和教育长大起来，那这个世界将会多么冷漠？为什么今天好多人遇事想躲开，甚至见死不救，还不是怕救了人做了好事反倒惹来麻烦，以致先流血再流泪吗？

一只小狗被吃掉真的不是什么大事，但众多孩子的教育应该不是小事，人心日渐冷漠，世风正在变坏不光不是小事，还应该是非常可怕的事。但愿我的担忧全是杞人忧天，同时也盼望有更多的热心人能自觉地参与到改变这一切的行动中来。

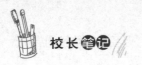

"豆豆"又记

有关"豆豆"的基本情况在《豆豆琐记》（可惜原稿丢了，几次想重写都找不到感觉，只好作罢）里已说了不少，我对"豆豆"的认识也是随着时间的延续而逐步加深的。这里再聊一些"豆豆"的逗人喜爱处，希望你也能喜欢它。

先说"豆豆"对自由的争取和珍惜。我和爱人要上班，儿子在外读大学，所以大多时候都把豆豆锁在院内，能带它出去的时间是我早晚得闲外出散步时。聪明的它显然对这一点有清醒的认识，早上刚到5点钟就想把我叫起来，又怕哪天我休息不好吵它或揍它，因此它竭力压抑着，在院内边转圈边低声呜呜，实在等得不耐烦时才叫两声。有时碰巧外面有动静，它会非常卖力地大叫，一方面向我们表明它的尽职尽责，一方面借机抗议我迟迟不起床，剥夺它难得的外出散步权利。再就是晚上，如果哪天傍晚我在家，它一会儿跑到我脚边，一会儿往外跑跑再折回来，那意思分明在说"赶紧走吧，出去转转"。一旦我有出去的意向，它会高兴得一蹦多高，连我开门的时间都等不及。出了门它会沿着我常走的线路，既不舍得跑远，又不想放弃这难得的放风机会，一会儿在道路两旁边跑边玩儿，一会儿又和路遇的其他狗亲热亲热、捉捉迷藏，一会儿又站在树旁翘起小腿洒上几滴尿——据说是为了记住回家的路，一会儿又试图偷袭路边的小鸟，但追不上也不怎么伤心。总之，它是在用行动告诉我能出来转转它是多么欢喜。如果我一连几天不带它出去，它会在一夜之间把我的鞋子、袜子、鞋垫、毛巾等之类的东西叼得满院都是，不知是抗议还是报复。除了珍惜自由，我猜想"豆豆"喜欢外出可能还有讲卫生的因素：自从它刚到我家在院内乱拉屎撒尿挨了几次训后，它就尽量在外面解决——不能外出岂不要再次出丑？不知"豆豆"是不是这样想的。

再说"豆豆"对生活的爱。要说"豆豆"的生活也谈不到好上，除了偶尔有外出散步的欢乐外，其余时间多被关在院内，吃的也不过是剩饭菜之类。但"豆豆"似乎空前满足，每天都对几乎没啥变化的生活充满激情和好奇，每天都对它的"工作"投入所有的热情，有时也挨训或挨揍，它是能躲则躲，躲不掉就卧倒等着，但无论打轻打重，"豆豆"都是很快就忘记，照样对主人充满忠诚，对"工作"尽职尽责，似乎它天生就是"乐天派"。

再次是"豆豆"的友善与爱憎分明。同类无论形体大小，它都和它们和平相处，从不以强欺弱。但谁若是欺负它，它也绝对不示弱：邻居家的一条狗在它小时经常欺负它，有几回它都被咬得不得不回家避难。它可能对这事记得较清楚，个头稍大便和那条狗较上了劲，直到把对方咬败还不罢休。后来每次只要碰见那条狗，总是撵得它东跑西窜，虽然每次都不咬多狠，但"豆豆"分明在让它不好受，似乎是为了也让它体会体会受欺负的滋味。"豆豆"真可称得上恩怨分明。

还有"豆豆"的大方。若说"豆豆"狗缘较好，我分析与它的大方和大度有一定联系。邻居家的狗到我家吃它的食物，从没见它恼过、抢过。有好多次我都认为是"豆豆"主动把其他同伴唤来的，被唤来者津津有味地吃它的食物，它则若无其事地站一旁。不知是为了炫耀主人对它的宠爱，还是为了心疼怀着它儿子的异性。若真是那样，那可真比有些道貌岸然的伪君子要懂得负责任得多。

还有"豆豆"的管闲事。那天我刚出屋门，碰巧一只耗子从院外下水道跑进了院内，"豆豆"立即追了上去。耗子躲到桌子底下，它转着圆圈想把它抓出来。我觉得好玩儿，就鼓励"豆豆抓着它"。"豆豆"听到我的命令，表现得更为兴奋，一会儿从这面撵，一会儿跑那边咬，直把那只耗子撵得无处藏身。人都说狗咬耗子多管闲事，碰巧我家"豆豆"就属于这爱管闲事的小家伙。之前有两三次我都奇怪院里怎么会有死老鼠，原来都是"豆豆"立的功，不过"豆豆"绝对不会缠着我另外要奖励，真不明白"豆豆"是太聪明还是太傻。

还有一点是"豆豆"爱啃麦苗和草。这似乎有点不可思议，但它好多次外出都去啃。也许当初它的喉腔没设计吃麦苗和草的功能，所以啃了之后又咽不下或消化不了，只好再鼓着胸腔咳嗽着吐出来。这次吃了亏下次还要啃，我到现在没弄懂聪明的"豆豆"为啥要装羊出洋相。

最后一点是"豆豆"的聪明与好学。它对每次与我待在一块的时光都很珍惜，总是想同我靠近一些，晃着个小脑袋，瞪着两只眼转来转去，分明是想搞清楚我到底想让它干什么，它怎样做我才喜欢。一旦它明白应该怎样做，就绝不会忘记，总是尽其所能让我高兴。有时候我常想，凭着"豆豆"的勤勉、忠诚和对生活的热爱，它若去应聘某个岗位肯定可以被录用且能干得很好。

这就是我家"豆豆"。虽然只是个小动物，又没受过它狗妈妈多少家教（未满月我们就抱了回来），但它身上表现出的热爱生活、珍惜自由、忠于职守、爱憎分明、友善大方、聪明好学等长处真让我很感动，外界环境很少能影响、改变它什么，这真的非常不容易。身为万物之灵长的人类，不少地方还做得远远不如它，"豆豆"真让我学会了不少东西。

我与"豆豆"的较劲

"豆豆"是我家的小狗名，说它小是因个头小，其实它来我家已五六年了。你先别笑，我之所以去跟一只小狗较劲并非事出无因。

这个"豆豆"来我家是在前个"豆豆"被别人当美味品尝之后。一来出于对前"豆豆"的念想，二来是怜其个小又刚离开狗妈妈，三是看到它那双无助、孤独、胆怯而又不乏伶俐的眼睛，让我不惜买来了平常自己都舍不得吃的牛奶、蛋糕、火腿、鸡蛋之类，耐心地加热、嚼碎了喂它。它倒也知恩图报，长得很快不说，还整天卷着个小尾巴、摇着胖乎乎的身子、扑扇着一对小耳朵在院里跑来跑去，我和爱人一回家又总是围着我们转来转去，谁见了都说它很可爱。不料事情坏就坏在这一点上。本来这时该给它换食，该给它改变喂食方式，但因怕它受委屈，我仍然一如既往地把好东西嚼碎了喂它。后来它慢慢长大了，也慢慢长出了一身坏毛病：食物不好坚决不吃，不嚼碎坚决不吃。这下轮着我犯难了：它也不管我忙闲，也不考虑我心情好坏，只要不合它的要求宁愿挨打挨饿也照样绝食，打急了它会趁我不在时把它不喜欢的食物衔到一边放起来，拐回来照样可怜兮兮地跟着你，让你打它下不去手，饿它又不忍心，所以我和"豆豆"的较劲差不多都以我的妥协而告终。它似乎也非常明白这一点，全不把饿一顿两顿当回事，反正它的胃伸缩性强，这顿不吃，下次补偿回来就是。

由此我想到许多家长因溺爱孩子而娇惯他们的问题。很显然，任何小生命来到世上时都没带什么坏毛病，正像我家"豆豆"的赖毛病是我一手惯出来的一样，孩子后天的很多毛病也大多应"归功"于家长的好心。我是因小狗那副可怜又可爱的模样才迁就它、娇惯它，而现在的小孩子比我家小狗要聪明得多得多，可爱得没法说，因此父母更有理由去宠、去爱、去娇、去惯，甚至为儿女当牛使、当马骑都乐得合不住嘴；更何况还有祖父母、外祖父母的推波助澜。儿女从小习惯了被宠被爱，自然把这一切都当成了天经地义。以致原来很可爱的孩子都被一步步娇惯得竟然忘了"他（她）是谁"，衣来伸手、饭来张口不说，还动不动就使性子、耍脾气、摔碟子扔碗，鼻子不是鼻子脸不是脸，而且对父母的所有付出丝毫不领情，更谈不上感恩报恩之类。前不久一从日本留学回来的儿子不是在机场把前来接他、为他受尽苦和累、受尽煎熬的母亲连捅了七八刀吗？这可真真是甜水浇出了苦果、福窝里长出了毒蘑菇！我家的小狗只是个特例，大不了我多忙点，把好吃的多分给它点，但全国因溺爱而被惯坏的子女又有多少呢？此类事近则误了子女、伤了父母心，远则妨碍他人、危害社会，想想这该是多么可怕呀！古语讲"子不教，父之过"，难道我们还不该尽快警醒并引以为戒吗？

我喜欢看有关人与动物相处的文章，它们表现的都是本性的东西，而本性可以培养，可以熏陶，可以养成。有句俗话叫"三岁看老"，无论是豆豆还是孩子，他们的本性和主人、家长的熏陶密不可分，当孩子不成器或者犯错时，请先别指责孩子，看看我们家长是否有过错。让我们承担起责任，为孩子创造一个良好的开始。

点评人：法律电商知名品牌绿狗网创始人　张馨心

"豆豆"的困惑

关于"豆豆"，大家早已熟悉，这一次我要说的是它挨冤枉被打的事。

那年年关我买了两只风干的野兔，原想着朋友小聚时当个下酒菜。不想店家因生意好而没熬烂，我又不愿因此去与他生气，于是没事就拽个兔子头或腿喂我家"豆豆"。它倒是不嫌不烂，吃得很惬意也很卖力。但这个细节我没跟妻子说——也是怕她说我笑我——她还是饭后照常要喂喂"豆豆"。"豆豆"一是不太饿，再则妻子喂的菜汤泡馍也远赶不上兔子头和腿好吃，所以她每次喂"豆豆"都不吃，甚至连闻都懒得闻。再看看"豆豆"又跑又闹又撒欢也不像生病的样子，妻子的气就不打一处来，吵了骂，骂了打，把个"豆豆"撵得不敢进家。按常理推"豆豆"挨了打也不会明白：明明不饿，不吃还要挨打，这啥理呀！我既笑"豆豆"无辜挨揍，又笑妻子自找气生，还故意在一旁坏笑着说它不吃它不饿，你管它干啥？

其实与此类似的情景并不陌生，常常发生在夫妻二人教育、要求子女不在一个标准上。就如对待"豆豆"，如果我二人都喂它兔子肉，肯定没事；都喂它菜汤泡馍，估计它也得吃。但它能适应我二人一个喂肉一个喂馍吗？又如夫妻二人要求子女，如果都严，子女容易接受；如果都宽一点，子女也好适应。如果一个严一个宽，一个严得可怕，一个宠得没边；如果一会儿严一会儿宽，严时非打即骂，宽时捧到天上，子女还能不出问题吗？但愿此类家长能多少受点启发。

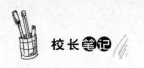

"豆豆"的惩罚

现在我再说到"豆豆"很没有信心。原因是我实在无毅力下狠心帮其改掉"嘴馋且懒"的坏毛病。我自己平时吃饭很简单，家属也不大喜欢改善伙食，所以不是家中来客或在外吃饭，"豆豆"很少能有改善伙食和啃骨头的享受。这是馋嘴的"豆豆"所不愿接受的。还有嘴懒，到现在它吃馍必须嚼碎才吃。这一段时间家属去郑州帮助带孙女，我一个人进家不是忙这就是干那，吃饭都是凑合的。可"豆豆"偏偏没有眼色，宁愿让自己饿得冻得直打战，也不肯迁就着先吃一点儿。朋友中也有劝我"狠饿它的"，也有劝我"干脆不管它的"，我真的很不忍心。毕竟，"豆豆"这毛病是我一点点好心惯起来的，错先在我而非"豆豆"，我怎么能先惯后弃扔下不管呢？所以现在我是宁愿自己吃饭简单点，也不忍心让"豆豆"太过委屈。

其实问题远不止这些。读过前文的朋友都知道这个"豆豆"是个连任的狗妈妈，它不仅自己"嘴馋且懒"，还把这一毛病毫无保留地传授给它的狗宝宝。喂它们的食物若是差一点，它不是领着小狗将就着吃点，而是闻闻就带头走，结果教得小狗也学会了挑肥拣瘦。真真是岂有此理！为了避免几个小家伙跟着它学坏，我和妻子商量好，一旦小狗能吃食就赶紧送人，一个也不给它留，气得"豆豆"每回总是"呜呜"着连叫带喊，想来它也一定很伤心，但我也只能如此。谁叫它不好好教小狗来着！

用此法对付"豆豆"基本还可以，"豆豆"虽然用它的不肯让步和我对抗了好几年，但它阻止不了我把它的狗宝宝送人。我平时能和很多有这样那样缺点的人友好相处——我的缺点也不比他们少——自然也不会计较我亲自惯坏的

"豆豆"。真正让我担心的是生活中的那些家长。平时为了教育学生，我们会邀请一些家长到校，当然也包括一些"问题学生"的家长。谁知不请还好，一请有些问题反倒变得更麻烦。而且惊人相似的是那些"问题学生"的背后都至少有一个或多个"问题家长"。这些家长自己带一身毛病不说，更可怕、可气的是他们还一味地纵容孩子，无理地向老师和学校提这样那样的要求，惯得孩子不知道天高地厚，他们自己还振振有词，理直气壮，丝毫没有意识到是把孩子往坑里推。你说这有多危险？我家狗宝宝我可以及早送人，而这些面临不良环境和错误家教的孩子能往哪送呢？18世纪法国伟大的启蒙思想家卢梭这样说道："误用光阴比虚掷光阴损失更大，教育错了儿童比未受教育的儿童离智慧更远。"说的就是这方面的教训。其道理就像一张白纸可写最美丽的文字，可描最美丽的图画，而一旦涂脏就啥也写不成、画不成一样，想想那些正用错误、危险的方式教育孩子、还美其名曰是最爱孩子的家长你就能明白后果有多可怕。儿童不是不需要教育，不需要学习，而是需要正确的教育，需要学习有益的东西。从这个层面上讲，当家长的恐怕不能仅仅要求孩子这样那样，自己还必须先学学怎样做父母，怎样教孩子——因为家长除了能最近距离地正面影响、熏陶孩子，让孩子积极向上外，也更有条件在"爱"的幌子下把孩子引入歧途或推向深渊。有人这样说，在孩子成长的过程中该训不训，该揍不揍，那是等着孩子长大后让别人训，让别人揍。我十分赞成说话人的远见。显然，不是所有的人都会像你一样娇纵你的孩子；同样，也不是所有的人都能像你和家人一样迁就你孩子的无礼和霸道。你们不舍得不见得别人也不舍得，而且能帮你们训、揍就算好的了，更差的会怎样我真不敢想象。所以哪怕纯粹是为孩子未来的发展和幸福着想，做家长的也真该好好总结、好好反思。不然你还会重复那种从爱孩子开始，到害孩子结束的悲剧。此类教训或惨痛教训古今中外的例子都多得不胜枚举，有哪个当父母的愿意亲手毁掉孩子的一生呢？

学着反观自己

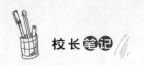

想给妻子买件礼物

我想给妻子买件礼物，是一把梳子——牛角质的、很精致、要30来元的那种。

这是项很难完成的庞大工程。真的，为此我已预谋了很久，着手实施也已四五年。

中间还一度中断过一次，我为此心疼得不行。这话后面还要提到。

我这样说，你千万别以为我特小气。其实我这人除对自己花钱特节俭外，对别人一向大方。这外界早有定评。

我这样说，你同样不要以为我很窘困。事实是我一家五口人四人有工资，条件说不到好上也差不到哪里去。

但我就是想给妻子买这件礼物，而且为此绞尽脑汁，时时坚持，丁点儿不放。

你也不要怀疑我是否正常。我心宽体健，目前还是个管着不少孩子和孩子老师的"孩子王"。

其实不早点说明白是怕你为我的预谋、我的执着、我的憧憬而感动，更怕你会想法帮我——请原谅我的拒绝，哪怕你全是好意。

要说也挺简单。我是想用我捡拾、积攒妻子梳头或因故脱落的头发卖的钱去买那种牛角质的精制梳子。30来元，按现在的情况说已不易做到，保不准物价涨它的价格也会跟着涨很多呢。

所以我很矛盾。首先是希望能攒快点好完结这项夙愿，又首先是害怕妻子头发掉得过多过快影响她的美丽，再首先我又不愿随便用哪笔钱买或用别人的头发去换钱买，那不是我之初衷。看来生活中哪儿都不乏这种多难选择，所以我只能坚持。只要不外出，我就借故打扫卫生来悄悄进行。枕巾上每天都有，数量只能用根计，虽不足引起惊喜，但也不能放弃，关键在于天天皆有；洗脸间是重点收获地，所以我从不放过；丰收期是妻子洗头时，基本上每

次都能捡起一小绺或一小团。这一天我就特别高兴。每逢这时我就感慨，生活中其实处处充满着惊喜信号，就看你善不善于发现并接收。我很庆幸我能有这一特长。

你也不要以为我这人就特大度。为妻子之乱发，我没少生气，也没少给妻子提建议、抗议，甚至上升到干仗层次。但正像她想帮我改掉的一、二、三、甲、乙、丙诸多毛病效果很不佳一样，我的建议、抗议也多归无效，后来我只能在万般无奈下选择了放弃。放弃后我才发现，原来放弃那些明知不可而去强为之的执着——准确地说应叫固执——也不失为一种洒脱。

再后来我突然想到，我无法让你改，还不能帮你捡起来吗？起初我在洗脸间外面挂一塑料袋，捡了就放其中。后来不知是塑料袋本身有用还是它的透明暴露了里面的秘密，总之，塑料袋连同我的努力都不见了。我当时那份气、那份心疼啊！后来我在墙角放了个一尺来长的竹筒，不显山不露水的，果然没再出事，看来就连做点小好事也得隐藏着点。再后来才逐渐萌生出用她的脱发卖钱给她买梳子的预谋，也同时才有了几年的留心和坚持。你说我这人隐藏得挺深是吧？深就深点吧，谁叫咱是男（难）人呢！

你别说，这样一来我在家中又多了一份寄托。每天每天，我为我的预谋而努力，每天每天我都在计算着可卖的钱数和可买的梳子的比例。其况正像蹲在地头上口含旱烟袋看麦苗生长的老农一样，充满期待和自信。

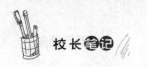

通过几年坚持，我明白世上的事本没有好坏之分，就看你怎样看待。其理就好比妻子之乱发帮我养成了留心和手勤的习惯一样，谁说我不该谢谢她——我的爱人？

想到要感谢妻子，我就站到妻子的角度想了很多：妻子接受了我这个人，也接受了我的全部，包括我的缺点，包括我的坏习惯。我有啥理由只接受妻子的优点而不接受她的缺点呢？总不能如旁人所说的那样，娶妻当如薛宝钗，谈恋爱应找林黛玉，偶尔逗个乐、解个闷又找史湘云吧。除非她是完人。但这世上本就没有完人，况且她真要是完人又未必就肯看得上我这样的俗人。我又何必怀此妄想？

原来我常常纳闷，为什么好多人在婚后比恋爱期间吵嘴、争执的比例要明显多得多，现在看来问题出在了解的层次和彼此的距离。恋爱时姑娘大多是青枝绿叶，显露的也多是温柔和贤淑；小伙子也多是仪表堂堂，展现的又定是绅士和阳刚之面。于是才有了一见钟情，于是才爱得死去活来。婚姻拉近了距离，对对方家人的不同态度显露出了各自心胸的宽容与狭隘，衣着打扮、待人接物的得体与否定位了双方的修养与能力。婚前心目中的期望与婚后的现实出现了偏差或很大落差，于是不满、失望、埋怨、打闹都来了，其实这才是婚姻的全部内涵，只不过我们一开始不希望看到或没意识到罢了。婚前大多把婚姻想象得很美好，结果常常是期望越高，失望越大。此时最易犯的毛病是一味指责对方，而很少反省自己，其实说到底就是好多人只想到了婚姻可能带来的幸福却没准备好承担婚姻的责任和分担对方的痛苦，咋会不出问题？

当然，我现在还在一如既往地积攒着我的那份预谋。虽然离既定目标尚有不小距离，但我不怕：一是我爱人的头发尚好，资源不用发愁；二是我从不怀疑我的耐心和毅力。反正我还要陪妻子生活好久好久。怀揣美好而期待而坚持，不用说结果如何美，这努力的过程本身不也同样很幸福吗？

小文写成后我会让我儿子、儿媳看看，为的是让他们更全面地了解老爸。但绝对不会让我妻子看，也请你替我保住这点小秘密。千万别让我的预谋毁于你的好心。要不我就先谢谢你的配合，这下总行了吧！

桥也是路

我是年过五十之后才学开车的，小心自然不用提。但不知因为什么让我有一个误区，老认为大路才是路，上了大路才应高度警惕。直到有一天在一村边小路口见了一次人车相撞，才意识到小路原来也是路，而且这小路、岔路还都是多事之路。

我不由得想到多年前读过的一篇小说。主人公是动乱年代后期的一农村女青年，人长得出众，嘴巴也甜，可谓百里挑一。无奈心虽比天高，却生不逢地，所以她很苦恼。后来村里来了一批驻村工作队员，她瞄上了一家境甚好、人特老实的男青年，那男青年对她也不乏好感。她没有丝毫犹豫，极尽温柔、殷勤、热情、甜美之能事，不久即以未婚妻的名义随他进了城。结婚那天，她笑得特别灿烂，骄傲得像清朝王室的格格和英国皇家的公主。连你也替她高兴吧，但你无论如何也想不到的是她没让这笑容逗留太久，便开始了小巧而认真、婉转而执着地使性子、吊脸子、摔碟子、找碴子，丈夫百般哄、劝、求、安慰都无济于事，终于让她以感情不和为由离了婚。两年后，在城边的桥头，那男的碰上了满脸疲惫、憔悴不堪的她，问道："这两年过得咋样？""不好。两年多我先后两次结了又离，再也没有碰见像你那样待我好的。"她不无自嘲地说，"连我都想不清当时你为啥待我那么好。""实话对你说吧，我从一开始就知道你不是真心喜欢我，只是想借我这座桥踏上你的进城之路。今天我想告诉你的是，桥不光是桥，桥本身也是路。"

男的早已走得不见了踪影，女青年还在品味着他的话，她很奇怪："桥就是桥，桥怎么也是路呢？"还有一点她也没弄懂，既然一开始就知道自己的企

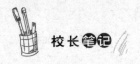

图，可他为什么还那样真心待我帮我呢？婚前婚后这么长时间也没发现他傻呀。可怜这姑娘的内心远没有外表精明，看来她是永远不可能想清楚这一点了。

其实桥也的确是路，而且是最为关键的必由之路。相比于平地而言，没有路我们只不过走得吃力些、远些，但没有桥就可能咫尺天涯，徒叹奈何；相比于大路而言，小路、岔路、上下坡、盘山路、上下台阶等更应是我们须加倍小心的地方，不然就很可能一步走错，再也难回；更进一步说，凡我们抬脚之处都应是路，虽然我们一生中不知要走多少路，但只有留心脚下每一步，才可能步步落到平稳处。

生活中类似我之不把小路、岔路当路，类似女青年之不把桥当路、过完就拆者真的不乏其人，当然也就随处可见类似的教训。因此，不管是为了每一步都能脚踏实地，还是为了达到远方之目标，我们都有必要而且是必须慎重对待每座桥、每段路、每步路，避免像那位漂亮的姑娘一样，耍小聪明拆了属于自己的"桥"，同时也把自己拆得没有了立足之处，拆得让自己除了伤心就是后悔。要知道，幸运不可能永远眷顾那些侥幸投机之人！风筝不光要飞得高，还要落得平；汽车不光要跑得快，还要停得稳。不然筋骨都保不住了，还能美个啥劲呀！

感谢昨晚失眠

昨晚与友人一道住招待所。可能是酒精和疲劳的缘故，他躺下不久就铆足劲似的扯起了呼噜。按说这也没什么，可怕的是他的呼噜时有中断，等到实在憋得受不了时，才如山崩或开闸般爆发一次，那声音在寂静的夜晚实在有点瘆人，随之而来的还有如释重负般的一声低吟，接着再慢慢憋气，再突然释放，再……我原本奔波一天，疲惫至极，此时欲睡难眠，欲逃无处，思绪烦乱，一颗脆弱的心一会儿被他的呼噜提到嗓子眼儿，一会儿又被抛入恐怖的深渊。那根本不是在休息，分明是在伴着他的呼噜负重涉水，一夜潮起潮落，喧嚣不断。他本人累不累我不晓得，反正我是连累带怕早已撑不住了。

我不由得想起了我的妻子。

这些年我一怕出差，二怕外出开会，很大原因也是由于我打起呼噜来比他还有水平。因为怕影响别人，很多时候我只能选择独住一间，哪怕房间小点、条件差点也是最好选择。

那么，我妻子这么多年是咋过来的呢？是否每个夜晚都替我累得够呛、担心得要死呢？

我这才明白她为什么时常怀念当姑娘独守闺房的时光。

我这才明白她为什么早晨总喜欢多睡一会儿。

我这才知道她其实心里比我还多着一份担心。

我这才意识到她是那样的宽容。

因为选择了我，因而也毫无怨言地接受了我强加给她的一个又一个"不眠之夜"。一年三百六十五天，每晚都要倾听我那不堪忍受的"小夜曲"，都要替我悬着一颗心。显然，她的过早憔悴、她的心脏过早地出问题都肯定与此有一定联系。有几次外出，和我同住一室的人深夜外逃，找不到房间宁愿坐走廊都不进屋。而我的妻子、我那言语不多的爱人却每晚都去默默忍受，甚至不得不睁大两眼去看黑夜，又生怕弄出动静惊醒我，而我还时不时地责怪她脾气不好，不知道体贴人、不会来事儿等。现在想来，我何止是对不起她？我选择了她，却不想接受她的缺点，总希望她各方面都能符合我的要求，总喜欢拿别人的长处比她的短处，至于对她是否公平却压根儿没想过，你说我是不是非常自私？我在庆幸自己终于有机会自省的同时，又不能不为和我犯有同样毛病的朋友担心、着急。爱人虽是自己最亲近的人，但类似我之粗心、自私、对爱人的美德缺乏了解，不懂得珍惜的肯定不止我一个。要不夫妻间咋会有那么多争吵打闹，分道扬镳者咋会节节攀升？

感谢昨晚失眠，让我又多读懂了一点妻子，也让我多了一次修正自己的机会。但愿亲爱的读者朋友别再如我一样明明守着美玉却不识宝，还总说什么老婆都是人家的好，傻不傻呀？

感谢等待

前几天妻子的单位搞什么岗位培训，要集中一星期。因我俩平时总是各上各的班，在家一会儿又少不了鸡一嘴鸭一嘴，所以我也没有多在意。那天下午送她走后，望着空荡荡的几间房我不知咋的直发愣。明明该做晚饭了，想想就是一个人，索性热点剩饭将就一下吧。晚饭后一个人拿着电视遥控板，摁了这台换那频道，明明没有人和我抢，自己有自由了又感到没情没绪的。有心出去转转玩玩又担心家中没人不安全。看书老嫌枯燥，想写点啥又找不到感觉。最让人难以忍受的是妻在走之前怕我还像以往一样整天难得在家一会儿，把家中除我之外唯一活的东西——小狗"豆豆"也寄养在同事家，显然是怕"豆豆"挨饿。百无聊赖之余我只好把院内和屋内所有的灯都摁亮，看看有没有什么可疑之处，然后早早地躺床上看书。谁知书是看得迷迷瞪瞪，觉也睡得少盐没味，一夜似睡非睡辗转反侧，清晨5点就觉得腰酸背痛，再也无法躺下去，只好胡乱塞两口东西早早去了单位。

第一天、第二天就在这种状态中胡乱打发了过去，第三天我突然觉得时间不像往常那样眨眼就是一星期，尤其是晚上一个人在家，有时想找个吵架的人都不可得。第四天、第五天我简直羡慕起原来回到家和妻子吵嘴斗气的时光来，甚至有了点不顾天黑道远找个理由去看看她的冲动。真可谓不是个中人，难解其中味，等人的时光原来竟是这么不好打发。

我这才明白为什么每到傍晚一听我在电话中说晚饭不在家中吃，妻子为什么会显得那么失望；

我这才意识到她对我晚上回家太晚为什么那么在意，那么不满；

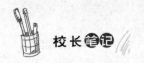

我这才理解妻子为什么总爱冲我发点无名火。

原来我总认为她除了上班就是在家洗洗衣服做做饭，还动不动找点闲事，现在看来她那火发得也不是没一点道理。要说忙她（她在监狱门岗上班）倒真不是太忙，去单位一天就是签签到、开开门、登个记而已，但监狱门岗的最大特点是上班想忙都没事干，但又寸步不能离开。谁知道哪个犯人哪一会儿会想着越狱呢？所以她在单位只能紧紧地绷着神经。而到家又如何呢？我家总共三口人，儿子在外上大学，我在学校当个头一天到晚忙不完，一天能按时回家一趟就很奢侈。我家又住在县城的最把边儿，所以她回到家与单位也差不了多少，没多少事干却也"拴"住不能动。你说她整天守着个空房子，不冲我发火又能找谁呢？

可是原来我真没站到她的角度想过。我自认绝非好玩之人，但因工作和交往的关系，工作之余也少不了应邀陪人吃个饭、小酌两杯、聊个闲天之类。有事可干，特别是比较高兴、忘情投入的时光总是不知不觉就过去了，但同样的时间对在家等待的妻子而言可能就显得很长很长，再后来可能就不是在等人而是在等气了。所以每逢我回家晚她就少不了嘟噜啰唆。我又怪她无事生非，双方气都不打一处来，好端端的日子硬被我俩过得烽烟不断，一说双方还都委屈得不得了。其实说穿了还不是缺少点换位思考吗？作为校长，"要多站到别人的角度想想"的建议我不知跟多少人提起过，可自己为什么压根儿就没想过在妻子身上实践呢？

我真遗憾她为什么没早去培训几天。

其实家庭中类似我和妻子这种情况者肯定不在少数。是不是还有因为这而走向分道扬镳者我不得而知，但我就差点走了这一步。更可怕的是当时我还自认为蛮有道理，你说悬不悬？

其实生活中、工作中类似于我这样的只强调自己有理，只顾替自己考虑，而一味地谴责别人者肯定也不在少数，不然同志、同事、上下级之间也不会有那么多的误解、摩擦，甚至势不两立、不共戴天。其实在家中、在单位、在社会上，没有一个人不希望有良好的人际关系，有真诚的关心和帮助，有互谅、互让，但前提是不是要从自己做起？是不是得让自己首先学会替别人着想，然后才有可能希望别人也去替自己着想？你自己一天到晚老绷着个脸，只顾及自己、自己家、自己单位利益，老去谴责别人这没风格、那没涵养，别人凭什么非得对你处处谦让？

　　我真庆幸能有机会等待妻子一星期。

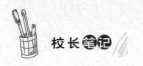

莫怨嗟，稳脚度年华

　　"莫怨嗟，稳脚度年华"是陈毅元帅1936年被国民党重兵和大雪围困在赣南时所写《赣南游击词》最后一节的首句，后面的两句是"贼子引狼输禹鼎，大军抗日渡金沙。铁树要开花"。伟人就是伟人，即使在那样弹尽粮绝、几近绝望的环境中，仍然不忘以诗勉励大家"莫怨嗟"，要"稳脚度年华"，并坚信"铁树要开花"。说实话，每每想到或读到这里，我就觉得格外受鼓舞。面对生活中的那些坎坷磨难和明枪暗箭，也就多了一份淡定和承受力。

　　人们平时习惯说，时光对谁都是平等的，不会因好恶有长短之分，这我相信。这里我要说的是生活（或者说命运）对人差不多也是一视同仁的，不会对谁太偏爱，也不会对谁太促狭捉弄。区别可能是你这一段较顺，他那一段特别好；你这方面很优秀，他那方面特突出；你这一块很称心，他那一块则很不顺心或非常难过甚至过不下去等。如果能走入人的内心深处，你会发现无论谁都不是多轻松，也别管他是做官经商在家在外钱多钱少的，都不是人们所想象的那样事事顺心，一帆风顺。

　　人们平时所看到的只是一些人外在的风光和笑容，其实各人心中的压力忧愁凄苦烦恼孤独等则看不到或很少有人知道。所以人们平时最易走入的误区是艳羡别人多么有钱有地位有面子，多么风光有能耐甚至路路皆通，远不知他或她内心的苦楚一点也不比常人少，说不定他们还在羡慕你我能过上平常人的从容日子，能陪爱人老人孩子一起度度周末，能在路边与朋友喝茶聊天打闲牌呢。天空中的神仙人人都羡慕吧，可七仙女却非常羡慕男耕女织的人间生活，要不怎么会触犯天规下嫁董永？月宫虽然金碧辉煌，但嫦娥所面对的那份清冷寂寞一般人是否能承受得住？千万不要以为这都是神话，须知神话也是人编的，道理都是相通着呢。如果能想明白这些，自然会心安理得地接受陈老帅的建议"稳脚度年华"，而不会再整天怨天尤人，一副苦大忧深的样子了。

平时无事，我喜欢观察身边的熟人。我的结论是生活对谁都不会徇半点私情。那印信不是镌刻在他面部的皱纹里，就是钉铆在她微驼的脊背上，或蹒跚在他趔趄的脚步中，或暗淡在她无光的眼神里。那即是人生的年轮。区别只是有些人衰老或憔悴得很快，有的人则相对慢些而已。突然有一天我会感叹，想不到印象中那么优秀的一个俊小伙，才刚刚40岁已吊上了那么明显的眼袋；偶尔有一日我又会惋惜，当年舞台上那个举手投足一笑一颦都透着秀美和灵气让观众为她牵肠挂肚的"甜妹"（艺名）也会被生活拖累得黯然失色。今天中午，我又发现当年那个和朱时茂搭班演小品让无数观众开怀大笑的光头明星陈佩斯，如今在电视上露面时胡须也已花白。是的，我以为这才是真实的生活。真实的生活是任何人都无法回避的，而且你越发愁它越爱跟你过不去。有的人整天乐呵呵的，碰上谁有事都会热心相帮，不一定他心中就没烦恼；有的人见谁都诉苦，似乎全世界的不幸都轮到了他们头上，其实说不定她或他过得比好多人都好。前者温暖了别人又解脱了自己，后者把坏情绪传染给别人自己又放大了痛苦。这也正是前者为什么到处是朋友而后者整天发愁找不到可倾诉的朋友的原因。现在生活节奏这么快，要做的事情又很多，可分享的快乐又很多，谁没事天天等着听你专门东拼西凑找苦诉、装腔作势强说愁呢？

其实别管顺境逆境，人总要天天往前走。要走就要有个目标就要有点精神，其实人活的也就是个精气神。只要大家像老师那样坚信"铁树要开花"，还何愁找不到生活的乐趣？

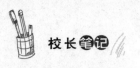

父爱，沉重而苦涩的父爱

父爱，是个特别大的题目，在父亲离开我们全家这近6年的时间里，我一直在苦苦地努力，试图找到父爱那无所不包的边沿，试图理清父爱那无处不在的头绪，都终归失败；父爱，是个特别沉重的题目，沉重得每逢提笔我的手就直颤抖，不知道该从何处下手叙述父亲留给我的影响，该用什么样的文字记录与父亲在一起的点点滴滴；父爱，还是个特别苦涩的题目，苦涩得我每次想起总要无言地流泪。都说时间能淡化很多东西，但随着父亲的离去，有关父亲的一切却愈来愈清晰地浮现在我的脑海和眼前。我知道，这些都早已烙印在我记忆的特区，成为如影随形陪伴我，直到永远的珍贵财富。

一

1993年8月，在豫东那个偏僻的农家小院，我们兄弟姐妹七人加上我爱人迎来了8件喜事：第一是我姐被评为当年全地区唯一的副教授，第二是我本人被选聘为城关中学副校长，第三是我爱人免试转为监狱干警，第四是我大妹民师转为公办教师，第五、六、七是我二妹、三妹、四妹同时获得华中师大本科学历，时人称她们为"高氏三姐妹"，最后一件是我弟弟应届毕业以优异的成绩，考入西安电子科技大学。不是局中人可能想象不到这对一个父母都不识字的普通农家意味着什么，更不会知道这一连串的喜讯还是在父亲两年做了三次手术后——最后一次父亲患的是贲门癌，地区医院的专家诊断还能活80天左右——可能是上天也不愿我们这个家再遭不幸，也可能是父亲不忍心抛下与他相濡以沫的妈妈和我们，父亲不仅再一次从死神那里挣脱了回来，而且信心更足地拖着截了两根肋骨的病残身子和母亲一道为儿女撑起一片天，让我们别管在外工作或求学都能有一个稳固的后方和温馨的港湾。这些年我之所以一直在多方努力帮助所有我能给予帮助的人，就是为了报答父母和所有像我父母一样恩比山重、让人不能不肃然起敬的长者。

二

父亲身子一向单薄。在我的记忆中，父亲的面色始终是黄黄的，体重不过百十来斤。但父亲又是个急性子，干起活来特别不惜力，所以年纪轻轻就落下了严重的胃病和头痛病。据父亲的同事讲，刚解放那些年，我们这一带时兴用人或牛拉的四轮木车（又称太平车），父亲所在的综合厂就长年批量加工。将前后横梁、横撑与车帮往一块合时，36斤重的大铁锤父亲一气连举六七十下，随着铁锤起落还要喊着"啊……咳！"那长长的号子，而且每次都是稳准狠。直到今天我仍然是既明白又糊涂。明白的是他为啥早早落下一身病，糊涂的是他那瘦弱的身子怎么会有那么多力气。也许父亲是把所有的热情与能量都用在了为厂子多打车、打好车，为新农村建设多出力多流汗上了。除了干活肯下力外，父亲还特别爱动脑筋，爱问这摸那。60年代前后，父亲因发明木制水车和木制打麦豆、水稻机，因善于打木楼，多次被评为劳动模范和技术革新能手到省会参加表彰大会，我上小学初中时背的帆布背包就是他当年的奖品。每次开会父亲就用这个包背回些他舍不得吃的白面馍、饼干和面包之类，使得幼年的我在那个全国普遍闹饥荒的年代还能吃到些普通人家极为少见的东西。

三

我们兄弟姐妹七人，父母因为都吃过没文化的亏，所以无论家中怎样忙，日子过得怎样艰难，父母都铁了心坚持供养我们上学。最难忘是1973、1974那两年，当时上大学靠推荐，我姐从小学到高中成绩都是数一数二的，读高中时还是校团支部书记，毕业后当民师的表现也是谁见谁夸。但因为我父母

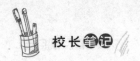

都是普通农民，又没有当官的亲戚，所以虽然每次推荐姐姐都排第一，但一到定名单时肯定被刷下来。父亲为此急得整夜睡不着，嘴上起的全是泡。为了不耽误姐姐，他拼尽家中所有积蓄，一趟趟跑大队乡里县里，一趟趟托着这个求那个。也可能是父亲的多方求助，也可能是姐姐确实优秀，县里终于答应给姐姐一个指标，不料到乡教育组又被当时掌权的把名额调给了他妹妹。得知这一消息，正在病床上的父亲二话没说，又开始了新一轮的奔走求人，姐姐才在当年临近结束时拿到了那张改变我们兄弟姐妹七人命运的通知书。父亲平时很爱面子，胃病又三天两头犯，但那段时间他似乎全都忘得远远的。事实证明，父亲是很有眼光的，姐姐读师范时就经常为同届和下届同学讲课，一毕业就留校成了骨干教师；上电大时也是边当学生边当电大教师，后来又成了电大的中层领导。正是因为有姐姐做榜样和严格要求，我和妹妹弟弟上学都不敢有半点懈怠，这才有了我家1993年8月的捷报频传。我至今仍清晰地记得那些年为了贴补家用，也为了给我们姊妹几个攒学费，父亲佝偻着瘦弱的身子，上班时忙校办工厂里的事（他是校办工厂的师傅），下班时起早睡晚，忙着做桌子、柜子时那根根凸起的肋骨和红肿的双眼；我至今仍忘不了一听说我第二天要去参加高招体检，已经病得两三天水米不沾牙的父亲一下从床上坐起的情景；我眼前至今仍能逼真地浮现出每逢过年过节年迈的父亲站在大门外盼我们几个回来时的急切和欲说又止的表情。可能这就是他那年轻、年壮时拼尽一切为家为儿女，年老时满心满脑盼儿女平安回归，虽言语不多却又重如山、宽无边、沉沉的、苦苦的、涩涩的父爱。

四

在我的记忆中，父亲很少有几天不犯胃病的，有时天天都犯，严重时还吐血。他的头痛病是那年他指挥几百号人修公社的跃进门时，连续几天几夜不睡觉、过度劳累和用脑得的。那时的他年轻气盛，病刚好就不顾医生的再三劝阻，跑出医院去了工地，之后就落下了那一急一累一生气就头痛得几个人都捺不住的怪病根，几乎每次犯病都把我们全家吓得要死。那时家家的生活都紧紧巴巴，我家兄弟姐妹多，负担重，父亲难免会着急上火生气，所以从小我就非常羡慕那些父母健康、又很少生气的同学。我觉得人世间最大的幸福就是父母没灾没病，真不知那么多年父亲是怎样熬煎过来的。

五

2005年中秋，父亲因怕耽误我们的工作，独自一人骑车回家时遭了车祸，在重症监护时抢救了七天七夜才脱离危险。不料这次脑外伤给父亲留下了癫痫的隐患（也许还因为原来的头痛病仍没好利索），且天愈冷犯得愈频繁。2007年春节，父亲从沙发上站起时摔断了股骨头。为此我特意请了省级专家，手术做得还挺顺，我以为这次父亲仍会像前几次一样能尽快康复，陪我们一起往前走。但是手术后的虚弱加上癫痫的反复发作竟让医生和所有专家都没了办法，父亲终于狠下心抛下我们而去了。我这才真正品尝到了树欲静而风不止、子欲养而亲不在的那份欲说无言的苦楚。

早晨，我再不能陪父亲去喝碗他喜欢的豆沫；周末，我再不能陪父亲去理理发、洗洗澡，或一块回老家看看了。纵是我心中有再多的话和委屈，也只能到他的墓前去诉说了，还不知父亲是否能听到一句半句？爹爹呀，您在那边生活得可好？人都说一死百了，凭你一生的操劳和热心，到那边后您的胃病和头痛病应该都好了吧，应该不再整天受病痛的折磨了吧？

六

说到孝顺老人，我不敢说我们做得多好，但有一点我敢说，我们都是用心在做。那些年父亲一吃酸的、甜的、冷的、辣的食物就犯胃病，而那时家家都是红芋汤、红芋馍。为了让父亲少犯或不犯病，我家即使在最困难时也一直为父亲单独做馍烧汤，不让他吃那些易犯病的。很多时候我们兄弟姐妹几个宁愿饿着，也不去动筐子内父亲的馍，连当时刚刚两岁多的弟弟都知道"那是咱爹的馍，不能吃"。父亲何尝不知道这些，所以常常是拿一个馍掰给弟弟一小块，再掰给最小的妹妹一点。后来我们都有了工作，虽然经济上都不太宽裕，但都是得空就往家跑，而且尽其所能买回些父亲喜欢吃的、穿的、用的让父亲高兴，弟弟还特意陪父亲和母亲去北京、上海等各处游玩。但父亲毕竟过惯了苦日子，他既心疼钱，又心疼我们，每每买回东西还会惹他生气，所以后来我们干脆都不给他说实话。记得2002年送儿子去上大学时在高速服务区，当时自助餐25元一位，我怕父亲生气，就对他说"5元一位"，他说"5块钱吃顿饭不便宜呀"！最后一次，我弟在上海出差时特意请了几天假，让我姐陪父亲先去上海，然后一起游玩东南五市，一趟下来他先后拉裤子和被子上几次。我对姐姐说，看来不能再让父亲往外走得太远了。虽然明知道是这样，但心里总还是想着能让父亲吃好点、多吃点，走远点、多看点，也好让我们心里少留点遗憾。用我姐的话说，有空就赶紧回来，多回来看一次就多赚一次。按说现在我们家的条件较前好多了，但东西再好吃，也只能摆在父亲墓前当供品；外面的世界再好，父亲也不能再去了。这些都是我不忍想的，一想起我就会清泪不止。所好的是现在母亲身体很健康，心情也挺好，所以我姊妹几个都在从不同的层面去照顾母亲，陪伴母亲，我想这可能也正是父亲最希望看到的。

现在，我唯一盼望的就是父亲去那边以后，没了胃病和头痛病的折磨，身体会一天天胖起来，健康起来，心情会一天天轻松、开朗起来。因为好心应该有好报，不是吗？

家，其实是架天平

多年前，时在东北一高中任教的赵谦祥老师为了唤醒、激励他的学生，不辞辛劳，骑车走访了他班46个学生的家庭，在其后所写的诗中他这样形容：父母已是两头点燃的蜡烛，一头为了老人，一头为了儿女。从这个意义上讲，点燃的地方又何止两头呢？想必那些步入中年的朋友都有这样的体会。不知从什么时候起，自己成了家中的主角，成了老人的依靠和儿女的保护神，成了家中不可或缺的顶梁柱。本来有些朋友还颇有童心，还很想像儿时一样无忧无虑，但非常对不起，你已经身不由己了。不是你想不想、愿不愿，而是舍此无他、不干不中了！

我有一个学生，他的小男孩五六岁时体重已近百斤。那次他们全家去爬泰山，他生怕儿子年幼跑伤了腿，不顾什么中天门、十八盘，背着儿子往上爬。不用说你也能想象到那是怎样一个过程。也许是为了表功，也许是为了启发，到山顶后他喘着气问儿子："今天是老爸背你爬山，将来你长大了，爸也老了，你打算咋办？"谁知小家伙连想都没想，神气活现地说："那还不简单，我也背着俺儿子来爬山。"我那学生一路上吭吭哧哧、手脚并用，好不容易才爬上来，本来就脸红气喘、汗流浃背，听了儿子的话更是干张着嘴却喘不上气，说不出话。

回过头来再想想，小家伙说错什么了吗？上行下效，今天你背你儿子，明天我背俺儿子，这是多么自然又得体的回答啊！至于这一回答合不合他老爸的口味，对不对他老爸的心思小家伙估计没去照顾。但我们能因此说小家伙的回答不对吗？

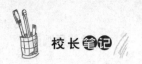

　　由此我想，假定我的学生那天是背老爸爬山，途中肯定会受到很多称赞，到山顶老爸肯定很激动，肯定很心疼他，肯定会让他赶快歇歇喝点水。又假定，小家伙那天是看着老爸背爷爷吃力爬山，那他会怎么想、怎么回答呢？如果还按"上行下效"推理，得到的应是"今天你背你爸——我爷爬山，明天我背我爸——你来爬山"，你说这该是多么圆满的回答，又该是一次多么生动、直观、让大家倍感温暖的言传身教啊！可惜，这只是我的一个假设。

　　由此我又想，作为儿女，我们究竟应怎样做才算对长者尽了心；作为父母，我们又该如何才算对子女尽了责？平时，我们确实经常看到背着、抱着、驮着儿女的父母甚或爷奶，但如果不是特殊情况，却很少看到背着父母的子女。几年前，王凯、王锐兄弟俩自制"感恩号"，陪着八旬老母周游祖国大江南北，一路上受到广泛关注、称赞，说到底还不是能这样对老人尽心、让老人开心的儿女太少了吗？

　　前些年，在一些农村村边出现了一道风景——简陋的房子或棚子，里面住的毫无例外都是些并不缺儿女的老人。每逢这时我就发闷：这些儿女都怎么了？而且有些儿女不仅敢做，而且当着大庭广众甚至对着摄像机镜头都毫不脸红。同时我们又常见他们把儿女看得比皇子、格格都宝贝，为了儿女当牛做马、日夜操劳都心甘情愿。如果他们知道自己晚一天也要面临住村边街头、老时无人管、有病无人问的命运又会如何呢？难道我们一天天、一代代就去这样言传身教吗？

　　俗话说，尽孝论心不论形，论形寒门无孝子。可见对于老人，远不是仅仅给点钱给点东西。王凯、王锐兄弟二人只是自制了一辆三轮车，但他们能历时近9个月、穿破40多双解放鞋、往返9000公里了却老母生前想看看香港的心愿，这就足够了！因为他们尽了最大努力，是用心来让老母亲高兴。其实这不正是天下所有父母满心期求的最好结果吗？

　　再就是对待子女。现在的家长有两点大体相同：一是期望值普遍较高，二是对子女的物质需要基本都是尽量满足。至于家长想的与子女想的是否一致、自己给予的是不是子女所需要的则很少有人去认真研究。其实这可能正是不少孩子啥都不缺、唯独缺快乐的根源。

　　按说家长疼爱孩子再自然不过，问题在于除了疼爱还必须正确引导，还必须时时教育。比如对孩子的要求，该满足的不去满足是我们失职；然而不该满足的也去满足，明明没能力满足打肿脸充胖子也去满足，那不分明是把孩子往邪路上推吗？

平时和老师聊天，大家的共同感受是现在的孩子越来越不好管，其实这都是家庭教育没跟上或者误导造成的恶果。试想，如果孩子在家中无论要什么都能得到满足，无论对错都有人支持，从小沾染一身坏毛病，到了学校老师管得轻了管不住，管得狠了不光家长接受不了，孩子也容易出问题。还有些家长，孩子小时惯得没边，大了管不住了就任其破罐子破摔，你说这有多可怕？

家，其实是架天平。老人、孩子分别处于天平的两端，我们的职责就是全力维持这架天平的平衡。对于老人，我们除了尽力，还应尽心，还必须努力读懂老人的内心；父母年老了、生病了还必须有足够的耐心。对于子女，我认为条件越好越必须注重教育，不然只会滋生更多的"纨绔子弟"和"花花公子"。所以该让他们经历的锻炼和体验，该由他们负的责、做的事谁都绝对不能代替，其实也不可能永远代替。其理就如放风筝，我们既不能因为担心不松手，也不能太过放心而失去控制。有可能正因为孩子搬凳子砸了脚、玩刀子割了手才学会了小心。时下好多人提出富教穷养，其实从某种意义上，小孩子不知道蜜糖的甜、被子的暖未必不是好事，因为这其中包含着大爱和大智慧。

家，是我们所有人必须依赖的港湾。人常讲，家和万事兴，家毁万事休，足见家庭这架天平的平衡稳定多么必要。中年人居于这架天平的关键处，别管难不难、累不累、苦不苦都只有而且必须扮演好我们的角色。

顶梁柱，顶梁柱，我们不奋力顶起来又怎么能称作"柱"呢？

给心灵放会儿假

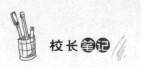

向她致敬

　　她是陪同婆婆来住院的，年龄估计不到30岁，有一近3岁男孩。和她同来的还有她婆婆的娘家侄女 。应是怕儿子在这闹或受传染，中间来了一趟就又让人带回，她则一直没走过。

　　她婆婆入院第4天做了手术，时间持续6个多小时，结果是恶性的，不做估计能撑两个月，做了大致不会超过一年。病重，加之手术时间长，她婆婆术后好几天都一直昏睡，喊几遍还不睁一次眼，稀饭、奶喂就喝两口，不喂也不知道饿。因为术后嘴干，她一会儿给婆婆擦擦嘴唇，喂两口水；为了给婆婆增加营养，稀饭、豆腐脑、牛奶她是变着样喂，哪怕一次只喝两勺；因为术后发烧，她一遍遍地为婆婆擦身子降温；因为怕感染褥疮，她每隔半小时为婆婆翻翻身，拍拍背；因为婆婆大小便都在床上，还为了省点钱，她便随时为婆婆更换褥垫，洗婆婆的衣服和自己的衣服，还洗晾婆婆的褥垫。人都说80后的青年比较另类，人都说婆媳难处，人都说病床前无百日孝，然而这一切在她身上似乎都找不到。中间她公爹也来过，因为护理极不耐心，趁空还跑出去喝酒，被她劝走了。她丈夫和婆弟也来过，然而时间都不过三两天，只有她一直坚守在婆婆床前。病房的环境我不说大家也能想得到，原来规定放三张病床，因为病号多，又加了一张；一天到晚看到的是病人满脸的痛苦，听到的是病人的呻吟和叫喊，中间还夹杂着护理者的不耐心和责怪声；吃的是从楼下用塑料袋拎回的馍菜汤，睡的要么是地上，要么是坐板凳趴床头，要么是侧身斜靠在婆婆身边。然而即便如此，她一天到晚不仅有用不完的力气和精力，而且啥时见她都是微笑着，从不见发愁或叹气。尤其在为婆婆清理脏污或喂水喂饭时，总是一遍遍地喊着"妈""妈",得空还不忘给婆婆按按手脚、聊聊天。那份亲切、自然、真诚、周到真让我不止一次地为她感动。我想,她婆婆深夜还在向"主"祈祷、唱"主"歌,不知"主"是否被感动,是否能对她多多关照,但她却修来了一个好儿媳,一个好孝顺儿媳,一个相貌平平、话语不多却极为细心、比亲闺女还亲的极为少见的儿媳。我在为她身患重病又摊上那一个嗜酒如命、动不动就发邪火的丈夫深感不幸的同时,又为她能娶来这么一个让众多旁观者都肃然起敬的儿媳庆幸。人说有个好儿子莫如有个好儿媳,透过她的表现我很信很服。

但愿天下众多的儿媳都能试着向她学习。

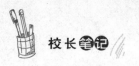

"放生"先生

（小小说）

娲县高中甘、庞二先生是一对除工作之外还能经常在一块儿喝个小酒、聊会儿闲天、帮点不大不小的忙的老搭档，所以好多时候找着了这个，那个就像森林里成对的猴头一样肯定也远不到哪儿去。

话说这晚他二人忙完了一天的工作，又在学校附近他们常去的小店内每人喝了三点三两的一个"兆丰"，一路上摇晃着手中忽明忽暗的烟火，踏着凌乱浮动的月光，聊着海湾战争和珍珠港战役，拖着或长或短的身影回他们的仙居。此时已是农历十一月的晚10点有余。突然——亲爱的读者请原谅这里我只能用这个词——走得稍靠前的甘先生发现前面光光的砖墁路上有个黑黑的、胖胖的东西在蜿蜒爬动，随着爬动还伴有"噗拉噗拉"的响声。就在他发愣的瞬间，走得稍靠后的庞先生也发现了这一奇观，他二人都被眼前的景象惊住了：要知道这是大冬天，又是光光的路上，又适逢人们常说的干冬，这夜里出游的该是个啥东东呢？不会是蛇，蛇不会这么胖这么短。关键是蛇冬天也不出来呀，蛇要真出来那说不定就是地震的前兆吧？可不是蛇又会是哪位大仙呢？尊敬的读者，要不真得埋怨我们的想象力太贫乏、太狭隘，它千不该万不该说到天边也不该是条鱼，是条鲇鱼，是条七八斤重的大鲇鱼！傻眼了吧？但这又是千真万确的事，有掂在手里的滑滑的、胖胖的、沉甸甸的大鲇鱼为证。甘先生一来因为体瘦脂肪少不耐冷，二来因为又喝了点凉酒，三来也想变变瘦骨根根、一股小风就能刮倒的形象，抓住这条大鲇鱼的第一反应就是回去炖锅鲇鱼汤，肯定好喝。"是的，肯定很好喝。"甘先生又特意高声重复了一遍，并自告奋勇自己亲自下厨。但庞先生却大摇其头："不中，不中，坚决不中！"庞先生一脸虔诚、极为严肃地数叨道："大冷的天，光光的地，平白无故跑来一条大鲇鱼，你长这么大见过吗？亏你竟敢想着炖锅鱼汤喝，还说什么'肯定很好喝'，我看你是馋疯了！这鱼必须放生，是的，必须放生！真杀了它不知道会杀出多少麻烦事呢！"甘先生想着一锅鲜汤就要"放"走，瞪圆了眼想坚持："我又不让你杀，杀出事算我的！"庞先生人胖眼也大，这会儿自然瞪得更大："算谁的也不能杀这条鱼，这条鱼只能放生，走，现在就去！"说着抢过那条胖胖的大鲇鱼，摇动着很不灵活的肥胖身子，跑回家掂了个桶，因怕委屈或得罪那条鲇鱼，还灌了上半桶水，又逼着甘先生陪他一起去放生。甘先生心中虽有一百个不满，却扭转不了，胸中怒气越发不打一处来："要掂你掂，我嫌沉！""我掂就我掂，累死我也掂！"不知咋的，矮胖的庞先生掂着灌有上半桶水和大鲇鱼的水桶竟比平时走得还有劲。这回二人走路的顺序倒过来了：庞先生掂着鱼桶走在前面雄赳赳气昂昂，甘先生背着手弓着腰跟在后面嘟嘟囔囔。

也是合当有事，此行恰好被正在同事家喝酒出来小解的袁先生碰见。听庞先生如此这般、这般如此一说，袁先生的双眼瞪得透过两个镜片在夜里直放光："这鱼、这鱼打死也不能吃！别说吃，连想想都是罪过。"看甘先生一副喝不到鱼汤不死心的样子，袁先生说："干脆这样吧，你去里面喝酒，我陪庞先生去放生。"甘先生巴不得听到这句话，乐颠颠地去了酒场。袁、庞二位则一人掂着一边桶袢，口中念念有词地往校园东侧的贝日河而去。

过了大约一个小时，袁、庞二先生从河边回来，如释重负地说："不曾想这么晚了又完成了这么一件大事，真让人心里踏实得很、舒坦得很。不然真要炖了这条鱼，那就不是睡不睡觉的事了，明天出不出太阳恐怕都很难说！"

在场的诸君被他二人虔诚得有的掂着筷子忘了夹菜，有的端着酒杯却倒在了自己脖子里，还有的竟把烟点错了头……不知是不是因为放了那条鱼，那一晚娲城高中的师生都睡得特别香、特别甜，连狗都没叫一声。次日，天亮得格外早，圆圆的太阳照在袁、庞二先生的脸上，红扑扑的煞是好看。

上午10点刚过，体育组小汪老师调好自己的课，兴冲冲地往家跑。今天是未来的准老泰山60岁寿辰，如花似玉的女朋友要他好好表现表现。未来的准老泰山有四朵金花，小汪的女朋友最小，也最漂亮，今天如果过了这一关，那最艳的金花就成了他的花。一想到这，小汪老师脚下就特别轻快，嘴里哼着平时最得意的"村里有个姑娘叫小芳"，三步并作两步地奔向了厨房内的大浴盆。可是——注意，很多事都是坏在这个词上，这是个不太吉祥的家伙——可是，当小汪老师掀开大浴盆的盖板时，发现自己昨天跑了80多里，找同学老爸帮忙买的四条给未来的准老岳父祝寿的平均8斤多重的大鲇鱼不知啥时间给他来了个胜利大逃亡。这可是他精心准备要爆的冷门啊：鲇鱼、鲇鱼，年年有余，多吉利、多喜庆啊！这会儿小汪嘴里刚哼到"辫子"，后面的"粗又长"生生被他憋了回去。"大鲇鱼啊，伙计们哪，你们这一跑，说不定我的女朋友也要跑啊。你们就是有天大的委屈看我的面子也得坚持坚持呀，哪怕到了她家再跑呢，啊！"闻讯赶来的众邻居知道了这份危险，立即全员上阵，房前房后，墙边沟池无一处不跑遍，无一角不找到。可谓上天不负有心人，在大路边的下水道口，在邻居崔先生家的水缸旁和厨房后菜地内分别抓到了那三个想让小汪女朋友改变主意的坏家伙。众邻居很是得意，每抓住一条都夸一遍鲇鱼真肥，再炫耀一遍自己是怎样发现的。原想小汪应该很感激，谁知小汪的脸仍阴得能拧出水来，哭丧着脸说："还有一条呢！我原本想着买四条，图个事事顺心。现在只抓住三条，人家再说我是三心二意，可咋办呢？大家无论如何再帮我找找。"谁知这话恰好被昨晚没喝到鲇鱼汤至今仍然耿耿于怀、回家路过这里的甘先生听到，站在门外接口说："那一条无论如何也找不回来了。昨晚它就顺着贝日河回老家了，据说它放到河中后还特意摇着尾巴回头看过好几回呢！"

大鲇鱼放生后回没回头看至今没人能证明。因为那是晚上，真回头看也没有人能看得清。唯一能证明的是小汪听了这话一屁股坐烂了那质量挺好的大浴盆，嘴咧得要多难看有多难看。因为这个大浴盆小汪那如花似玉的女朋友——后来升级当上新娘——至今仍保存着，一说是为了警戒小汪，让他别忘了曾经干过的好事；一说是为了铭记这真诚而又不失浪漫的佳话；还有的说……对此新娘子一律笑而不答。好几个收废品的都动过买大浴盆的心，一个最高出到了3.2元也没能买走。为这件事，袁、庞二先生都落了个"放生先生"的雅称。至于甘先生，因为那晚没喝到那锅飘着油花的鲇鱼汤，至今越发瘦得比干姜还干姜。每每被人提起，总要说起他的鲇鱼汤一事，据说因为这老婆还跟他下狠心分居过一阵子。

放生记

（小小说）

两个多月前，朋友来家时带了两只与大蓝边碗差不多大的野生鼋鱼，说是让我给老人炖汤补养身体。我虽然非常感激，但一来想着这东西长这么大很不容易，二来这些年野生的又越来越少，所以说什么也不忍心炖了它们去孝敬老人。

在我看来，儿女孝敬老人贵在用心，不见得非要让老人吃多好穿多高档，关键在于让老人开心。再说我母亲一辈子心地善良，也不一定愿意让我杀。基于这种想法，我把院中一个闲缸刷了刷，放了半缸水，把那两只鼋鱼先养了起来。

不知是因为自来水缺乏营养，还是因为缸中的空间太小，远不如它们的老家可以到处游来逛去，抑或还是它们也想念老家的伙伴和亲人，反正它们是一有机会——比如给它们换水时——就赶紧跑，跑不掉晚上就把缸中的水搅得哗哗响，弄得我好几个晚上都一会儿一醒。我心里说这也不是两个多安分的家伙！

那天趁着没事，我给老母亲说了我想把两只鼋鱼放生的想法，妈妈非常高兴，还说去年我给她送去的那两只是她和我姐一起到贾鲁河放生的，只是没给我说。我说贾鲁河河窄水浅，保不准又会被别人逮了去，要放就放到河水既深水面又宽水质还好的大沙河里。一开始说要赶在放生节与别人一起去，后来又想什么节不节无关紧要，反正是放它们走，索性就赶在母亲生日那天与家人一起去，也好多让老母亲高兴高兴。

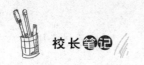

定好了这件事，接下来的那段等待感觉特好，连走路都分明格外轻快。我甚至想象着放生后，它们可能会返回它们的老家，会找到朝思暮想的亲人，会互相诉说别离之苦，会热烈庆祝劫后余生；以后还会结交好多新的伙伴，会生下好多好多可爱的小家伙；甚至想到说不定若干年后，它们会长得好大好大，还可能会在某一天我再来沙河时向我伸伸头、吐吐泡，以示问候和感谢。我期待着童话与传说中的好多奇迹也能在它们两个身上发生，连带着把自己也想象成了童话和传说中的一个角色。

今年母亲寿辰适逢国庆放假期间，我弟弟一家、儿子一家和在外读大学的外甥、外甥女都赶了回来。那天天气很好，我和弟弟、儿子、侄女、侄子在征得了母亲的同意后，驱车赶往离县城20公里之外的大沙河。秋日的景色正美，田里的农人正忙。侄女、侄子因为很少到乡下，对沿途的一切都感到新鲜，对田里的所有农作物都很好奇，一会儿问这，一会儿问那。我们的心情都有说不出的甜美舒畅。

大沙河到了，清凌凌的沙河水像宽大的绿丝绒绸带一样从远处一铺而下，来到我们面前从容亮相后又舒展地铺向下游的远方，水面的旋涡和涟漪像极了微风吹拂时绸带起伏的褶皱。那场面真称得上一个大气，那境界真叫一个壮观。弟弟庄重地提着网袋，儿子护着他叔家那片刻不肯老实的小家伙，我领着小侄女一同小心地借助浮桥来到沙河正中间，默默祝福后倒出了它们。也许是惊喜来得太突然、太意外，两只鼋鱼刚开始还愣了愣，然而它们很快嗅出了水的亲切，很快明白了眼前的暗示，旋即脖子一拧、身子一侧棱即投入了河中。可能是它们太高兴，也可能是它们逃生之心太切，或者是怕我们再临时变卦，反正它们是连我想象中的任何招呼都没打，"扑嘟""扑嘟"两声，水面很快只剩下两圈渐远渐轻的波纹了。小侄女、侄子一连串拍手叫好，全不顾这是在浮桥之上，儿子连忙搂过他们。我和弟弟脸上则早已不由自主地淌满了泪花。

记忆中这应该是为母亲过得最高兴的一次生日。

故事到此本已结束，我也渐渐地忘掉了此事。说来怕你不信，一个多月后那两只放生的鼋鱼竟然真的有了消息。这之前我虽然如前所说做了很多假想，且很是盼望，却又分明知道那最多只是奢望，是半点可能都没有的奢望。

然而当我清清楚楚知道后我又是多么的不愿听到，不愿相信竟然会是这么个结果。

那是一天清晨，我的一个早年教过的学生和几个泳伴去沙河游泳——去年我和他们一样也经常去那里——上岸后正好碰上黎明时在河边收网的渔人向他们招揽生意。其中一位和他们相识的中年人说，前一阵你们老师与家人一起放生的两只鼋鱼不到两小时就被河对岸那位捕鱼高手逮了上来，用秤一称，七斤二两还高高的，转手卖了一千多元，把他高兴得一连几天走路时都一蹦三跳，直哼小曲——此事有我放生时特意画上的印记为证，不由你不信。

罢！罢！罢！连放入如此宽且如此深的大沙河都不能让它们幸免，可笑我竟还天真地认为自己替它们想得很周到，你说这算什么事！

完了，完了！彻底完了！

之前我所有的想象、祝福和美好期冀全被他一番告知击碎了，破坏了，磨灭了。当时我真恨他不该如此多嘴快舌，不该将这一真相残忍地告诉我。我宁愿永远不知道这一结局，我宁愿永远等待在被欺骗的想象中——当然，我也知道他全是好意，我也知道我没有任何理由怪他。

然而我又该怪谁呢？去怪那位我这边放、他那边逮的渔人吗？如果是那样，那满河满塘的这渔网那地龙（见注），还有更甚者用炸药炸鱼、用农药药鱼、用电网电鱼的是不是更应该受到诅咒，更应该如被逮的鱼儿一样上上刀山下下油锅？

然而那些捕鱼者却根本不认这笔账："怎么，就兴他们地下有矿的把地壳掏得到处尽裂缝，山上有林的把山体伐得像秃子的头一样漫山是疤癞，就兴他们管这管那的大把大把搂钱、赌钱、往外边倒腾钱，轮到我们就该眼巴巴地坐那看吗？我们整天风里来雨里去，夏天晒脱皮，冬天冻半死，一身水一身泥逮条鱼卖俩钱招谁惹谁了？凭什么由着你们说长道短、连恨带怨？难道我们比还不如他们？"

听他们一通夹枪带棒且振振有词，我大张的嘴半天没有合上，我真不知道我还能说些什么。

这一段我一直很纠结，因为我又养了一只同样大小的鼋鱼。不放吧，它实在很受委屈，就那么一个小小的缸底，上下游动也不过一米左右，又找不到

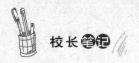

它喜欢吃的活食；放生吧，又担心那些渔人正张网以待，我似乎看见那些渔人连小眼睛都笑得眯缝着。是不是连你也奇怪想不到做点善事也会如此不容易？思来想去，我实在找不到更好的办法，看来只能是我该放还放，他想逮还任他逮。谁叫这些年好多人的心都让钱遮住了呢？兴许他们逮到后又被哪位同我妈妈一样的好心人买去再次放生重新又演绎一段故事也说不定呢。

你说这是不是特有点让人哭笑不得？

注：当地一种放在浅水中状似长龙一样的渔网，鱼儿能找到进去的门却找不到出来的路，放好后可以不用人管，不用时又可折叠存放，所以很受逮鱼者青睐。

桃花源里好休闲

朋友，紧张的生活和工作打拼之余，你是否渴望有一个远近适中、幽静自然的去处品品茗、下下棋、赏赏花、钓钓鱼，给一向紧绷的心弦放个短假，找点轻松？那就请你到县城西侧、西漯公路5公里处桃花源来坐坐吧，这里定会让你收获一个大大的满意。

为了不负这名称之雅，他们跑东去西，走北下南，邀齐了中原所有的桃树来赴盛会，花色既多，花期又长，熟透的桃儿从初夏到深秋从不间断，赶到国庆、中秋双节前后来，你还能品尝到当年只有王母娘娘才能享用的蟠桃，那份香甜保你吃过一次就能记一辈子。

当然这里不光有桃树，还有杏梨柿枣，瓜菜花草，鱼塘假山，曲径溪流。春日可以放风筝摘草莓，夏日采莲蓬尝瓜果，秋来可以打红枣剥花生，冬天又能滑冰干雪仗。桃源主人为你营造的就是一年四季花盛开、三百六十天果挂枝、服务热情周到、农家风味为主又不乏名菜大厨的休闲之地。想想当年陶渊明所勾勒的那幅世外仙境，是不是更应该来此走走看看？

我知道你很孝顺，那就陪老人一起来吧。这里冬可晒暖，夏可纳凉，花香宜人，丝竹入耳。对于腿脚不好的老人，我们还准备有代步推车，陪老人转转看看聊聊，尝尝农家菜品品健胃粥，让老人在儿孙绕膝、问候祝福声中体会你的孝心，尽享天伦之乐；让你在老人满足的笑纹里品味"家有老人是个宝"的古训，是不是很吸引你？

我相信你肯定喜欢孩子，那你更应该带他们来体验一下翻地除草之艰辛，品尝一下自己劳动之甘甜；看看毛驴怎样把小麦转成面粉，瞧瞧种子如何

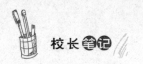
钻入地下长出嫩芽。爬爬假山，打打水仗，放放飞筝，挖挖蚯蚓，有可能的话再让他们为你烤条自己钓的鱼，洗个亲手摘的瓜。做这些孩子肯定很高兴，看着孩子高兴，我想你肯定也高兴。其实我们要的就是你们全家都高兴，你以为如何？

我了解你特重义气，那就带朋友一道来吧。这里从一人天地到二人世界，从桃园三结义到梅兰竹菊四君子，从五至八人雅座到十全十美再到多人聚会的大厅，可谓应有尽有。小有小的雅致幽静，大有大的宽敞富丽；少有少的情调，多有多的热闹。家事国事天下事，事事可聊；亲情爱情师生情，情情可诉。趁着酒兴，你还可陪着客人斗斗地主，垒垒长城，唱上一曲，跳上两圈，保你在朋友面前挣足面子。

其实我们盼您来还不单单是为这些。只要你肯来，哪怕仅仅是赏赏花、看看草、打打球、钓钓鱼，一分钱不消费，我们也会笑脸迎送，香茶雅座招待。我们图的就是热闹和人气。我知道你走南闯北，见多识广，因此我们特备了文房四宝供你献艺，以备悬挂和收藏。除此之外还可通过各种形式，留下你的建议和创意。您放心，下次再来肯定会发现这里的变化已采纳了您的构想。有雅趣的话您还可在这里包一片地，养两盆花，种几畦菜，喂两只鸡。闲暇时你来管，你忙时我们帮你干。上肥浇水人工都可以是我们的，但收获全归你。我知道你最看重过程体验，其实分享收获同样也可以看成是过程的一部分。总之，您能来就是对我们的最大支持、鞭策和鼓励。让我们一起努力，用想象去设计，用汗水去浇灌出一片我们共有的休闲乐园和精神家园，你肯定很乐意，对不？

暖　流

近几天连续久坐给学校赶写材料，我的腰又开始隐隐作痛。我知道这是劳损成疾的"它"在向我发信号，于是连忙从紧张的教务中挤时间去做理疗，以免它再次向我宣布"罢工"。

车轮在人与车的缝隙中钻来拐去，我的大脑也同它一样在紧张运行：连去带回途中需35至40分钟，到那等上一会儿，烤半个小时电，正好不耽误上第三节课。今天应该用《教学通讯》上介绍的那种方法试讲……

然而理疗室的情形令我傻眼，先我而至的已有三位长者。那位白发老大娘少说也有六七十岁，另两位稍年轻一点也足够我喊大伯的年龄。原有的四部磁疗机，一部也像我的腰一样需要治疗，另两部病房借去了（术后病号行动不便）。既然三老者都早早而至，怕不是求诊心切，也定是家中还有其他要事，我年纪轻轻怎好意思抢先？

"高老师，腰还没好利索？"随着话音，进来了一位年轻女性，我知道她是负责门诊挂号的，因腰疼正做超声波治疗。

"可不。上次本就不彻底，这几天学校急需一个材料，我一急，咳！这不争气的腰。"

几位老人停止了交谈，回过头看了看我。

停了三四分钟，张医生做好了理疗的准备工作，征求几位老人谁先做。三老者相互看了看，不约而同地说："让高老师先做吧，学校事情多，早做了好回去照管学生。"

话分明是冲我说的，因为室内再无他人。我没有多推辞。这不仅仅是我

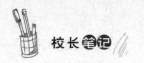
确实很着急，我更怕亵渎了三位长者的满腔好意。

一束束电磁波像无数条细虫一样穿透我的皮肤向全身蔓延扩散，伤痛的腰顿觉舒服多了。其实更让我温暖的是三老者的话——那直入我心田虽平平常常却比阳光还要温暖的话。几天来的疲劳和恨学生不成器的烦恼，还有来自家庭、工作中的压力，都在一瞬间变成了一种潜在的动力，一种无形的推动力，让我异常有劲头。我觉得我从来没有像今天这样感到"教师"这一称号是如此的光荣、神圣。

三老者仍在有一句、无一搭地交谈着。从话里听出那位老大娘已经退休，另两位一位是正在任上的某局局长，另一位是负责环保工作的小组长。人常说"老马识途"，对此我又有了新的理解：是识途啊！他们让出的何止是半个小时，那分明是对人民教师的尊重和期待，是对下一代尽快成为栋梁的关切和焦急！我们古老的中华民族素有尊师重教的优良风尚，是从什么时候起，这种风气开始下降了呢？说起来社会风气这几年是好多了，如果我们的整个社会都像三位长者这样主动地，而不是流于口头或刮一阵风那样为教师提供一些工作、生活便利，那对多出人才、快出人才不知道该有多少好处！

回来的途中，我的心并不轻松：我想到了国家正为之奋斗的两个文明建设。就精神文明来讲，无论是一个人还是一个民族，喊与抓仅仅是一个方面，更主要的还取决于这个人乃至这个民族成员的文化素质、道德修养。我们很难设想一个受教育很少的人在科学高度发达的时代能在各方面都注意得很好。在这种时刻，作为一名受人尊敬的人民教师，作为一名担负着教育下一代、使命艰巨而沉重的教育工作者，仅仅一味地埋怨这那怕远远不够，我们需要的是行动，是全身心的忘情投入和无怨无悔的自觉行动。虽然一个人的力量是小了些，但投身的人多了力量不就大了吗？我们应该相信这个社会的主流是好的，我们也应该相信我们的明天也一定会很快好起来！

清理杨花柳絮有感

又到了杨花柳絮飞舞的时令。

说到杨花柳絮，众多文人雅士留下了很多名言佳句。唐代雍裕之有"无风才到地，有风还满空"；李忠有"年年三月暮，散乱杂飞花。雨过微风起，狂飘千万家"；隋代无名氏《送别》中形容它"杨柳青青著地垂，杨花漫漫搅天飞"。如果愿意列举，还可以找出很多很多。但是不知为何，我却始终找不到称赞它的理由。

这几天回家，首要的任务便是清理它，给我的感觉是要多烦就有多烦。首先，不管肯定不行。花盆、墙角、窗纱、门缝，就连在台阶上晾的鞋，它都一处不放过，真可谓无处不在，无缝不钻。其次，清理它特别费劲。用手拾拾不住，一拾它就散；用笤帚扫扫不起，轻了它漫飞，重了它乱飞，让你干急没有法；洒点水稍好些，但洒着也不耽误它飞着。除非下了大雨让它无处飞，但雨过天晴它又照样飞。包括那些被雨水冲到水塘里的，它又在水面结成白花花的一层，能把那些爱好钓鱼的鼻子气歪。再者，它还影响人们的健康和心情。对此过敏的不用说，即使是不过敏，但办公室、居室一推门就迎面飞，衣服上、头发上、眉毛上都成了它的落脚点，就连打个哈欠都有可能飞嘴里，你说你烦不烦？

我不是那种感时伤怀之人，也不是存心和它斗气使性，我看不惯的是生活中那些类似杨花柳絮一样的人。

这些人的最大特点，第一是和杨花柳絮一样没立场，典型的跟风跑，哪面风大往哪跑，哪儿偏狭、哪儿有死角往哪跑。第二是无能力负责，也不打

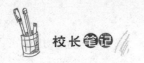

算负责，别管是对自己还是对他人都一样。这些人啥谣言都信，啥乱话都说，说后对人有多少伤害、对社会有多大危害，他们一概不考虑，有的就为图一时口快。第三是容易盲从抱团。别管是往何处去，别管去干的事有多糟糕，别管前面有什么样的结局等着，他们都会表现出一种一往无前、视死如归的果敢和大气。按说，果敢和大气用到正地方是勇气和魄力，极为可敬可佩，可惜这些人用错了地方，只能是可怜可怕又可悲。你说一个单位要有三五个这样的人能搅成啥样？去年春，我们这一带因杨花柳絮太多、祸害时间太长酿成灾害，各类农作物都大幅减产。其实社会上这类人多了也非常可怕，由不得人们不高度警惕、关注。更可笑《红楼梦》中薛宝钗还说什么"好风凭借力，送我上青云"，试想它毫无分量，又无主见立场，岂不是上得越高，刮得越散、下场越无定数吗？

每年这时，来场大雨能有效减少杨花柳絮的飞舞肆虐，可惜人类社会还没有荡涤这类恶习的大雨、暴雨，所以只能寄希望于这类人的良知发现和善心萌生，多点自觉自律。其实这也主要是为这类人好。唐代诗人韩愈说："杨花榆荚无才思，唯解漫天作雪飞。"是呀，既不知道为啥飞，也不知道飞何处，就只会"无才"，就知道"唯解"，你说这有多浅薄、多轻狂？《红楼梦》中曹雪芹借林黛玉之口说："漂泊亦如人命薄，空缱绻，说风流。"一年又一年，一季又一季，这曾经无拘无束、漫天飞舞、令人伤透脑筋的东西为什么最后都会葬身于沟渠或泥潭？说到底还不是因为它们自身无一点分量，也无一点立场，立不稳、站不住、只会四处漂泊吗？葬身于不洁之地还不是它们的必然归宿吗？

蜜糖流淌时节

我把近些年的秋天称之为蜜糖流淌时节，给我的感觉是很奢侈，很浪费。之所以这样说，除了秋来时空气中到处弥漫的瓜果的芬芳和甜蜜外，还主要指秋深冬初时柿树枝头熟透烂掉的柿子。早些年我们这里也种有少量的柿树，有树的人家早在中秋节前后便早早摘下用响水和火将其加工成脆甜的漤柿和能用嘴吸的烘柿卖钱或送人。近些年不少人在庭院、河堤、田头都栽有品种改良后的柿树，柿子结得大而多。但一是因为这东西吃多了伤胃、空腹吃易得结石不敢多吃；二是因为这些年瓜果遍地都是，麻麻烦烦摘下加工好也卖不了几个钱，中老年人无心弄，青年人又懒得学；三是因为柿树这东西春天发芽时如果不及时打药，就会长满星星点点的柿鳖，让人看着不舒服，更不用说吃了。所以好多人家都是等着它在树上长到自然熟自己落。这样一来可乐坏了那些小鸟，整天成群结队在树上叽叽喳喳地吵呀争的，哪个先熟吃哪个，到落地时差不多已剩半个空壳。少量没被叨也没落的就听凭它瑟缩在枝头慢慢风干，成了万物飘零时半空中的一道风景。

其实柿子的口感非常好。平时去山区旅游，山里人就比我们勤快得多。柿子下来时加工成火红的烘柿在道旁和景区门口卖，更多的是加工成柿饼装箱，摆上超市的货架，价格很是不菲；闲暇时将柿核加工成"开口笑"的干果，每每让游客看一路秋景、嗅一路果香的同时，还能开开心心地装回满满的一肚子一车厢秋味。相比之下，我总觉得我们实在是有点暴殄天物。大自然何等宽厚博大呀，赏赐给了我们那么多看着诱人、吃着蜜甜、满口生香的瓜果，可我们的不少同类则是想吃了吃几口，不想吃随手就扔了，丝毫没有感觉到有什么不妥。他们不仅仅扔掉了好好的东西，而且把我们赖以生存的小区或城市弄得到处蚊蝇肆虐，污水横流。事情到此还远没有结束，举凡校园内学生乱撕书本资料，乱扔馍头或铅笔自来水笔，乱倒剩饭剩菜，校园外路边或沟旁随处可见的好好的鞋子、衣服或家具电器，饭店和宾馆拉出的成桶成车的泔水等等等等，真真让我都不好意思再一一列举。我们天天就生活、居住在这里，我们又天天糟蹋、污染着这里，我们还天天埋怨、诅咒着这里，似乎这里欠了我们多少，坑了我们多少，其实真要离开了这里我们还真不知能去哪里。还有不少青年人身上穿的戴的用的、嘴里吃的喝的吸的都是有名有牌的，可心里不知哪里来那么多火和气：一张嘴必先带脏字，一动手脚必要毁东西。别看他们不会也不愿为社会创造多少财富，倒是骂起来糟蹋起来蛮有劲有理。究竟是谁让他们变成了这样？他们又凭什么能如此骄狂？长此以往，这些人不光对他人、对社会有百害而无一利，他们自己还会把自己变得像垃圾和蚊蝇一样人见人烦，岂不可叹可悲？

其实今天我们所赶上的时代也跟这蜜粮流淌的秋天一样，是相当相当好的，是相当相当适合我们生存享受的。我们真没有什么理由不满足，我们真没有什么借口不感恩，我们真不能再一味地不知天高地厚，由着自己的性子扔这摔那——因为大自然不光能恩赐人类，还会重重地惩罚人类，惩罚我们！我们总不能天天吃着糖、喝着蜜还老是咬抹蜜者的手指头吧！

"否"回去，"否"回去，还得"否"回去

几天前，在北京湖广会馆，听了一段相声，很受启发，现简记于下。

说的是一位老厨师带儿子去一大户人家做菜时偷拿主人家东西的事，用他们的行话说偷不叫偷，叫"否"。他的儿子刚9岁，为"否"东西方便，让儿子穿了一胖大的长衫。在厨房忙完一段，他一看正好无人，用眼一瞅案上的五斤牛肉、五斤羊肉，又看一眼儿子——"否回去"，儿子马上掀起长衫前襟，将牛羊肉分绑在胸前，长衫一放，仍和原来一样；又用眼一瞅案旁的十五斤里脊——"否回去"，说着话又把十五斤里脊肉绑在背后，长衫一放，仍和原来一样；又把案下的十五斤白面、十五斤大米"否"在脚脖束口的双层秋裤内，又把五斤香油倒入猪大肠"否"在腰内，又把五斤大料"否"在了裤裆内，又把二斤泡好的粉丝搓成绳"否"在脖子上用围巾围好，又把半斤湿粉芡拍成薄片"否"在头顶戴上帽子，又把一个刚从桌上撤下的铜火锅用两个挂钩挎在肩膀"否"在双腿间……直"否"得全身上下大衫内无一处不是东西，刚来时那个瘦瘦的小不点俨然成了一个胖弥勒。为了掩饰，也为了双手不闲着，他又从主人鱼缸内捧了一条小金鱼和一些水，蠕动着双腿，嘴里还不停地喊着"让开""让开"，慢慢向大门挪去。临出大门，这9岁的小家伙犯了难，因为大户人家门槛高，他全身都"否"着东西，双腿间又吊着个铜火锅，所以只能先迈过一条腿，再迈另一条腿。也是合当有事，他迈另一条腿时碰倒了大门边的一把铁锨，一直跟在他不远处的父亲示意他赶紧过去，而他却理解成了"还得'否'回去"。这次他真发了大愁：铁锨长，大衫短，"否"在哪都难掩人耳目。况且他双手还捧着一条鱼，也无法"否"呀。就在这时，主人送

客返回，看出了其中蹊跷，把他唤回站在厨房大锅旁，然后不紧不慢和他父亲算起了账。刚进来还不要紧，没多大一会儿就不行了：头上湿粉茭流着，周身严严实实裹着坠着，下面炭火烤着，裆内精盐、花椒、八角等腌着煨着，谁能想象到那是个啥滋味？此时更难受的还应有他那厨师父亲，既说不清，又走不掉，是不是想钻地缝而不得？

相声是艺术，自然有夸张的成分。然而类似的事在自然界、在生活中却并非绝无仅有。如贪恋油香而掉入瓶中的老鼠，如贪食诱饵被屡屡钓起的鱼儿，如嗜酒如命而一再被猎人捕获的猩猩等。

老鼠也好、鱼儿也好，猩猩也罢，都不过是有头脑无思想的动物和鱼类，他们比人笨多了，差远了。然而自称是万物之灵长的人类犯起这类毛病却远比它们的概率要大得多得多。如那位厨师和宝贝儿子，如果只"否"一两样东西，如果只"否"十斤、二十斤东西，一个小孩子，又穿着长衫，主人又那么忙，谅也不至发现；如好多好多贪心人，如果只贪一次两次，估计问题也不大，怕就怕手一旦伸出就很难收回。正所谓物极必反，厨师和他儿子和很多贪心人都把丑丢得淋漓尽致，甚至身败名裂，岂不是自找的吗？

有道是尴尬人难免尴尬事。但愿那些犯有贪心病的诸君能从这父子二人和他人的前车之鉴上得点教训，少点贪心，别到时自找着下不来台。

所以，人不光要知进，更要知退。有句佛偈是"退步原来是向前"，想想是不是很有道理？

写给家中的那株花

它来我家应有10年左右，现在我已记不清它是怎样来的了，反正只知道比它早来的、晚来的那些这花那树都早已枯萎凋零，只有它越来越显示出旺盛的生命力和美丽芬芳。

但现在它却让我很为难。

凭它带给我与家人的美感和喜庆，若不给它写几句礼赞的话显然非常对不起它。然而以我之不擅描写、不会欣赏花草的水平随便写几句又真怕亵渎它。这种写与不写都让我为难的压抑苦涩已有一段时间，而且随着它今年的表现越发强烈了。

我清楚地记得，它来时就是一个干巴巴的小手指头粗的小树棵棵，枝头长了几个细长的叶，花盆倒也与它的普普通通、毫不起眼相匹配。10年时光，土、盆我都没给它换，足见我对它多么不经心。

严冬快到了，它仅有的几片叶早落光了。我把其他几盆花搬到屋里御寒，最后只剩它了。我为搬不搬它犹豫了好半天。最后想想人不能太势利，几盆都搬了，哪差这一盆？不管咋说它也是我家的一客人呀。可以说头一两年就是在这种不情愿的情况下让它得以活了下来。

我平时事多，进家也总是匆匆忙忙的，个人的生活都是异常简单，更谈不上有那么多的雅兴侍弄花草，所以来我家的花儿都差不多遭了短命的下场。至今算起来，这些年我从没给花草上过一次肥，最多也就是偶尔想起时给花浇点临时接的自来水，所以花儿不给我好好开实在有它的理由。

但它却是例外。

　　那一年年关到了，我家的客厅凭空来了一缕芳香，很纯很纯的，很香很香的，很久很久的。我和妻子都不是太讲究之人，这样的香源不应是我们营造的。儿子正在上学，对此也不感兴趣。困惑再三，我找了半天才在墙角它那干巴巴的枝头找到了两个指头大的淡黄的花蕾，那芳香竟然就来自它，竟然就来自那其貌不扬的它，竟然就来自那从不引人注意还险些被我弃之不管的它。现在想想，它的生命力可真够顽强的。春夏秋三季在院中，它基本上都是靠雨水活命。有好多次，天长时不落雨，我又顾不上浇，等到猛然想起时，发现它的叶子都快落完了。我心说怕这回真的救不过来了。然而令我惊喜的是，头天晚上一浇水，第二天它便又活得精精神神的，我真从心里对它不由不敬佩。

　　每年过春节，它都是我们全家向客人炫耀的资本。它总是年前结蕾，年关时开花，且花期要持续20多天。那缕芬芳在它开苞前已分明在暗香浮动，败后仍久久不衰，它不单单以美丽引人评赞，而且还以从骨子里散发出的那份淡雅纯净持久的芳香给人带来享受。这份高雅的内涵和不争而争的大度在今天是多么可贵呀！

　　它给我们全家带足了面子，带出了一串串新年的喜庆。而它要求于我们的还是10多年前那个一点营养也没增加过的普通花盆和那点土。

　　你说我该不该自责，你说我该不该向这株花道歉？你说我该不该好好谢谢它——我的客人？

　　今年，这株花的六个小枝上都早早孕育出了一个或两个如小核桃大的花蕾，每个都很饱满，很精神，而且较之往年似乎要早一些。相信今年的春节它会带给我们更多开心，当然希望你有机会也来分享分享。

　　它的名字据说叫探春，我没考证。是不是探春我想已无关紧要，重要的是它带给了我们和我们的客人那么多欣喜。

　　还有一点我也想在此说说。我的同事小童常来我家，把它在根部发出的小枝埋入盆内，现在四个小枝都长得很好。也许明年就可分盆，相信这四个小家伙也会像它的母亲一样给新主人带去许多欢乐。

　　要不你也来一盆试试？

每篇作文至少应改四遍

——追忆李永明老师

屈指一算，李永明老师病逝已整整10年。李老师长行时，因没得到消息，也没能赶回去送送他，至今仍然是我心中的一个痛。李老师是东夏西街行政村人，从1950年踏上讲台至1985年退休，他整整在三尺讲台迎送了35个寒来暑往。我没有当过李老师的学生，高中毕业后有幸和李老师同在东夏育红联中任教，得以受李老师的言传身教，算是李老师的忘年交。10年不算短，好多人已渐渐对他淡忘，我想写点东西，既为借追忆李老师以自警自砺，也想让众多的教育界同仁和读者诸君了解李老师，记住李老师这一代基层教师。

李老师对工作是全身心地投入。对于学校，对于学生，他始终抱有一种近乎宗教般的神圣感；为了学校，为了学生，他把个人的健康、亲人的病痛和家中的一应困难统统放到了一边。几十年来，他名义上是教语文课、担任班主任，但只要有需要，他小学、初中的所有课程都经常代上。除了上课，除了走村串乡做家访，除了同个别学生谈话、给个别学生补课，其余都在夜以继日地备课、批改作业。一个又一个深夜或拂晓，每当寂静的校园传来"啊——咳"的声音，我们就知道李老师仍不忍心躺下。常常是一觉醒来，李老师窗口的灯还亮着。当时的总务主任说，别人是七八天用一灯油，李老师是一周用三四灯油。李老师拿着他批改的作文给我们这些青年教师讲，每篇作文至少应改四遍：第一遍先通读全文，了解大意兼改错别字；第二遍重点修改语句的啰唆、杂糅、语序颠倒等毛病；第三遍修改段落是否照应、连贯，该不该分段兼下眉批；第四遍结合审题立意、表达效果下总批，准备选做范文的还要适当再下功夫。听着他时不时伴着咳嗽的话语，一遍遍地翻阅着那一摞摞学生习作本上所加的圈圈点点和蝇头小楷，我似乎真正明白了什么叫"焚膏继晷"，什么叫"呕心沥血"。由于日复一日、年复一年地熬夜，加上长时间劣质烟的熏烤，李老师的双眼一年四季流泪不止，那张脸说是黑瘦或焦黄都不太准确，反正是很少有血色。领导、同事、学生包括一些学生家长看在眼里，疼在心里，也曾无数次地劝过他，总务主任甚至用限制灯油逼他多睡一会儿，但他说，不把明天的课备好，不把学生的作业改细改完，我即使躺下也睡不着。他的老母亲生病，高烧了几天几夜，也疼得哭叫了几天几夜，他因为学生临近考试，总想着等学生考完再看不迟，结果老母亲的双眼因高烧瞎掉；大儿子腿上长疮，他顾不上回家，妻子只能拉着孩子四处找民间的郎中或单方，后因治疗不对症延误时机，致使双腿成了残疾；他自己因早年一直用的是煤油灯，经常流泪用手巾擦，不想越擦流得越厉害，到退休时一只眼睛已基本失明……这些在今天看来，或许会有人说是不可思议，或许会有人笑他太傻，但年龄稍长的人当不会忘记，那个年代确有好多像李老师这样的"傻人"，执着地干着这类"傻事"。现在有不少语文教师别说一篇作文改四遍，整个学期都很难认认真真改一遍，每每提到这些，真的，我都不知道该说些什么。

东夏当时辖区广，最远的学校离乡政府10多公里，李老师是让去哪就去哪，哪里没人去就去哪，且去哪就在哪扎根。几十年来，他教过的学生遍布全国各地，他家访的足迹洒满村村巷巷，他一次又一次地给成绩不好或缺课的学生补课，他宁愿自己勒着肚子还去资助那些上不起学的学生，他手把手把好多中青年教师带成了教学骨干……无论给他什么样的班，无论碰上多么顽皮的学生，无论这些顽皮的学生会有多少次反复，他都会用足够的爱心、诚心、耐心去熏陶，去感化，他分明就是在用全身心的能量和行动去诠释和证明"天下没有暖不热的石头"。也难怪他教过的很多学生对他都有一种超越亲情般的爱戴和感激。

由于多年一直很少顾及家庭，由于母亲和大儿子都成了残疾，由于家中只有病恹恹的妻子和老实本分的次子挣工分，所以李老师家的日子一直过得紧紧巴巴，过年吃不上饺子都不是什么稀罕事。从小学到初中，从这所学校到那所学校，30多年中李老师床上铺的一直是一条半截褥子，盖的是一条薄被子和一件破大衣。真不知道那一个又一个寒冷的冬夜他是怎样熬过来的，又是一种什么信念在支撑着他。说到老母亲的眼睛和大儿子的残疾，李老师心中也极为内疚，极为自责，说是自己欠家人太多太多，但一碰上学校的事，他又不管不顾地扑了上去，似乎他生来就是为了像蜡烛般无尽地流泪和燃烧。

李老师早已走了，但他的精神不该走。我总认为，今天的社会发展、今天的物质文明程度提高，无不伴有"李老师们"的心血和期盼，他们的"傻子"精神什么时候都不该过时。近年来，社会上对"高大全"式的劳模进行了反思，但很多议论矫枉过正，认为不真实，或者说主人公违反了人性，虽然对工作尽了责，却放弃了对家人的担当。这种评价，对于万千位常年劳作在基层的优秀员工是何等不公平！

这次，我用几天时间回忆、查资料，还特意打电话找李昆仑老师（李老师的堂侄）核实一些细节，就是为了让大家了解一个真实的李老师。但愿这篇短文能让更多的人记起那些像李老师一样值得我们永远尊敬的人，但愿李老师的甘守清贫和"傻子"般的付出能略略降降大家浮躁的心温，能适当放缓一些人急功近利的脚步，并想以此告慰那些像李老师一样怀揣虔诚和美好、一生默默奉献的人。

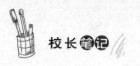

追忆杨玉班老师

昨天下午，上届学友胡自营打电话说杨老师已故去。虽然从前天去看望他时就已预感这一天已不会很远，但接到自营的电话还是让我感到很突然。去了，我心目中的一代名师、严师永远地离我和大家而去了。

杨老师教我的时间并不长，但留给我的印象却特别深。时间虽已过去了40年，但杨老师教我们时的很多场景仍历历在目。透过泪眼，分明看到他慈祥和蔼的面容，耳畔回响的仍然是他饱含睿智而又不乏幽默的话语。

杨老师是初一上期中间接任我们代数课的，原因是此前的代数老师实在不能胜任。现在想想，对我们那届学生而言，这实在是一大幸运。第一节课杨老师讲的是"直线"，至今我还清晰地记得杨老师站在讲台的右前角，头稍稍偏着，眼微微眯着，看着自己的两手，他的两手似拉一根直线，边比画边叙述："一条直线，两头拉紧，可往两方无——限延长。"说到"无"时，他显然故意拖长了声调，他的两手指正指向无限远的两边。毫无疑问，他的讲解、他的表情和肢体语言已彻底征服了我们，以致下课后我们走在路上、回到家中说的讲的都是他。时过多年，好多同学仍能惟妙惟肖地模仿。原本让大家提起来就头疼的代数课一下如磁石般地吸引住了我们，也让我们第一次感觉到了原来学习可以这么有趣、这么轻松得跟玩儿似的。10多天后的一次放学，杨老师留下了我班近20名学生，原因是大家的作业字体潦草，书面太脏，作图不规范。对另外的那些同学，杨老师只是给他们指出了存在问题就让走了，剩下我和李明东（现移民美国），我俩还小高兴，以为杨老师会夸夸我们。不料杨老师突然变得十分严厉，用手指着我们的作业本说："你们这也叫作业？这是典

318

型的当工人不好好做工，当士兵不好好站岗，当农民不好好种田，学生混子，二流子！"然后狠狠地把作业本摔到我们怀里。与杨老师接触的10来天，他留给我们的印象都是和颜悦色、和风细雨，谁知一旦发起火来竟是这般厉害。从此我们二人便老老实实地开始跟着杨老师一笔一画地练习写字。说实话，后来我和我们那届同学的作业能写得像回事，真多亏了杨老师的影响带动和严格要求。

杨老师上课特别重视板书。他的隶书、楷书、行书、草书等都写得既快又好看。大标题、小标题、例题、习题、重难点以及"想一想，练一练"等，杨老师至少用四五种字体和不同颜色的粉笔书写，加上标准的作图，所以每节课下来，黑板上都会留下一幅条理清晰、图文并茂的艺术品，也难怪我们都对他近乎崇拜。

杨老师讲课极具艺术性。每节课前，杨教师总是左手抱着教案教具，右手食指与中指间夹只燃着的纸烟（杨老师酷爱吸烟）站在教室门前等着大家，从不像现在有些老师总是等铃声响后才匆匆往教室赶。每节课45分钟，杨老师都是先用3~5分钟复习上节重难点，纠正学生作业中存在的问题，然后用20~25分钟讲解新课。接下来出示小黑板，时间5分钟左右，让学生"想一想，练一练"，复习巩固所讲内容，并借以发现问题予以点拨，剩下的是学生的作业时间。到下课时，多数同学基本都能当堂完成，所以大家都觉得上杨老师的课特别轻松，成绩提高得也特别快。我个人从高中毕业就开始站讲台，这些年这教法那课改也参与了很多次，但若说到实效，有不少我觉得都类似于水中浮萍。杨老师那时也没说自己用的是哪种教法，但他能用极短的时间唤起学生的学习兴趣，让大家想学、乐学、轻松学，且经久不忘，永远受益，这不就是最好的教法，最好的老师吗？

杨老师不光数学课上得好，其他各科也全是样样拿得起，放得下，所以对我们的影响也是多方面的。为了激发学生的写作兴趣，他组织成立通讯报道和写作兴趣小组，并手把手地教学生刻蜡版和油印；为了引导学生学化学，他在帮化学老师出板报时把"化学"两个字，写成一个完整的制氧气实验；体育老师因事请假，他哨子往脖上一挂，带着学生又上起了体育课；课余时他还教喜欢音乐的学生升谱。他爱学生，却又对大家要求极严。那天，胡自营班的

10多个男生集体迟到，杨老师十分生气。凭经验他知道大家去洗澡了，但问谁谁不说。杨老师在教室转了一圈又一圈，突然指着其中的一名学生厉声说："张××，站起来！"说着掀起他的上衣，照着他的肚子划了一下。刚洗过澡的皮肤立即起了一道白印，杨老师瞪着他说："还有谁？"心中有鬼的他自知赖不过，于是说了"还有胡××"。杨老师又让胡××去检举第三人，然后又让第三个举报出了第四个，再是第五个、第六个……我后来才明白，杨老师这样处理既保证不让一个学生侥幸过关，又不致因为一个学生检举过多而被孤立甚至挨揍。对于孩子们的心理，杨老师了解得真的很到家，并且非常注意教育方法和效果，绝不会顾此失彼。所以我们是既十分尊重他、爱他，又都很怕他。

我上初一是1972年，我不说大家也知道那时比较乱，学生不好好学，老师不安心教都是很正常的事。但这一切丝毫没影响杨老师。他家（叶埠口坡场）离东夏近百里，路又不好走，杨老师好几周还不回家一趟，一门心思全扑到了学校工作上。这在当时那个年代、那个环境是多么的难得啊！

教我们时，杨老师才30来岁，但因过度的繁忙和熬夜，他的面色很憔悴，人也瘦得厉害，当时还不太懂事的我们就隐隐担心杨老师的健康。凭杨老师的才华和出色的工作，杨老师早应该得到重用。但因杨老师说话过于直爽，所以不少领导既用他又防他，很多人都为杨老师鸣不平。

后来杨老师调回家乡当了10来年初中校长，让原本基础很差很差的叶埠口一中走到了全县的前列，当时县城不少学生都纷纷往叶埠口转。但为了这一切，杨老师付出的代价很多很大，体重下降到不到百斤，五六月份时还整天披个破大衣，所以大家都亲切地称他为"大衣校长"。我常常想，杨老师哪里只是在教书啊，他分明是把自己的一颗心和自己的一切都交给了学校和学生了。

想去看看杨老师，我和几个同学已说过多次。杨老师听说我们要去，连忙高兴地安排孩子准备这这那那。但因我们几个聚到一起总是很仓促，一直未能成行，每每想起总感到很对不起杨老师。由此我才真正明白，有些事情想到了就应该赶快去做，不然真有来不及的时候。上次与西夏中心学校杨长军（和杨老师同村同宗）主任聊起杨老师，他说杨老师的身体很不好，年前家中又失了火，我当时就计划尽快去。不巧的是，我的左脚因故扭伤，因而一拖再拖。4月13号那天，我不顾脚还没好利索，和同事海涛、小童由叶埠口的同事领路去了杨老师家，这才知道杨老师已整整8天水米未进。去时我们都只穿单衣，但杨老师的卧室还一直开着暖霸，看来他那更加羸弱的躯体已不能生出起码的热量。听说我来看他，吃力地伸出手拉着我，喊我的小名。声音虽十分微弱，头脑却还异常清晰，并说还很想胡自营。我预感杨老师大去之日不远，生怕让杨老师带着遗憾走，赶紧与自营联系，并去周口接回了他。自营到后，杨老师用手扒开眼看了看他，拉着他的手说了一会话，再三安排孩子要陪我们吃饭，还劝自营别吸太多的烟。

不知是不是等我们，就在我们离开的当天夜里，杨老师从容而安详地离开了这个世界，也许我和自营的专程看望会让杨老师离开时少点凄凉。

17日中午，我和自营赶去为杨老师送别。站在杨老师的遗像前，我的眼泪流个不停。去了，我心目中的一代名师和楷模永远地去了！长歌虽可当哭，但却阴阳两隔，音容难再，杨老师留给我的只能是回忆了。但我相信，正像我和自营会永远怀念、永远感激杨老师一样，所有杨老师教过的学生和接触过的同事都不会忘记他，因为他的学识、他的为人、他的敬业、他的贡献，确实应该成为大家心中的一座丰碑！

据说，一个人生前干什么，死后还可能干什么。以杨老师之忘我和投入，我相信到了那个世界杨老师还会拥有很多很多尊敬他的学生。整天为学校操劳，整天和学生在一起，杨老师当不感孤单——虽然明知这只是妄言，但此时我却宁愿相信能是真的。

天明时，起风了，较之前两天，气温明显下降了不少。想到杨老师今天就要远行，我的眼泪又流了下来。但愿此时的杨老师已不再畏惧寒冷。

杨老师，一路走好！

2013年4月17日夜、18日晨

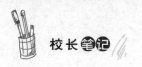

酒鬼的表白

（男女相声）

男（一人上台）：当初不知道是哪个疤癞脸琉璃眼拐子腿罗锅腰大耳朵短舌头的，吃饱了没事干点啥不好，偏偏去发明什么"八加一"——就是九（酒）。从此我们男子汉出尽洋相，丢光风度，鼻青脸肿平常事，挨打受气等闲过。我们是爱它恨它又离不了它。酒啊，酒（以手指着酒瓶），你他妈到底是个什么玩意儿！

女（上台）：哎哟哟，这可真是冬天打炸雷夏天下暴雪，整天闻见酒香就走不动的酒篓子怎么跑这儿骂起酒、骂起街来了？

男：还说呢，都是这该死的"八加一"害得我人家都是工资高，我是血压高；人家都得奖，我老得病。现在我是沾点酒就醉，一会儿不见又闹胃。你说这日子咋过（做痛苦状）。咦，不对，我怎么闻见哪里有酒香（东闻西闻）？

女：很让你难受也不亏！那是我刚才用酒精消毒来着。

男：噢！我说我不可能判断错。其实要怪也只能怪酒太有魅力，要怪也只能怪酒厂，反正不能怪我们。

女：那不怪你们还能怪我们？

男：我们不也是没办法吗？就说昨天吧，上午上级领导来检查工作，我们得陪着喝。

女：对，这酒该喝。

男：晚上同事乔迁新居，我们又得去庆贺。

女：这也差不多。

男：前天中午单位小王出差刚回来，我们得为他设宴接风。

女：也是。

男：大前天我邻居家中被盗——

女：这回没法喝了吧？

男：我们要陪他喝点酒压压惊。

女：还有这样喝酒的？

男：晚上酒友老张因酗酒打架要进拘留所——

女：这回看你们咋喝？

男：我们又必须为他把盏壮行。

女：还真够哥们儿义气的！

男：大大前天中午同事小芹结婚我们去送，喝了个翻江倒海；晚上回来商量主任儿子的婚事又来了个倒海翻江。不瞒你说，我头上的这个包就是那晚回家撞的。

女：要说你们也真不容易，对不对？

男：对！太对了！你们是不知道我们整天咋过的：高兴的时候还好，我们可以边笑边喝；伤心的时候就惨啦，我们只好哭着喝着（模仿）；有钱的时候我们争着掏钱，那叫大方；没钱的时候我们只能觍着脸去赊账，丢人打家伙（模仿）。不怕你笑话，有次就着一盘辣椒就醉倒了我们五个。

女：照你们这样一天到晚喝喝喝，啥时候干工作、干事业呢？

男：别提这茬儿，一提我就来气。说实话咱中国的男人哪个笨？要不是什么这酒那酒地引诱我们、麻醉我们，我们哪个不能干一番大事业？就说我吧，我原来计划每月读一本名著，写两篇小说，发三篇散文……

女：结果咋样？

男：结果一本名著没读完，小说刚开头，散文还没题。我那点聪明全给喝光了。

女：那还不是怪你们自己好喝！

男：所以很多时候我都怀疑这酒肯定是你们女人发明的。

女：他（顺手指）可真会诬赖我们。

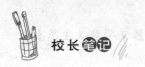

男：你们肯定是怕我们大老爷们儿太聪明，就万分歹毒地烧出这一闻还挺香、一喝还不错、越喝越上瘾、再也忘不掉的"八加一"。表面上看还挺向着我们——"是呀，哪有大男人不喝点儿酒的，不会喝酒还算什么大老爷们儿"——其实是让我们高高兴兴地喝成了傻子疯子。就这你们还觉着不解气，逢到哪天我们想在家吃碗面饭养养胃，你们又假惺惺地一会儿炒两碟小菜，一会儿烫一壶小酒，笑嘻嘻地要陪我们喝两盅，于是我们又晕乎乎地被你们卖了一回，末了还傻乎乎地帮你们数票子（做跟趿数钱状）。

女：他可真会冤枉我们。敢情你刚才什么琉璃眼、罗圈腿、短舌头、大耳朵都是骂我们女人的呀。

男：这不是遇着机会赶着茬了吗。再说我们喝酒也不是没一点好处。

女：这我倒要听听。

男：第一，我们喝酒是爱国的最好行动。

女：喝酒跟爱国有什么关系？

男：太有关系啦！我们多喝酒，酒厂多卖钱；酒厂多卖钱，国家就可多收税。这多收的税不就是我们爱国的贡——献——吗？啊！

女：你们就这么爱国呀！

男：第二，我们喝酒是以实际行动向古人学习。

女：噢，还是向古人学习？

男：那可不！李白"斗酒诗百篇"，陶渊明经常对酒赏菊，不可一日不见酒；曹操干脆"对酒当歌，人生几何"，还有……

女：别别别！李白是"斗酒诗百篇"，陶渊明、曹操的诗千古流芳，你呢，你写了多少？

男：也不能都写。现在写诗的比读诗的还多，我就不写了。

女：说清楚，是不写还是写不成？

男：不写和写不成不就差一个字吗？你别斤斤计较好不好？

女：这能不计较吗？

男：还有，我们喝酒还是在向革命先烈学习。

女：瞧瞧，越吹越离谱了。

男：一点儿也不离谱。《红灯记》中李玉和赴贼鸠山的宴会之前，李奶奶专门端了一碗酒给他壮行。李玉和一饮而尽——瞧，一饮而尽，多潇洒，多让人羡慕，多值得模仿——并且唱道（模仿）："临行喝妈一碗酒，浑身是胆雄赳赳。"人家大英雄——大英雄母亲还这样呢，你说我们是不是在向革命先烈学习？啊——

女：别忘了那是为了对付敌人。

男：现在不是找不到敌人了吗？我们又不能光闲着，没办法只能经常窝里啃。这也算我们平时常练基本功，以备将来对付敌人时来者能战，战则能胜（做握拳状）！

女：这精神还挺感人！

男：第三，我们喝酒发明的专利还准备申报吉尼斯纪录呢。

女（摸男额）：这也不发烧啊，咋尽说胡话呢？

男：胡话？你读了报纸刊登的《醉人醉鳖，意外得财》这篇文章就知道谁胡说了。话说湖南一酒友傍晚酒后回家，山风一吹，酒劲一涌，跟跟斗斗栽在了稻田边，睡得那叫香啊，那叫甜啊！（模仿酣睡打鼾）直到月亮钻出来瞅他、星星溜出来羞他，他才大梦初醒。

女：多悬呢。

男：酒醒后你猜出现了什么怪事？

女：啥怪事？

男：啥怪事，打死你你也想不到，他跟前竟趴了30多只老鳖。

女：老鳖？

男：可不！原来他醉后吐的酒肉香，引来了稻田边水沟里的老鳖，爬上来乱抢。但这帮家伙不像我们经常练，酒量太小，一会儿一只一只加一只都趴在他跟前陪他醉卧，场面煞是好看、好玩儿——可惜那晚没有好好拍拍照、录录像，要不肯定能得奖——那一段野生老鳖正主贵，所以这老兄一下卖了2000多元。你说这要是醉一次2000多元，醉一次2000多元，醉一次……不是比干啥都强吗？

女：美的你，你愿意醉，那老鳖还不定愿不愿呢！再说哪里有那么多老鳖等着你们？

男：从这件事我得到了灵感，特意撰写了学术论文《醉酒法抓老鳖必须

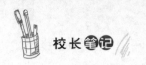

注意的若干问题》。你说，这要申报上去还不是十拿九稳？

女：真是闻所未闻。

男：可你们又是怎样对待我们的？啊！有一首诗道出了我们男人的辛酸："革命的小酒天天醉，喝坏了党风喝坏了胃。孩子气得直掉泪，老婆天天背靠背。"你让大伙听听，一是天天醉，二是喝坏了胃，三是孩子不理解，第四条更让男人接受不了——"天天背靠背"，弄得我们这些大老爷们儿一个个都快成出了家的和尚了。你们说说，这日子我们怎么过，换上谁能受得了（做哭状）？

女：还好意思哭。那喝坏了党风你咋不说啦？还有那次你醉酒后吐的东西把你同学家的小狗醉死，你同学家的小孩子抱着你的腿哭着叫你赔他家的小狗你咋不说啦？

男（欲捂女嘴）：别！别！这事咋能在这说？大姐，大姑奶奶，多少给我留点面子，算我求你了。（腰间手机响，接）"什么，酒友小张喝得胃出血住院了？"这算咋说，怎么好端端就胃出血了呢？（手机又响）"你说谁，大老王醉酒撞得头缝了30多针？"——哎，这可真是祸不单行。这该先去看谁好呢？

女（兜内手机响）：邻居张大爷的儿子醉酒死在臭水沟里啦。

男：啥啥，张二狗死了，咋死的？

女：醉酒栽倒淹死的，光死还死在臭水沟里。

男：肯定是喝多自己不当家了，要当家谁会去跳到臭水沟里。可怜张二狗英年早逝，壮志未酬。罢罢罢，这酒、这酒……

女：这酒咋啦，这酒咋啦，是变本加厉继续喝，让血压再攀高峰，还是就此长点记性？

男：这不是不长记性不行吗？可能我这辈子老天爷就给我分那么多，被我不知珍惜提前喝光了。现在我是每逢喝酒就心慌，见人喝酒又馋得慌。你不知道，每当看着过去的酒友推杯换盏，吆五喝六，我就觉得比钝刀子杀了我还难受。所以没事时我常常想：能不能在地球上带点土特产到老天爷那里活动活动，开个后门，给我再批个十吨八吨的。哪怕因此让我少活几年，最终不也落个潇洒不是？

女：这人可真是要酒不要命，无可救药了！

经验让我们轻易犯错

在许昌高速服务区，因司机犯困想午休一会儿，于是我和同行的另一位便在此随便转，结果无意间发现了这样一个有趣的现象：短短几分钟内竟有5位男士遭遇了误入女厕或即将误入女厕的尴尬。原来不知出于哪种考虑，这个服务区的男、女厕所是分开建的，而习惯的做法是建在一块，即有男必有女，有女必有男，先进同一门再左右分开。正是因为有这样的经验，所以那几位男士才毫不犹豫地径自前往，待被人劝阻后方抬头看上方。其实设计者在厕所的上方醒目地标着"女厕所"，但这又是经验在作怪，习惯的做法是大字标的是"厕所"或"公共厕所"等字样，只有入口处才分标"男女"。正是因为该区做了这样一点小小的改革，结果导致了我们的男同胞屡出洋相，我没注意女同胞是否犯有同类错误，但我敢肯定男士出洋相的远不止那几位。因为仅仅几分钟就有5位衣着得体的男士非常轻易地在大庭广众面前犯了男子汉最忌讳的毛病，遭遇了被女士逐出独立王国的尴尬，天长日久，长年累月，令我们男士脸红汗颜的肯定不知会有多少，真真岂有此理！

但问题又出在哪里呢？很遗憾也很意外，是经验，是多年来走遍南北、频繁如厕形成的有女必有男的思维定式。不知当初该区的设计者哪根筋拧了，竟让女、男不仅分开还分开那么远，这才让众多男士的经验成了犯错的祸首。从古至今，走遍天下，谁不承认有经验就是财富，有时甚至是千金难买的财富，凭什么在这里竟成了这样？

其实因经验而犯错的远不止这几位，我自己多年前就因相信固有经验而险些送了命。那晚学校加班，我带几个人去大路南侧吃饭。因同去的还有一

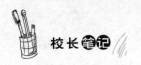

位退休返聘的老同志，我想去路北买瓶酒慰劳慰劳。大路上车辆很多，我须趁空过马路。当我看准了一辆带拖大货车驶过的瞬间想抬腿时，一股强劲的风力令我抬起的腿没敢放下，心说"后面这辆车怎么跟得这么紧"。待隆隆的货车驶过时，我悬着的心非但没有放下，反而"怦怦"地跳得更厉害了。原来那辆货车竟带了两节拖车。啥时间又兴挂两节拖车了？如果我那一脚迈出被带走的话，你说是应该怨我还是该怨我的经验，抑或是应怨那私自坏规矩、心血来潮图省劲、一个车头挂两节拖车的坏家伙？再说这种死法也太缺乏点壮烈、英勇之说呀！这倒应了一句歌词"都是'经验'惹的祸"，如果当时不是我，而是一个根本就不知道货车能带几节拖车的小孩子，他说不定会当成火车可以带很多节一样等着过完了再走，哪会像我一样凭着自以为宝贵的经验差点葬送了40岁的"青春"？经验啊经验，到底是你本身出问题了还是拥有经验的人思想出问题了？

其实我自己也明白，也丝毫用不着怀疑，有经验绝对是件好事，问题显然出在固守经验。如前所述，如果那几位换成第一次出远门的人，哪怕再内急，他也一定要等看清或问清了才敢进去。从古至今，情况在不断变化是不争的事实，尤其是眼下，新知识、新情况、新问题呈几何级裂变，如果不用发展或审慎的眼光去观察、研究、发现，那遭遇上述尴尬应属最小、最轻的警告，碰上像我那样的危险或丢工作砸饭碗、经商赔本、当领导决策时犯错都应该不是什么新鲜事。前几种还好一些，都是个人的事，当领导的就不一样了，市场经济大潮下的人和人的思维习惯瞬息万变，我们变化慢一点就已落伍，更哪里敢墨守成规、守株待兔？一旦拍板失误，就可能出现不可估量甚至是无法弥补的失误。关于这一点我们所付出的代价已经太多太多。小到个人如次厕、谈个项目，大到领导或老板做一项重大决定，都应该把我们拥有的经验放在飞速发展、急剧变化的情况面前认真比对，既要用已有的经验减少探索的过程，又要善于观察和总结，善于发现和修正，善于归纳和升华，让经验真正成为不断探索过程中的向导和捷径，而不致让其成为阻碍我们前进的绊脚石，更不能成为我们犯错的根源。

经验，只有而且必须让我们少犯错或不犯错才能称其为真正意义上的经验，对不？

借　胆

　　晚上，我常常约上好友去野外散步。除去不愿看懒婆娘裹脚布似的电视剧和隆胸治脚气的广告之外，也想松弛一下疲劳了一天的筋骨，还想借机梳理梳理纷乱的思绪。

　　走在田间的小径上，时不时见有三两座坟头，还能听到几声野鸟的鸣叫。有的坟前还站着或高或低的墓碑，活像旧小说中的黑面金刚。夜晚有时很黑，脚下的路也不很平。友人手中的烟时明时暗，远看像鬼火一样。我知道友人是借了我的胆才走得从容，我更知道我是借了友人的光才心平气和。于是我们二人都收获了一份满足，一份宁静。我们借着这二人世界话家事讲工作分享灵感，谈文学论艺术排遣烦忧，甚至还设想未来的新农村应怎样迁小村联大片整合土地资源，我和他都享尽无拘无束的快意。有些地方不太好走，我们会相互提一声醒或拉一把手。不知不觉间，胸中块垒已消融，思路已理清，困惑豁然冰释，时不时还会碰撞出些理性的火花。当然，也有他训我、我熊他，互不服气、言高语低的时候，但最后都归于一笑了之。

　　躺在床上，我思绪不断。生活颇像这夜晚散步。孤独、恐惧、无助都在所难免，非常需要相互借一下胆量、多点宽容和相互支撑。这恐怕也正是古人造字时为什么要用一撇一捺合起来组成"人"字的原因。比如两人同时爬一棵树，树杈上只能容一人的情况很多。若二人都要一起上，结果难保不会都掉下来。若一人让对方先上去，先上去者再拉拉下面的，则二人皆可领略高处风光。又比如二人过独木桥，一人先侧侧身或伸伸手，两人都能顺利通过，何必非要挤得都掉水中呢？还有我们二人同在这黑夜散步，如果各走各的，他疑我

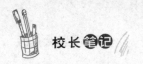

是鬼，我视他为怪，哪里还能有这份交流、这份尽兴、这份快意呢？

其实世上本没有鬼，很多时候都是我们自己先臆造了鬼再用来吓唬自己。还有生活，其实生活中本没有那么多矛盾，常常是自己的心中先滋生了私欲和贪心才演变成矛盾，甚或仇恨，才酿出诸多悲剧。我们人类用我们的聪明完成了很多创举，但也做了很多令人类汗颜、令旁类好笑的事，你说这有多可悲！

《曾子制言上》中说："是故，人非人不济，马非马不走，土非土不高，水非水不流"，讲的就是人与人之间要相互支撑帮助、借力借势，才能有所作为。怎么能老是你想算计我、我想坑害你，以致非得像王熙凤那样"机关算尽太聪明，反误了卿卿性命"，那不正应了"聪明反被聪明误""自己搬起石头砸自己的脚"那些老话吗？

垂　钓

平时忙于学校诸事，对我而言偶有空闲很是奢侈，所以很珍惜。

为这次外出垂钓，我们先是起了个大早，带足了我们吃的和鱼吃的，我们喝的和鱼——对，鱼有的是水喝，喝饮料或啤酒可能不太习惯。——一路上穿村过寨经麦田嗅花香，说话间已走完了70里路程。看着清凌凌的一塘水，我几天来杂乱无章的心渐渐变得疏疏朗朗。吊饵绑线试水深，抛手竿扔海竿打串钩——显然，我们是不想输在过程中。接下来我们便开始了美丽的等待和丰富的想象：附近的小鱼可能正边观望边传递信息；远处的草鱼、鲤鱼、花鲢也许正紧急讨论这东西很好闻，不知道好吃不好吃；担任巡逻的鲫鱼说，前几天几位同伴因吞吃了不明物被提了上去，据说是升仙了；上次侥幸脱钩，至今仍豁着嘴的大草鱼说，升仙后啥滋味我不晓得，反正被提上去那会儿挺难受；塘内的鱼王吞下最后一颗豆，吐了个大泡说："今天这东西以前没尝过，大家先别急，晚会儿我用尾巴碰碰再说。"也许它们商量得还多，宽容的读者请原谅我实在无法想象得太具体。

这时鱼漂分明动了一下，我的心也跟着咯噔了一下。鱼漂动得快，我的心跳得急。后来鱼漂一会儿又不动了，我倒开始了替鱼着急，恨不能跳到水里劝劝鱼儿：这么好吃的东西上哪找啊，真的，不骗你们，这东西的确很好吃。你们再不吃，你们再不吃我就替你们——但又一想真要挂着我的嘴，估计也一定会很疼，所以鱼儿谨慎点也不是没有道理，毕竟那被提走升仙的鱼儿没法回来告诉它们上刀山下油锅的滋味。想着鱼儿从犹豫走向大胆需要个过程，我就趁空给朋友发个短信，让他们把案板刷刷干净，刀磨磨快，油备足。人常说一心不能二用，我一会儿编信息，一会儿看鱼漂，又加太阳反光，我的短信编得很费劲。短信刚发走，我钓着了一条白白胖胖的半大鲫鱼，气得我的同伴摇头跺脚嘟囔，就差没跳坑寻短见。后来他用串钩钓着了一条又一条零一条，论数量已占了明显优势。好在那三个白条的重量最多只能用克表示，我很是借机为他的串钩惋惜了一阵子。第四次、五次他的串钩落空，第六次他把串钩甩脱线扔到了塘里。真是上天照应，我和另两人手舞之、足蹈之，庆幸少了一个不小的威胁。这时朋友回了个短信，我一看很是不解，再看刚才发的短信，才晓得发错了一个关键字闹出误会。赶紧再回复解释吧，谁知鱼儿好像知道我正无暇顾及，连着把漂拉沉了两三次，我刚摸竿它又不拉了。当时我简直怀疑该不是鱼类王国也开设了心理学或游击战之类课程吧，要不咋恁巧都是让我慢半拍？后来又一想，反正今天我有的是时间和耐心，不着急，只要它愿吃，我就有办法把它提上来。一时间我甚至觉得我正像铁拐李那样在"普度众生"。等待的感觉挺好。这期间太阳从东边攀上了头顶又滑向了西边，白云慢悠悠地迈着方步从塘底就可看出其绅士风度，调皮的风儿掀掀我的汗衫，吻吻我的脸颊，见我毫不理睬，又匆忙去别处献殷勤了。鱼儿吃完了我精心调配的两袋鱼饵，我喝光了两瓶绿茶，吃下了三根黄瓜和两个烧饼，可鱼篓内仅增加了两个除身材较好别无可赞之处的白条。于是我索性把我钓的连同朋友钓的都放了生，免得它们在鱼篓内为找不到昔日的伙伴而哭泣不止。

回来时车轮跑得快，我的心情也很满足。一天的放松令我调整了情绪，理清了思路，养足了精神，至少用来应付毕业前的这段紧张应是没啥问题的了。唯有一点让我很犯难，我该到哪里买些鲜鱼去打发那几个烧热了油、磨快了刀、刷干净了案板的朋友呢？最后一点是那原本挺温暖的太阳笑眯眯地把我裸露的胳膊烤焦了一层皮——这一点两三天后我才领略到，伴随脱皮的还有让我强化记忆的火烧火燎。我这才真正相信，那些没任何理由却动不动就向你微笑的说不定正是害你没商量的家伙。

刻石者

是日，与同事薛君、陈君、童君赴我省远近闻名的玉石之乡办事，晚10点将其间所闻刻石者亲历事记于此，以飨读者。

刻石者所在是一人口近十万、住户逾两万的大乡。去年某日，乡中大员责令征收住房准建费——含已建、正建和待建的——每户计500元挂零，其间当然也有一番征收的好处与必要及不征之危害等高论。一时间，乡催村讨，半月光景已征得500万元之多。其间刻石者正在外地，返乡后方知村官已来家多次，据说后两次话已说得很不中听。刻石者问明缘由，思量再三，认为这费收得极不正当，遂向相关部门和当地媒体反映了此事。消息很快传到乡里，乡间大员安排与刻石者同村同宗且在乡间任职的长者先诱以名烟好酒，意思是想让他识相点趁早偃旗息鼓。刻石者正眼也没瞧来人送来的东西，锤起钎落，一块马掌大的花岗岩应声掉在一旁，话也像他凿石块一样嘎嘣利落："无他，已收的退还，未收的停止，完事。"来者讪讪地返回乡里说了此事，直听得乡中大员满脸铁青："他以为他是谁呀！还'已收的、未收的'，一个他娘的臭石匠，看他能硬到哪儿去，只怕是不想好好做活儿了吧！"

此话辗转传到刻石者耳中时，他正在雕一人物像，已完工大半。为此他特意叫回了上次来家的同族人，指着正在雕刻的石像说："看见了吧，我这人做活儿的唯一长处是稳准狠，不过都是凿掉、剔除这些多余的东西。狠是狠些，不过我全是为了把它雕刻好，不含半点害它的意思。这次反映这件事也是一样！"说着他又把族人领到沟旁，指着那些横七竖八的石头说："看见它们了吧，那些东西再躺上若干年，我也懒得敲打半下，因为无论怎样敲凿它们

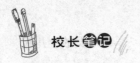
都难成器。还'臭石匠'，你回去告诉他，他只知道我是个石匠，他只知道我锤子狠，凿子利，但他不知道我从十几岁开始与各种顽石打交道，练就了一身专门碰硬、剋硬、越硬越对脾气的性格，我是怕他硬度太差，最后落得跟这些"——顺着话音，他指了指路旁的那些残次雕塑——"东西一样，只会让人叹气和遗憾"。说着一锤下去，砸得路边的那块花岗岩火星乱迸。

不到三天，乡中所征500万元全部退还，此后再无人提及过此事。

刻石者仍然一如既往地用锤和凿子雕刻着他的岁月，话不说则已，一说便如锤子落下一样次次留痕。

3月13号晚于书房

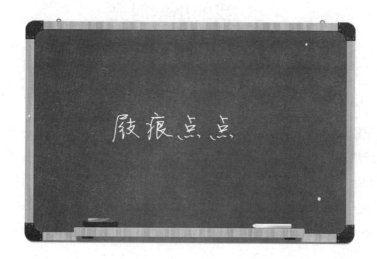

殷痕点点

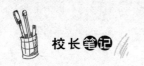

我的小学时光

小学一年级我上了两次。第一次应是在我不满6岁时，正在家中疯跑的我被稀里糊涂送入了学校，开始学汉字和加减法。当时的我应属还没开蒙，反正每次班内留完不成作业的都有我，害得姐姐每次放学都要去等着领我。有一天一直到下午上学的学生已到了我还不明白那些汉字是咋回事，所以10多天后我便退学了。现在想想，学习的确不是父母或他人一厢情愿想当然的事，以为只要肯学咋会学不会呢？就像那时的我别说留到午后，估计留到天黑也照样学不会。

第二次入学比第一次强些，但仍不是老好。成绩真正跟上来是到三年级，我好像突然一下子开窍似的。可惜此时开始了十年"文革"，我便天天跟着高年级学生和成人看大字报听辩论，那颗纯真的童心，也只好在这种动荡里颠簸折腾。有好多次我发现有几个外来的高校学生特别能言善辩，面对一群又一群的围攻和车轮战，照样唇枪舌剑，犀利无比，直辩得很多人哑口无言。我猜想当年诸葛亮在东吴舌战群儒也最多不过如此，心中那份羡慕一直延续到今天。校园内外的第二课堂大量代替和占用了教室内的第一课堂，我们的学习也只能"堤内损失堤外补"了。

后来我们再上学就变得有名无实，课表也排得非常有意思：五天半的时间一天学工，一天学农，一天学军，另外两天半才是文化课。

轮到学工这天，学生按事先所选的志愿到相应的校办工厂去。当时我们学校办有木工厂、缝纫室、理发室、铁匠部。我父亲当时就在校木工厂当师傅，所以我自然选报了木工。不过那时我还太小，去了也只能帮助干点掏眼打孔、拉小锯之类的活。还有不少同学啥也干不成，就那样站站看看完事。

学农这天可干的事很多。因为我们本就是农村的孩子，农活差不多都能搭上手。除了去学校的学农基地干活外，学生大多是去附近的生产队帮助拉粪、挖沟、修路、掰玉米、摘棉花、拾麦穗，另外还要给学校拾粪、割草、搂柴火。那时我们上学背不背书包无所谓，反正也没几本书，家庭作业更不用说，但有两样是必须带的：一是拾粪用的粪筐和粪铲，二是配合学军的"一枪两弹"（这我在下面还会提到），个别时候还会背着割的草搂的柴以及搂柴用的铁箅子。整个校园和教室门前倒也别有一番景致：校园内垛着粪堆和柴草，教室门前排着粪筐粪铲，教室墙边挂着立着学生自制的"一枪两弹"，不了解的人肯定猜不出这竟然会是校园。

为配合学军，学校各班都改称为几连几排，当时我班是"三连二排"（一班为一排，一级为一连）。学军要有军的样子，所以学校要求每个学生都必须佩戴"一枪两弹"（"一枪"为步枪、冲锋枪、手枪、红缨枪等，"两弹"为两颗手榴弹）。我动手能力差，做不成复杂的，所以就用一棵死掉的桐树做枪杆，用麻绳做红缨，用削尖的木块做枪头，锯了两段木头刻成手榴弹，然后用红、黑墨水涂染，这就成了我每天上学放学寸步不离的好伙伴。当时外班有个学生家中是练武术的，所以他上学放学都带一把明晃晃的真大刀。如果放在今天，估计肯定不会让带，所幸也没出什么安全事故。

我有一堂兄（已病故十来年）长我两岁，自己做了一把带匕首的冲锋枪。匕首和枪身用铅笔铅磨得银灰瓦亮，背着很是神气。那天我二人从学校回来路过公社大礼堂，隔窗户往里望，里面堆满了从各家各户收缴上来的十八般兵器，他顺手从窗缝中拿了一把红缨枪头。说实话我也想拿一把，但他不让，我也就没敢拿。回去后他把那枪头磨了又磨，安上长柄配上红缨，真是要多威风就有多威风。我嘴里不敢说，心中很不满：这还是我和你一起拿的呢，神气啥神气？又不是你家的，凭什么只兴你拿不让我拿？又过了两三天，我终于一人走到那个窗前，拿了一个别人砸弯的真枪头，回去后自己费了好大劲又砸又磨，终于也有了一把沉甸甸的真红缨枪。虽然始终不敢拿出去与堂兄比，但心里也得到了极大满足，还时不时地扛着美美地在自己家中转转比画比画。真可谓"跟着好人学好人，跟着神汉学吓人"。

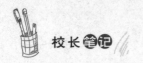

　　除了这些，我们还经常参与勤工俭学。比如拾麦穗、玉米、大豆、挖香附子，还有前面提到的交粪交柴草等。拾多拾少都要用秤称了斤两上表，班里校里都要公布，好的还会发张奖状，所以大家热情都很高。反正在家在校干的都是差不多的活，谁也没觉着有什么不合适。说到学习肯定会受影响，因为一是很少有书，即使发书也都到学期快结束时；二是没时间也没学习氛围；三是老师也没心教，因为大环境不允许。所以我们只能像田野里的野草一样自由疯长。直到今天，我都品味不出那段时光到底是个啥滋味。

刨"总根"

此事应发生在小学四五年级学农课期间。

是一天下午，我和长我两岁的同队小伙伴西海一起在洋麻棵里为学校割草，又说到了学校让挖香附子（一种中药，又名沙草、香附、雷公头，当地俗名叫削削草根）的事。听大人说，削削草这东西不怕割，今天割明天发，无论怎样都割不尽，都是因为它的根，即我们要挖的香附子。要不然它也不敢公然叫嚣什么"秧子草你不用愁，直当给我剃剃头"。事实也的确是这样，你今天刚割了，第二天再去它已长出半寸高。气得麻子菜当场给它叫阵"削削草你不用赖，咱俩一替半月晒"——因为麻子菜别说晒半月，即使晒一月两月一见雨也照样活。我俩今天索性下狠劲刨刨，看看它的根到底多深，我们俩还给这次行动起命叫"刨'总根'"。

谁知一挖我们才发现它的根远不是一个，也不是两个，至少那天下午我们俩那两把铲子是没挖到"总根"。它的第一个根就在离地面8至10厘米处，呈纺锤形，有的略弯，然而这一粒的下端还有一细根竖直向下，8至10厘米处又有一粒。原来我们以为第二粒就是"总根"，当时还高兴地直喊："找到了！找到了！"谁知道第二粒向下还有第三粒、第四粒……拉起来一看挺有意思：一根细线每隔一段有一小核，线的粗细核的大小都基本均匀，像有人故意打的结一样，让你不能不惊叹大自然之造化神奇。就这样我们俩越挖越有兴致，越挖越想一探究竟。原来那个小坑也被我们越开越大、越挖越深，直到日头西落，麻棵光线变暗，我们俩才不得不一步三回头地放弃了这次刨"总根"的探究。因为我们还必须去学校交草，回去晚了说不定会挨训呢。

339

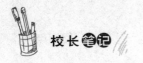

　　直到好多年后，我俩一起在生产队干活时还说到那次"合谋"，虽然终因没有刨到"总根"而略感遗憾，但那毕竟是我们童年时的首创，它让我们知道削削草不怕割、屡割屡发自有它根深根多后劲足的原因。平时我们习惯好说根深叶茂，而削削草则是根深核多不怕割，甚至把割一茬当成剃一次头一样越发越旺，真是不服不行。

捉"特务"

·

是夏末秋初的一天傍晚，我校教体育的袁老师把高年级的两班学生集合起来，很严肃地说：接公社革委（相当于现在的乡政府）通知，有两名美蒋特务今晚要在东河苇子棵内接头，暗号是一发红色信号弹，我们的任务是配合公社革委捉拿特务。考虑到特务很狡猾很凶残，男生尽可能带上自己的"武器"听我指挥，分南北两路向中间搜索。女生原则上不去，个别胆大的可以申请报名。后来经过反复挑选，总算是批准了十来个。

20世纪六七十年代，正是蒋介石叫嚣反攻大陆最厉害的时候。连环画、电影等也尽是反映这方面的故事，我们当地也确实经常发现有他们散发的传单和据说是邓丽君与8名全副武装的空军战士手挽手肩并肩来大陆投传单时的照片。我们老家地处淮太西三县交界处，东河正是西华与淮阳的界河，向东北不远即是太康，号称"鸡鸣三县"，特务选此地接头足见够狡猾的，所以大家一听都有说不出的兴奋和好奇。不知道今晚要抓的特务是否也是深眼窝、长头发，镶金牙，腰中挎有手枪、脖子挂有望远镜，腿部插有匕首，两眼冒着凶光的样子。当时，大家都嫌时间过得太慢，虽然心中也有害怕，但谁也不好意思说，反而都为能被选上庆幸不已。至于那些没被选上的女生和碰巧有病的高年级男生，更是懊悔不已，一个个哭鼻子抹眼泪的——因为大家当时确实都把保卫祖国看得高于一切。袁老师还说要严密封锁消息，不能让美蒋特务知道我们已有准备，更要防止"地富反坏右"分子（当时所谓的阶级敌人）通风报信。这就更让大家感到问题严重。分明已到晚饭时间，谁也不敢回去，一怕错过了机会，二怕担上嫌疑。两个排的教室内都笼罩在一种擦火即着的紧张氛围中。

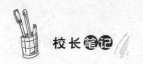

天完全黑下来后，参战学生按事先分配，一队由年级连长率领出东街由东大桥向北包抄，一队由袁老师率领出东张楼经孙庄由孙庄东桥头向南搜索。由于是晚上，又不敢开手电怕惊了特务，进入东河后大家都走得非常吃力。人与人离得过远怕失去联系，离得太近又怕河道宽让特务钻了空子。想说话不敢高声，不说话又需要交流，南北两边的五六十名学生只能一脚高一脚低地跟跄着向中间摸。正在这时，中间苇子最密的地方凌空蹿起一道红光。"信号弹""信号弹"！大家的心一下提到了嗓子眼，想不到特务真的就在这地方接头，所以大家的速度更快，神经也绷得更紧了。全然不顾这个崴住了脚，那个挂烂了裤子，有的掉入水中沾掉了鞋，有的被苇子刮破了脸。还有个女生一脚踩住了一条蛇，她一边跑一边没命地喊，别人还以为她遇见了特务，连忙围过来才弄明白是咋回事，一个个又都埋怨她如此喊叫吓跑了特务麻烦就大了。一句话提醒了大家，又赶忙分散开向中间包抄。大约9点，两路人马在东河的三岔口汇合，但特务却没了踪影。大家都不甘心，都说明明信号弹就在这附近放的，又开始向外扩大范围。袁老师此时似乎忘记了自己规定的纪律，坐河边吸开了香烟。同学们虽有意见也不敢明说。正在这时，一名去远处小解的女生发现了一棵桐树苗大叶子下有一个人，拼命地喊起来："在这里，狗特务在这里！"几名男生一下子蹦起来，拿起"武器"奔了过去，对着桐树叶下的黑影连捣带喊"出来！狗特务出来！不出来捣死你！"谁知那名"特务"并不怎么坚强，没捣两下已举手退了出来。众人用手电一照，哪里是什么长头发、镶金牙的特务，竟然是他们的排长展娃。怪不得出发时大家没有看见他，想着他不定执行啥秘密任务也没再问。再看他手里抱着的也不是什么手枪和望远镜，而是正月十五他邻居用胶泥捽成的放花筒。当时大家只顾想着是信号弹了，竟然没一点怀疑。大家这才明白为什么"特务"没抓着，总指挥袁老师竟然若无其事地去吸烟，还有公社革委会为什么没派基干民兵来，原来他才是这场戏剧的总导演。

这下大家乐了，拿着手电乱晃乱照乱喳喳。一照不当紧，有的裤子挂破后露着大腿，有三四个脸上挂破流着血，有两名男生都是光着一只脚，还有一名女生更狼狈，连上衣都挂得露着肉。那时大家都封建得要死，赶忙分散结伴回家。负责策划的袁老师因回来时掉入路旁沟内把脚崴伤，连瘸带拐了近两月。还有那名"特务"展娃，被谁用枪捣破了额头，还捣伤了腰，之后一连几天他额头上都一直缠着一圈绷带，走路还一扭一扭的。怪不得他"投降"得那么快。他真怕黑暗中谁再没轻没重戳伤了他的眼，那这"特务"当得代价就太大了。虽然只是一场游戏，但那轮冲击波却沸腾了整个校园。后来一直是他们那一届同学相聚时的保留节目，连我这个没资格参战的"小不点"都跟着兴奋了好一阵子。

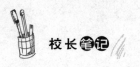

正月十五耍 "忽闪子灯"

在我们老家豫东平原这一带，每逢正月十五前后，小孩子除了跟着大人抢哑炮看放花和耍玩意儿（当地把玩龙灯、走高跷、坐旱船等统称耍玩艺）外，最爱玩的当数挑灯笼、玩 "忽闪子灯" 了。我们那时挑的灯笼一般是用秫秸篾扎骨、外面糊上明明纸的圆灯笼（俗称 "牤牛蛋"），价格也不过毛儿八分，中间穿一个插有点燃蜡烛的灯架就行。家境稍好的人家小孩子一人一个，天刚黑便你呼我喊，大的领着小的往胡同或街上去，所以很是热闹和好看。碰上调皮的小男孩，大人最好说 "灯笼下有个蝎子"，小家伙们不知是计，赶忙歪着灯笼去看蝎子在哪，结果常常是灯笼着火，一圈人哄笑；还有一点是大人最好宠着小孩碰灯笼，这时那简单的 "牤牛蛋" 就显示出了优越性，因为它最简单也最不怕碰。不过即便如此，还是少不了碰烂和碰着火，所以有小男孩的人家索性多买一至两个，免得小孩子因碰烂或着火无法玩而哭闹。

男孩一到十来岁，就不屑再与那些 "拖鼻涕娃娃" 一块挑灯笼，而是开始自己动手做 "忽闪子灯" 玩了。那时家家条件都差，小孩子可玩的玩具少，对男孩子这一举动父母都很支持。先要找半截大一点最好是开始变糠的萝卜做灯碗，找点旧棉絮捻成捻，然后是重点收集年关没燃完的蜡烛头和蜡烛燃烧时流的 "泪"。较长的蜡烛不敢拿，大人也不允许，正月十五晚上敬神时还要再点一次。那时我们最希望蜡烛燃烧时多流一些，但又担心流得太多不吉利，再说过早燃完还得花钱再去买，也很让人心疼钱。实在找不够蜡油时我们还会偷偷加点灯油甚至吃的油。灯油很贵，更不用说吃的油，这些在平时都是绝对不敢动的，但正月十五例外，大人们一般也都是一笑了之。备好了这些，还要再找一根长长的韧性较好的细竹子，前端削尖，插在燃着的灯碗上，用手端着一忽闪一忽闪的，火苗借着晃动和风力，呼呼直响。挑灯者一脸得意，围观者满脸羡慕。你挤我扛，大呼小叫，其热闹远远胜过娃娃帮。每逢这时，与我们同龄的女孩子也很想做，但是不行，连平时对女孩子挺和善的家长也会呵斥："小妮子家，要什么'忽闪子灯'！"更严厉的还会骂"小臭妮子"或"小死妮子，作啥作！"各位与我一同长大的女同胞务请原谅，这实在不是我小瞧你们，当时大人们就习惯这样说。借此我还想给今天的女孩子们说："如今你们可真够幸运的，得知道满足啊！"

后来我常常想，爱玩真不是小孩子的专利。从小到老，仔细想想有哪一个不想玩、不想轻松呢？比如大人们逗小孩子说"灯下有蝎子"，比如大人们宠小孩子碰灯笼，说是哄着小孩子玩，很显然这些成年人也想借机说说笑笑放松放松。区别不过是小孩子是因为爱玩而玩，大人们有的是因为功利而玩，有的是因为想释放工作压力而玩，还有的则纯粹是为了寻求刺激打发时光而玩而已。从这一点上说，只要不是太出格，大人们真没必要整天因为小孩子爱玩而大加训斥。

还有一点，即如何才是满足。比如我们玩"忽闪子灯"时，最大的满足是能得到一截蜡头或接过别人的灯忽闪两下，并不是多少奖励。说起来做一个"忽闪子灯"总共也花不了几毛钱，可在当时我们却玩得十分尽兴。比如一个跋涉在沙漠里的人最大的渴望是一杯清水，没有谁再要求必须放点糖。比如一个困得睁不开眼的人最大的满足是能眯上一会儿，不会再奢望是这床那床等等。而今天的不少家长，很少考虑或了解孩子这一会儿和那一阵的真正需求，只是按照自己的想法来满足孩子。还有的是啥好就给啥，啥贵就买啥，以为这就是爱孩子，以为这样孩子就会最高兴。且不说这样费不费钱，关键是有没有必要。须知糖、蜜吃多了也会坏牙，好玩具玩多了也会腻烦。大人们不是总埋怨现在的孩子身在福中不知福，再好的东西都不知道珍惜吗？其实这诸多坏习气赖毛病既不是他们出生时带来的，也不是他们发明创造的，根源还在于相当一些家长对孩子心理的不了解，和由于这种不了解而采用的不当方法与对孩子的过分溺爱。我们都是大人，都应是孩子的榜样，不能总是这样自己犯错还一味责怪孩子，你说这公平吗？

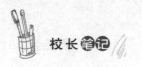

养羊记

分组养羊是我上初一那年的事，也属于学校发起的勤工俭学活动的一个组成部分。

我读小学、初中都在同一所学校。所不同的是升入初中时洪庄小学的学生也要并入，这样我们的同学除家住乡政府（当时叫公社）所在地的四道街和高营、郭堂村的外，又多了来自孙庄、洪庄村的一小部分。我们那个组乡下同学占三个，和我相处都比较好，原有的同学关系没说的，我这个组长当得算是比较轻松。顺便说明一下，我自读小学三年级到初中、高中到后来读师范，担任的"行政职务"一直是组长，足见我这个人也就是个组长水平。

学校开始养羊时，我们组分了4只。其中两只大羊、两只半大的。一个排分六个组，合起来二三十只，算得上"羊羊"大观了。我们组拴羊的地方在讲台北侧，其他组有的在教室后边，有的就只能在教室门口与讲台的小三角，由此可看出我们组在排（为配合学军改班为排）内还是比较有市场的。当然，上课时羊要牵到外边，不然这个在前面叫，那个在后面叫，或群羊乱叫，那样教室就变成地道的"羊圈"了。不过即便是这样也不能全部避免，比如下雨天无法往外牵时羊会叫，没草吃或生病时它们也会叫。好在那时我们也都适应了它的"咩咩"声和羊身羊尿的臊味。有时老师正讲课，前面或后面的羊叫了，大家会不约而同地把目光投向那个组的组长，不满地说："骡驹（一组组长的小名），你组的羊咋又叫了？"或者"吃剩馍（六组组长的外号，因老师表扬他学习勤奋，中午只在教室吃剩馍得名），你组的羊找你要草吃呢！"或者"大羊马（五组组长外号，因个高跑得快得名），你组的小羊羔跑教室来了。"这时被叫的那个组长就会赶紧拿点草去哄哄羊，或者抱着羊羔送回老羊身边，老师也会等他们忙完和这阵笑声过后才接着讲课。就这一点上说，那时我们上课的内容还是挺丰富的。

羊的主要食料是青草或干草。我家住街上，家里姊妹多，父母忙，我得空还要帮家中拾柴割草挖猪菜，自然没时间再去给组里的羊割草，组内同学不到"学农"这天也没空，我就把割草的任务分给乡下的那三个同学。从他们家到学校将近五华里，他们回家时薅的草喂自己家的羊，来校时拔的草喂组内的羊。"学农"那天再储存一点，因此我们组的羊天天都有吃不完的青草。"吃剩馍"本人也是乡下的，他的优点是处处以身作则，每天来校时带来一大捆，他们组的羊也没问题。另外那几个组就不行了：组长既不愿身先士卒，又指挥不动其他同学，所以他们组的羊常常闹饥荒。有几回他们都向我求援，我平时最烦小气人，每次都让他们很满意。谁知我的大方让我组那几个乡下同学很不满意："咋回事呀，高组长，我们每天蹚麦棵薅草，脖子被麦芒扎得生疼。你可好，谁要给谁，你咋恁大方？""瞧瞧，小家子气了不是？"我拿出了组长的架子，慢条斯理地说，"组长管着10多个人（每组12人），考虑的是如何让我们组有威信，如何与其他组搞好外交合作等等大事，怎么可能都像你们只看见一点点草呢？以咱组现在的情况，哪天咱组的羊缺草了，保险让他们都争着给咱送，不信试试。你们总不能让我像'吃剩馍'那样自己去薅，或者也像那两三个组那样让羊天天抗议吧！"他们三个都是我的铁杆弟兄，嘴上说归说，草每天还是照样源源不断地往学校送，我也乐得照常当我的逍遥组长。

周末总结，排长表扬说："瞧瞧人家二组的团结多好，劲头多足，自己组的羊吃不完，还经常支援其他组。再看看你们三个那副可怜相，带兵带不好，自己还不想干，弄得一上课就听你们的羊咩咩，再不行也让你们学羊叫！"其实他们三个也光想如法炮制，无奈政令不通，所以他们组的羊远不如我组的膘肥毛色亮。时间一长，他们几个是又羡慕又嫉妒，那副狼狈相后来一直被我们当成相聚时的笑料。

上初一那年我13岁，属于典型的玩孩子。但毋庸讳言，小孩子也照样有属于小孩子之间的耍小心眼，斗小脑瓜。除了动机十分单纯、用意十分可爱外，儿童国里的竞争一点也不比成人世界简单。身为老师如果想彻底赢得他

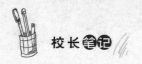

们，还真必须对儿童世界的心里秘密争胜心荣誉感等了如指掌，进而让他们接纳我们，亲近我们，把我们当"好朋友""铁哥们"。不然他们处处对我们设置屏蔽，我们还有啥能耐去当好他们的"孩子王"呢？

拾玉米

拾豆、拾玉米等都是我们上小学、初中勤工俭学时经常做的。

那天，我与我班的3个小伙伴回我们队收过的大田里拾玉米。可能是因为种子和肥料的原因，反正只知道那时种的地不少，所打的粮食却很少。家家户户日子都过得紧紧巴巴，轮到我们这些小孩子再去拾不用说也不会很多。我们4个在地里跑了一下午，每个人的篮里都不过三四两，所以都很犯愁。要知道，返校后要称好斤两上表公布，我们班那个家住郭堂小名叫蝎虎的同学昨天一人交了三斤七两，也不知道他是咋"拾"的。碰巧，一个高年级的同学这时也挎着篮子走到这，指着田埂东侧的一块未收的晚玉米说："××，这是不是你们队的？"我说"是的"。他左右看看说："反正这会儿也没人，不如我们掰上两棒子，回班里也能受受表扬。"

说实话，我也嫌交得太少不光彩。但这毕竟是我们队的，让几个外队的掰我们的，我不就亏了吗？犹豫了一会儿，我同意他掰一个。由他假装去玉米地小解，在里面掰，我们几个假装没事，实际是为他看着人。离开玉米田一段后，我们几个开始商量着"分赃"：这棒玉米总共16行。因为是他出的主意，还是他冒险掰的，"贡献"最大，先由他挑着剥5行；因为是俺队的，我的"功劳"算第二，分了4行；他们三个人也都是见证者并帮着"望风"，每人分两行多一点。谁知剥好后又发现拾的和刚剥的不一样。我们生怕上交时露了马脚，又倒在土中拌拌掺掺，然后匆匆返校。所幸回班时天已擦黑，班长借着油灯给我们称好并上了表，根本没顾上看。

次日清晨，老师总结表扬时清晰地念有我的名字，而我却一直勾着头不

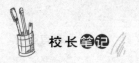

敢看老师，也不敢看同学，第一次品尝到了"心中有鬼"是个啥滋味。

今天，当我提笔写下这段往事时，似乎明白了"教"和"育"的区别："教"谁都会做，比较容易；"育"则很难。很多人虽然天天在做，虽然很努力却不一定能做好。比如我们当初拾玉米这件事，一方面地里可拾的玉米很少，一方面交得少排名靠后很不光彩。争胜心、荣誉感都很强的我们面对这"两难"推理，不由自主地做出了"第三种选择"。谁知道那位一天交3斤多的同学是拾的还是和我们一样也是"第三种选择"呢？当时还有从家中拿玉米，或到生产队场里利用老爹看场的便利顺手拿些去交的。说起当初学校倡导勤工俭学的初衷肯定是好的，那时的我们也都是很纯洁、很爱劳动的好孩子，但由于学校同时还采取了排名表扬发奖状等对孩子很有刺激性和诱惑力的措施，才使得我们不少人或多或少地走了一些弯路。包括那些从家中拿玉米交给学校的同学，仔细想想他们的心灵深处不也掺杂了一些过强的虚荣吗？所以关乎如何面对单纯幼稚的孩子，关乎如何不让他们纯洁的心灵蒙上阴影，无论是父母、老师还是所有成年人都必须三思而后行。稍有不慎就有可能成为像当年我们老师那样让孩子走入歧途的"教唆犯"，你说可不可怕？

年　味

应该不全是年龄的因素，反正这些年是越过越没有年味。当然这与条件好更不应有啥关系。

我的童年是在20世纪六七十年代，不用说无法与现在的条件相提并论。然那时每逢过年年味真重真浓，带给我们的欢乐和兴奋也是一波连着一波。直到今天，不光没觉得怎么苦，倒还时不时常常怀念那诸多记忆犹新的时光。

那年味是伴着童谣"腊八祭灶年来到，小姑娘要花，小小子要炮，小媳妇要个大花袄，老爷爷要个新毡帽"开始酝酿的，之后就搅和得越来越稠了。

年味的第一波是喝腊八粥。俗话叫"腊八吃米饭"，据说可以养肥猪。这在当时的农家是件大事。如果村里哪家喂了头能够磅（130斤，否则不收）交给食品公司的标猪，卖上几十元甚至上百元，这几乎能成为方圆一大片议论羡慕的对象。更不用说哪家过年能杀头猪落个猪下水过年（肉不舍得吃，要卖钱），那简直称得上很奢侈的肥年。所以别管家里条件好坏，腊月初八这天中午各家都要做米饭。条件好的人家能吃上大米加荤菜，普通人家不过用小米掺点红豆豇豆玉米糁等熬半锅稠粥。但这一形式没一家会错过，也就是说没一家不期盼着明年能养头肥猪。

我家住在街上（乡政府所在地），我所感知的年味是从街上那家印蓝花布的在大街上晾花布开始的。一进腊月，农家稍闲，好多人去街上赶集时都会把家织的白粗布带来交到他家，由他家代印成蓝底白花的印花布，以便过年时姑娘媳妇能用它做水裙、头巾，或给小孩子做件花衣裳。那时家家条件都差，谁家女人、小孩子过年时能穿戴这些很让人眼热。所以但凡有点办法的人家都

351

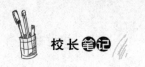

要多少染点，自然他家的生意也就很不差。家里晾不下，他们就在街上拉上绳搭上架晾晒，连带着把广告也做了，可见生意人都很会打算。

我们高家是方圆十多里有名的木工世家，我所感知的又一波年味是爷爷和父伯们搬出平时积攒的树头树根打劈柴。那时做饭别说用气用电，连煤也没有，过年家家要蒸年馍、熬肉、炸油条丸子等，柴草又不顶火，劈柴就显得必不可少。当时能经常听到专门为人打劈柴的拖着长音"打——劈——柴——啦"走村串巷。大人打劈柴很累很忙，我们比大人还累还忙。除了一趟趟地把打好的劈柴搬回家在墙根向阳处横竖搭架码好（垛太实晒得慢），更主要的是捡拾劈柴时劈出的白白胖胖的肥虫。这些家伙平时躲在树头树根里面有吃有喝，养得一身是膘，捡到后用细铁丝插着放在火上翻滚一烤，一会儿就变得又焦又黄，浑身冒油，至今都觉得那真是天下最好吃的美味。所以那会儿我们最喜欢大人喊我们的乳名，喊谁多谁就得虫多。小孩子们于是一趟又一趟地奔跑在厨房和劈柴的空地间，连头上撞成疙瘩搁平时要哭要闹都顾不上喊疼。

祭灶自然又是一波。傍晚，条件好的人家在灶爷像前放好祭灶糖、点上香后要放串炮，一般人家也要放三个散炮，以示送灶王爷上天。灶爷像两侧标语大多是"上天言好事，下界保平安"。祭灶时主人还要扣点祭灶糖抹到灶爷嘴上，据说是为了粘住灶王爷的嘴让灶王爷多说好话——看来神也比较好骗。小孩子天性喜欢炮，所以祭灶或除夕、初一早晨，街巷里来回奔跑的都是我们这些半大不小的男孩子。一会儿向东，一会儿向西，这家炮响奔这家，那家炮响跑那家，摔倒了爬起来，前面的绊倒后面的相跟着砸在一起都毫不稀罕。我以为，那时小孩子普遍都很壮实、很少生病也应与整天一会不闲着有关。其实跑来跑去也抢不了太多，抢着了也不过是剥炮药当花放。但小孩子天性喜欢，就好比小孩子天性爱玩，似乎不需要任何理由。

祭灶一过，年味更浓：推年磨，蒸年馍，炸油条丸子，杀鸡宰鸭煮猪蹄，贴年画，除夕上坟祭祖，包饺子守岁，初一一大早起来接神，给老人和长辈拜年，给小孩子穿新衣戴花帽、发压岁钱等一波连一波，小孩子兴奋得整天跟着跑着看热闹。虽然这中间也会因穿不上新衣，鞋子露脚，袜子没底，得不着压岁钱、吃不上白馍等有一会儿烦恼，但用不了多久，肯定照样又疯又跑又打又闹，快乐就像如影随形一样陪伴着我们。

再看看今天的孩子，说是穿金戴银、要星星不给月亮，不是龙子龙孙又胜似龙子龙孙也丝毫不为过。然而他们是否真快乐，是否很满足？所以让孩子幸福真不是光有物质条件和爱就能实现的。现在好多家长总认为自己为孩子付出很多，想得很周到，但孩子仍然不满意，或根本不领这份情感到很委屈，其实根源还是对孩子的天性了解太少，还是因为当父母的老是按自己的想法设计要求孩子。就像儿时的我们，如果初一早晨，外面鞭炮噼里啪啦乱响，父母却因为担心安全不让我们出去，我相信无论给我们吃啥穿啥都只会让我们更烦。既然我们自己当孩子时就爱玩，既然我们是那样爱孩子，想让孩子快乐，那就应该多站到孩子的角度想想，看看他们到底需要啥。还有一点是父母最容易把小孩子的爱玩与后天的"成功""成长"看得如水火不相容，其实完全不是这样。今天早晨"朝闻天下"节目所报道的"喻川Flex创客集团"就是因为公司在28层，几个小伙子嫌下去买饭者上来慢，说要是能发明个"飞行器"就不用等着挨饿的一句玩笑话触发灵感而发明了遥控飞机，卖到美国获得了巨大成功。几年前我在城关中学当校长时，曾遇到这样一名男孩子，县城的各个游戏厅都不敢让他去。那些老板所引进的一款款新游戏，一般人去了打上十天二十天还过不了几关，但只要他一去，基本都是一气拿下。这些在别人看来难而又难的东西，对他只能算小菜一碟。每次他去玩，除了收不着他的钱，还要倒奖励他，所以每逢他去，那些老板都是连说带哄再送他些钱——十块、二十不等——让他去别处。那天上午他问母亲（在街上摆摊卖青菜）卖了多少钱，母亲说40多块，他说我去游戏厅玩了两小时一分没花还挣了50元。很显然，这孩子是个奇才。倘引导得好，说不定能堪大用。可惜那时学校没这个条件专门去培养他。前一段我去北京八十中挂职学习，那里的一名副校长在陪我们参观时说拐角那两间是专门为培养电脑黑客而设。这话让我一震，心想，当初的那名学生要能遇到这条件该是多好啊！稍稍留心就不难发现那些平时爱玩、爱淘的学生大多脑子好用、精力旺盛，所以只要不是什么歪门邪道或非常危险，让他们试试练练适当吃点苦头，或磕个疙瘩淌点血，真没什么大不了的，也许好多经验教训就是这么得来的。笔者以为这才是真正意义上的"成长"。在这一点上，最忌讳的是自己有过童年却忘了他们是儿童，嘴里心里都是为了孩子好，却又因对孩子限制过多、管教过严而让孩子变成明明有家却最怕回家，父母离

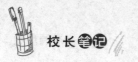

他们最近却又感到最为陌生的"心理流浪儿"。那样只会苦了孩子，累了家长，害了家庭，实为明智者所不取。

后 记

工作之余，我虽然也喜欢看点书写点东西，但一来学校工作比较忙乱，自己的时间自己不见得能做主；二来我是个比较随意之人，很少苛求自己必须如何如何，所以在写作方面一直处于有空就写点，写后也没怎么用心保存的状态。上次炜煜回来，闲聊时他提到应该尽快出个集子，不然太可惜；其实这想法也暗合了我一直就有却没敢吐露的心声。于是才有了这两个月来的整理归类。其间，原同事薛国政老师从头至尾参与文本的校对修改，县广电局何建华副局长热情邀约全国美术家协会会员高磊插图，同事王丽、赵春梅不厌其烦地帮助打字校改，学友张淑芳帮助查找原先发表的文稿，袁昶先生、刘松钦先生、张欣馨女士、刘霞小姐、贾冠华先生、肖海青先生等都热心地写感言、拍照片，才使得这些散乱的文字有了和各位见面的机会。因为受工作范围、文字水平、生活视野的局限，加之时间较紧，文中看法偏颇、语序不清、句读误用、表意不明之处肯定在所难免，为此我深感抱歉。但因为这些都是我亲历的和全身心挚爱着的原生态的讲台和校园生活，都是我对教育、教学和学校管理的思考和探索，为了让各位同行不再像我一样付出那么多艰辛、走那么多弯路，我才有勇气亮出我的"丑小鸭"。我相信宽容的你也会因为我始终如一的真诚而多一份原谅。教育不能等，我自感几千名孩子的成长发展比什么都重要，我自己又没什么好的方法措施，所以我只能执着地去努力、去探索。几十年来我也习惯了这份特有的苦与乐。此时，我真诚地希望能有更多的同行者为我的孜孜以求鼓劲加油，真诚地恳请能有更多的先行者、成功者帮我指点迷津。这对我校和教育的发展肯定是天大的好事，我个人更是求之不得。

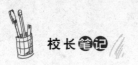

　　借这本小册子即将付印之际，我衷心地感谢上述诸君为此付出的热情和努力，感谢几十年来从各个方面给我关心支持的领导、同事、学生，也谢谢你能有耐心读完这本小册子，让你我成为虽未曾见面，却得以交流的朋友。

2013年3月5日

再版感言

从2013年5月《校长笔记》与读者见面至今，应该说是我比较忐忑的三年。原因也不全是第一次出书，更主要的是怕占用了读者的时间却不能给他们带去多少收益。现在第一版所印已全部销送（我个人这500册多是赠送或被别人要去的）完，读者的回应令我甚感欣慰。时下大家都忙，能坐下来潜心读书的不是太多，然而好多人不仅认真读完了这本书，而且专门与我联系，与我沟通教育教学问题；还有以前根本不认识的，也辗转捎来或亲自送来关于插图、封面设计等方面的改进意见，与我交流关于学生养成教育、家庭亲子教育的亲身体会，这真让我感动。有位小学校长，身患很棘手的病，病况稍好就托两个人捎话来，问能不能也送他一本，后听他妻子说，在家养病那一段他得空就翻翻。

这期间趁工作之余，我又从头至尾认真读了两三遍。除了改错，更多的是重新对这些文字评价定位。我不断地一遍遍追问自己：一是你写的东西你自己愿不愿读，如果连自己都不愿读，又何谈吸引读者？二是这些文章能不能感动自己，如果连自己都不能感动，又怎样感动别人？如果都不愿读更谈不上感动别人，那除了欺世盗名还能有什么？这些在我是无论如何都不愿做的。比如《豆豆琐记》一文原稿丢失，想重写却没了当时的灵感，于是干脆空着；又如《写给一个人的赞歌》一文，我自感真实动人，但因怕给文中的主人公带来不应有的非议，所以短时间内坚决不打算让更多的人看。所幸的是，尽管我的探索、思考还很肤浅，行文未免拉杂，但自认付出的全都是真情实感，传递的也绝对都是正能量，所以每读完一遍，我都感怀不已。经过这样的自我检验，我

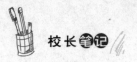

同意在适当修改并补充部分近两年所写新篇目的基础上出修订版，以期与更多的读者在更宽更广层面的交流，当然能让读者多受些启发更是我满心希望的事。

2016年5月